Johannes Balle's
Tunumiisut
(East Greenlandic)
wordlist

Johannes Balle's
Tunumiisut
(East Greenlandic)
wordlist

Edition and introduction
José Andrés Alonso de la Fuente

Jagiellonian University Press

Reviewer
Anna Berge

Cover design
Marta Jaszczuk

On the cover
Map of Greenland, litography (1865)

This publication was funded by the Faculty of Philology at the Jagiellonian University.

ISBN 978-83-233-5483-3 (print)
ISBN 978-83-233-7656-9 (PDF)
ISBN 978-83-233-7657-6 (epub)
https://doi.org/10.4467/K7656.145/24.25.20592

JAGIELLONIAN
UNIVERSITY
PRESS

www.wuj.pl

Jagiellonian University Press

Editorial Offices: Michałowskiego 9/2, 31-126 Kraków
Phone: +48 12 663 23 80
Distribution: Phone: +48 12 631 01 97
Cell Phone: +48 506 006 674, e-mail: sprzedaz@wuj.pl
Bank: PEKAO SA, IBAN PL 80 1240 4722 1111 0000 4856 3325

Table of contents

List of figures

Abbreviations
(frequently used in the book)

a/A	Ammassalik (Balle's abbreviation)
CED	Fortescue & Jacobson & Kaplan (2010 [1994])
D	Danish
INTR	intransitive
K	Kalaallisut (West Greenlandic)
Nunatta naasui	Foersom & Kapel & Svarre (1997)
O	Ostermann's 'Etymological Glossary' (1929)
Petersen	Petersen (1967 [1951])
PI	Proto-Inuit
PIY	Proto-Inuit-Yupik
PL	plural
Rasmussen	Rasmussen (1938)
Robbe & Dorais	Robbe & Dorais (1986)
S	*Scoresbysund* (Balle's abbreviation)
SG	singular
T	Tunumiisut (East Greenlandic)
Tersis	Tersis (2008)
TR	transitive

Introduction

The main goal of this book is to offer easier access to a little known vocabulary of Tunumiisut (East Greenlandic) gathered by Johannes Balle (1886–1965).

Two copies of this 54-pages-long manuscript exists. One is kept at the Royal Danish Library under the improvised title *Østgrønlandsk – vestgrønlandsk ordliste med dansk orklaring til brug for Geodætisk Instituts grønlandske stednavneudvalg* (shelf mark 47,-538a-4°). Note that the year of 1956 provided in the catalogue description corresponds to the year in which the document was deposited, rather than to the year of its creation (on this issue see discussion below).

The Danish Arctic Institute (Arktisk Institute) holds in the Polar Library the second copy of the vocabulary, carrying the (again improvised) title *Ordliste [over østgrønlandske m. fl. navne med henblik på tilhængenes brug]* (shelf mark [D-300] Smtr B 2). This time no year is provided.

Both copies are virtually identical. For the sake of convenience, I base this edition on the Royal Danish Library copy.

In the first page, unnumbered and untitled, we find the following explanatory note by Johannes Balle:

> Ordliste.
> Denne ordliste, der er et uddrag af de mere udprægede østgrønlandske navne, samt andre navne, for at vise tilhængenes brug, henviser til listen fra Scoresbysund distriktet og listerne fra Angmagssalik distrikt.
>
> Numre med S bagefter betyder, at navnet står i listen fra Scoresbysund – "Ítorqortôrmît", alle andre navne står i listerne fra "Angmagssalik".
>
> Når der står 2 bogstaver over hinanden u/i, betyder det, at begge bogstaver bruges.

Wordlist.
This glossary, [which] is an illustrative selection of the more dis-
tinctive East Greenlandic names, as well as of other names to show
how suffixes are used, refers to the lists from the Scoresbysund and
the Angmagssalik districts.

Numbers followed by S indicate that the names in the list
[are] from Scoresbysund ("Ítorqortôrmît"). The remaining names
in the list come from "Angmagssalik".

When the letters u and i are stacked one on top of the other,
it means that both letters are used.

By "list" Balle most likely refers to the placename inventories which
specialist teams from the (Danish) Institute of Geodesy (Geodætisk In-
stitute [1928–1987]) created during the 1930s (see, e.g., Geodætisk
Institute 54–58, 105–107). Balle himself collaborated with these teams
in view of his expertise in the Greenlandic language, as well as his pre-
vious work as a sailor. It is safe to assume that Balle's "names" (Dan-
ish *navne*) in the brief description above stand mainly for placenames
(D *stednavne*).[1]

The next 53 pages of the manuscript, numbered from [1.] to [53.],
contain the language data, which is presented in four columns (FIG-
URES 2–3). From left to right, the first column provides a reference num-
ber irrelevant for present purpuses. In the columns to the right we find
the Tunumiisut ([T] = East Greenlandic) data, followed by Kalaallisut
([K] = West Greenlandic[2]), and Danish. The translation into Danish
may be simple if the Tunumiisut and Kalaallisut names are identical,
or complex in when they differ significantly from each other. Then
we are dealing with paraphrases rather than translations (see below).

---

[1] There is additional documentation showing that Balle was actively involved
in work related to the gathering, interpretation and translation of Greenlandic
placenames (see, e.g., the three items that can be found at the Danish Arctic
Institute, shelf mark A 307 lbnr. 14, del 1–3). These materials cover mostly
Kalaallisut-speaking regions and they are overall far more extensive than the
vocabulary that I describe here.

[2] The alternative name *Kitaamiusut* (lit. '(speak like) Westerners', cf. *kitaa* 'the
west') is geographical and therefore the natural pair for *Tunumiisut* (cf. *tunu*
'back'). The historical name *Kalaallisut* refers to the standard language, which
is based on (central) West Greenlandic lects.

Balle often elaborates further on the translation and offers valuable remarks on the item at hand. There are more than a thousand entries.

The only author who has taken notice of this vocabulary in the past, perhaps unsurprisingly given the thoroughness with which he conducted his research, is Michael Krauss, who in his survey of Eskaleut linguistics (from World War II up to 1972) mentions Balle's vocabulary in passing (1973: 843 = 1976: 222). We are told that Balle's vocabulary was mimeographed sometime "in the thirties". Accordingly, in the reference list Krauss gives "Greenland 193?" (1973: 857 = 1976: 236, item [59]). It is unclear what the source of this statement is. We can speculate, however, that Krauss learnt this via personal communication with specialists in Greenlandic philology, most likely the late Robert Pedersen (1928–2021).

In a separate list, Balle made himself some corrections to the vocabulary (FIGURES 4–5, 7). This document exists in two copies. Again, one is kept at the Royal Danish Library (no individual shelf mark, it is catalogued as an appendage to the vocabulary), the other can be found at the Danish Arctic Institute (shelf mark A 307 lbnr. 16 enh. 8). In terms of contents, both copies are virtually the same. However, in the 2-pages-long Danish Arctic Institute copy there are corrections to the corrections by Balle himself which are absent from the 3-pages-long Royal Danish Library copy.[3] The latter is a clean document which apparently was prepared just before corrections were made in the Danish Arctic Institute copy. Thus, for example, we find that for page [16.] of the wordlist, Balle originally indicated three corrections to be introduced, whereas in the Danish Arctic Insitute copy a fourth correction is added by hand (see FIGURE 6). Needless to say, this fact alone does not help us to establish the relative chronology of the two versions. In this regard, one remarkable feature is the use of Danish spelling. The Danish Arctic Institute copy shows ‹aa› (double -a) instead of ‹å› (bolle-å) and nouns are capitalized (FIGURE 5). The (re)introduction of ‹å› and the decapitalization of nouns are two major features of the Danish spelling reform of 1948 (see, e.g., Jacobsen 2005: 1966). The spelling in Balle's wordlist agrees with the latter,

---

[3] There are new typos as well, but they fortunately are easy to detect and correct, e.g., "vestgrøblandsk" for "vestgrønlandsk".

that is, it shows both ‹å› and decapitalization in a systematic fashion, and therefore it must have been written after 1948. I will not speculate about the origin of the pre-reform spelling version of the corrections (i.e., the copy held in the Danish Arctic Institute) or the existence of unknown versions of the wordlist. For now it should suffice to say that if the wordlist was written in the thirties, as maintained by Krauss, the spelling itself poses an interesting question.

Johannes Balle

The author of the manuscript is Johannes Balle (Figure 1). Details about his life can be gathered from various sources, most important among which are two brief obituaries (Lynge 1965, Obituary 1965). Some other documents of interest were donated to the Danish Arctic Institute by G. Teglers, Balle's daughter (especially A 307 lbnr. 22a & 22b).[4]

Balle was born in Gothåb/Gothaab (today's Nuuk), the son of a pastor, Nikolaj Edinger Balle, and cousin on his mother's side of the famous explorer Knud Rasmussen (1879–1933).[5] Balle was cheerful as a boy and generous as an adult. Loyal to his friends, he was a popular figure in Greenland. From an early age he was involved in the sea life, and soon reached the rank of ship's captain. Because of his extensive knowledge of Greenland's coasts, he collaborated with the Geodætisk Institut once he had retired from the sailor's life. It is in this context that the collection of language data took place.

The Geodætisk Institut launched a series of expeditions to Greenland so that the coasts of the country could be charted (see, e.g., Nørlund 1939, cf. Kleivan 1996a).[6] At some point, this initative included the eastern regions of Greenland. Balle's part in this plan apparently

---

[4] Basic information on the contents of the collection can be found here: https:// arktiskinstitut.dk/en/the-archives/document-archive/search-in-the-online-ca talogue?showUid=2001&cHash=d75d89d32d97579d38ecd4de0c45a630 [last accessed: 04.10.2023].

[5] Some other members of the Balle family will themselves become specialists in Greenland (e.g., Poul [or Povl] E. Balle – Balle's nephew – was a remarkable translator of Greenlandic literature).

[6] See Laursen (1972: 182–188) for a Danish-to-English and English-to-Danish list of geographical terms.

consisted in the proper identification and translation (if deemed nec-
essary) of the local placenames. Unfortuantely, I have been unable to
establish with certainty when or under what circumstances. We lack
extensive information about Balle's participation in the expeditions,
even if other sources confirm that he took part in them. Thus, Higgins
(2010: 62–63) briefly reports on the 1955 expedition where Balle was
the designated capatin:

> A party of two from the Danish Geodætisk Institut (Captain
> J. Balle and E. Laursen) were sent to Scoresbysund / Illoqqortoor-
> miut (*Ittoqqortormiit*) (70°29'N) in 1955 to record place names
> used by the Greenlandic population in the region, a procedure
> also carried out by the Geodætisk Institut in other parts of
> Greenland. Approximately 190 names were registered, nearly all
> of them of the typically descriptive type, some of which clearly
> originated from the earliest days of the settlement and were still
> in use. A further 10–15 names have been introduced in mod-
> ern times, reflecting the changing use of the resident Green-
> landers. The East Greenland dialect differs from that of West
> Greenland, and differences are sometimes reflected in the place
> names. Names are listed in this volume according to the new
> orthography (spelling reform) that came into use in 1972, but
> cross-references from the old spelling still found on many pub-
> lished maps are included.

Krauss' above-cited statement about the wordlist being mimeographed
in the thirties might be perfectly valid. Balle may have been involved
with work at the Geodætisk Institut, which was founded in 1928
(it closed in 1987), at an earlier date than 1955. There were plenty of
occasions for Balle to visit East Greenland. Many official expeditions
had the settlement of Scoresbysund (founded in 1925, Greenlandic
name in Kleinschmidt spelling: *Îtorqortôrmît*, modern spelling: *Ittoqqor-
toormiit*)[7] as main destination. Knud Rasmussen, Balle's cousin, led
two such Thule Expeditions: the Sixth (1931) and the Seventh (1932–
1933). The latter departed from Kap Farvel and reached Scoresbysund
(this region was commonly referred to as *Knud Rasmussens Land* from

---

[7] The name of the town is spelled as one word (*Scoresbysund*) to keep it distinct
from the the world's largest fjord system (*Scoresby Sund*) discovered in 1822 by
William Scoresby (see, e.g., Kleivan 1996a: 143).

1932 to 1956). However, Balle did not take part in either according to available records (for the exploration history of northern East Greenland, see Higgins 2010: 17–116).[8]

On the other hand, we must infer from certain remarks by Lynge (1965) that Balle's collaboration with the Geodætisk Institut began only once Balle retired ("Da han ikke længere var sømand og derfor holdt op med at rejse til Grønland, udtrykte han tit i sine breve sin glæde over sit arbejde for Geodætisk Institut med indsamlinger og tydning af grønlandske stednavne. Han var glad for at kunne tjene Grønland ved dette arbejde"). Note that when Balle participated in the above-mentioned expedition of 1955, he was 69 years old.

Be that as it may, the ultimate decision to include Balle as a member of the Geodætisk Institut expeditions was doubtless based on his linguistic skills (see remarks to this effect in, e.g., Obituary 1965: "Han talte praktisk talt alle grønlandske dialekter, også østgrønlandsk flydende, hvilket er intet mindre end enestående") and first-hand familiarity with the Greenlandic coasts.

Balle contributed some remarks on the history of polar exploration (Balle 1960). He was interested in traditional Greenlandic life (Andreassen & Balle 1961) and was an avid collector of traditional Greenlandic paraphernalia (see, e.g., Kaalund 1983: 9, which includes the reproduction of a drum dancer doll's head apparently collected by Balle in the 1920s in Ammassalik (or Angmagssalik in Kleinschmidt spelling). The best known of Balle's works is his Danish translation of an exchange between the shaman (*angakkoq*) PÔK (modern spelling: Pooq) and a Christian missionary during the visit of the former to Copenhagen in 1724 (Balle 1929, 1955, 1964, 1973, cf. Oldendow 1957: 50–59, Kleivan 1996b: 341, 343–344 fn. 7). The

---

[8] Hother Ostermann edited and published Rasmussen's posthumous notes from those expeditions (Rasmussen 1938, 1939). Autdârutâ (lit. 'umiaq'), a hunter and shaman born in Umiivik, near Ammassalik, whose baptismal name was Christian Poulsen (Rasmussen 1938: 130–139; for a photograph of Poulsen in a drum dance, see Rasmussen 1932: 191, 1938: 138, etc.), provided most of Rasmussen's Tunumiisut language data (1938: 202–212), which shows significant traces of Kalaallisut influence and some other peculiarities (cf. Fortescue 1988b: 175–176). Rasmussen met Poulsen for the first time in Julianeshaab (Julianeshåb, Qaqortoq) in 1904.

booklet that contains this dialogue, originally published in 1760 by Poul Egede (1708–1789), was republished numerous times until 1857 due to its popularity among (West) Greenlanders, who found in it a source of amusement.[9]

---

[9] In spite of its shortcomings (see, e.g., Oldendow 1957: 226), Balle's translation was republished in a reprographic version in 1973. Additionally, see archival materials held at the Danish Arctic Institute (under shelf marks A 307 lbnr. 16, enh. 6 [*En gammel Overlevering.*] and A 307 lbnr. 18, enh. 2 [*Hvorledes Poek kom til Danmark, hans Oplevelser der og hvad fortalte derom, da hank om tilbage.*]).

J. Balle's wordlist from the perspective of Greenlandic philology

Previous scholarship on (the lexicon of) Tunumiisut includes Rink (1888),[10] Vibæk (1907), Thalbitzer (1921 [1923] and, in general, 1914–1923), Rasmussen (1938, esp. pp. 202–212), Gessain & Dorais & Enel (1982 [1986]), Robbe & Dorais (1986), Mennecier (1995), and Tersis (2008).[11] Balle's vocabulary confirms most of what we can find in those by now well established reference works. However, there are examples of words and expressions for which it seems that Balle offers a unique testimony, even if differences may seem anecdotical or minimal. See, for example, Balle's T[unumiisut] **ujákat** 'louse PL' (K[alaallisut] SG *kumak*, PL *kumait*),[12] which in modern dictionaries, due to the various spelling conventions adopted by their authors, looks slightly different: **ujangraq** (Gessain & Dorais & Enel 1982 [1986]: 152), **ujarngaq**

---

[10] There are some differences between the original publication by Rink (1888) and the version edited by Thalbitzer and translated into English by Grenville Grove (Rink 1914). Thalbitzer reorganizes the Greenlandic data in such manner that Rink's wordlists are more user-friendly, e.g., "Bær (betegnes af Angmagsalikerne ved:) 'det, som plukkes'", namely, 'the Tunumiisut word for berries literally means 'that which is plucked'" (Rink 1888: 214) = "Berry (West Greenlandic) *paormaq* – (East Greenlandic) *pukugaq*, literal meaning 'that which is plucked'" (Rink 1914: 209). The Greenlandic data referred to in Rink (1888: 214) is to be found on p. 219 (= Rink 1914: 213), where it appears alongside data from other Inuit-Yupik languages.

[11] Specialized vocabularies like those collected, e.g., by Victor and Robert-Lamblin (1989, 1993a,b) require individual treatment. For the purpose of this book, they should not be of immediate concern.

[12] Throughout the book, T(unumiisut) forms are given in bold, K(alaallisut) forms in italics.

(Robbe & Dorais 141a), **uyaŋaq** (Tersis 298a). In some cases the origin of the discrepancies is to be sought either in the use of a different derivational path (which usually starts with the same base), or in influence of Kalaallisut. For an illustrative example of the latter, see Balle's T **ukaleqarteq** 'hare' (vs K *ukaleqartoq*), which stands in sharp contrast to the T forms which are documented in modern dictionaries, e.g., **ugaleq** 'arctic hare (*Lepus hyperboreus*)' (Robbe & Dorais 135a) or **ukatiq** 'lièvre arctique (*Lepus arcticus*, LEPORIDAE)' (Tersis 283a).

Because variation is a well known feature of Tunumiisut – through mechanisms which are both internal (lexical replacement due to cultural considerations) and external (due to contact with K), see, e.g., Fortescue (1986c: 395)[13] – it is important to have as many sources as possible so that we can compare and draw valid conclusions about the developments in the history of T vocabulary. There are numerous examples of lexical replacement. Derivatives may bear witness to the replacement. For example, the regular word for head, from a comparative viewpoint, is K *niaqoq*. The equivalent in T is **suuneq** 'head', which is a metaphoric extension of the positional noun **suuq** 'front, forward, fringe' (the derivative itself can be assumed to have existed already in the parent language, that is, Proto-Inuit-Yupik [PIY], as civunəʀ, lit. 'what lies ahead or before'). In T, the original base for

---

[13] There are plenty of interesting cases in Balle's glossary. For the sake of illustration, neologisms in T sometimes have transparent equivalents in K in the sense that a native speaker of K can understand the T expression. However, in K the regular word has not been replaced, as is the case in T. For example, under T **mítuákat** ~ **mítivákat** 'female breasts' we find K *iviángit* (modern spelling: SG *iviangeq*, PL *ivianngit*), the regular word for female breasts, alongside *mitdluagkat* (modern spelling: PL *milluakkat*), which is the exact match for the T term(s), and a derivative of *miluk-* ~ *milluk-* 'suck' via passive participle (cf. SG *milukkaq* 'sucker; lollipop', etc.). For the historian of the language, these are perhaps the most interesting instances as they show the sound correspondences between Tunumiisut and Kalaallisut in action. For example, T **kîalik** 'owl' goes with two different words in K: one is *ugpik* (modern spelling: SG *uppik*), which has cognates in other Inuit languages (see, e.g., CED 409b), and the other is *kînalik*. The former is the regular word for owl in K, the latter is the exact equivalent of T **kîalik**. Put differently, T **kîalik** and K *kînalik* are cognates. As expected, the K form retains the nasal consonant (inherited from the parent language) which is regularly lost in T between (high) vowels.

head (which goes back to PIY nay(ə)quʀ 'head'), that is, the cognate of K *niaqoq*, is preserved in the geographical term **neerernaq** 'headland' (K *niaqornaq*). As for the influence of K, there are, for example, two T words for 'apron': **sâleqitâ** and **sârtiarit** ~ **sârtiaqit**. The discrepancy in the internal sequences **-leq-** vs. **-rtiar-** ~ **-rtiaq-** (with no parallels in Balle's vocabulary or elsewhere) results from the influence of K *saaliaqut*. These forms go back to PIY caðə- 'front (of the body)', but substantially deviate from regular PIY caðəŋilitaʀ 'apron'.[14]

The most important differences between K and T in terms of phonology can be illustrated by comparing the first six cardinal numbers. In the table below, I give the phonetic representation of these numbers (for the sake of completeness, I include Inuktun, or Polar Eskimo, spoken in the northern regions of Greenland, which historically speaking is, for the lack of a better label, a transitory lect between on one hand T and K and on the other hand the various Inuit lects from Canada).

KALAALLISUT	TUNUMIISUT	INUKTUN	PROTO-INUIT-YUPIK
ataasiq (ataaseq)	alaasiq	atauhiq	*ataʀuciʀ '1'
maʀɬuk (marluk)	maʀtit	maʀɬuk	*malʀuɣ '2'
piŋasut (pingasut)	piŋasit	piŋahut	*piŋajut '3'
sisamat	siamat	hihamat	*citamat '4'
taɬɬimat (tallimat)	tattimat	taɬɬimat	*taɬɬimat '5'
aʀfiniɬɬit (arfinillit)	aʀpiittit	aʀviniɣlit	*aʀvin(ə)ləɣ '6'

From the K viewpoint, the most remarkable features of T include *t*-replacement (**itteq** vs *illu* 'house'),[15] *n*-loss (**iik** vs *inuk* 'human being'), and the *i*-effect (**sialik** vs *sialuk* 'rain'). These and other significant

---

[14] It would be, however, a mistake to reduce the differences between these lects to the lexicon. The practice of producing bilingual versions of the same text, which can be already observed in the early days of the documentation of Tunumiisut (see, e.g., Vibæk 1907: 51–60), provides us with evidence that shows how distant Tunumiisut and Kalallisut are in terms of morphosyntax as well.

[15] This sound in Tunumiisut is variously represented in the sources: Robbe & Dorais ‹l› ("one-flap *l*") vs geminated ‹tt›, Tersis ‹l› vs geminated ‹tt›, etc. See, e.g., 'name' in Robbe & Dorais 151b **aleq** = Tersis 90b **atiq**, etc. For Tunumiisut, Balle closely follows the spelling in Kalaallisut, e.g. T **atilikajik** = K *atilikasik* 'the poor thing with a name (Balle's Danish: 'Den sølle der har et navn')', but

trends have been extensively described in the literature on Green-
landic dialectology.[16] Needless to say, there is internal variation in
Tunumiisut as well. The variation types which are recorded in Balle's
wordlist, whatever their origin (that is, spelling, K influence, etc.),
can be summarized as follows (the segments undergoing variation are
marked in italics):

1. Vowels

1.1	e ~ a	e.g.	angiârs*e*rpik ~ angiârs*a*rpik
	e ~ â	e.g.	torqul*e*q ~ torqul*â*q
1.2	e ~ í	e.g.	nêr*e*rnartivaq ~ nêr*í*rnartivaq
1.3	-e ~ -ik	e.g.	angiâj*e* ~ angiâj*ik*
	-eq ~ -ik	e.g.	arp*eq* ~ arp*ik*
1.4	teQ ~ toQ	e.g.	ûnar*te*rtaqarteq ~ ûnar*to*rtaqarteq
		e.g.	ikĭnarsêr*teq* ~ ikĭnarsêr*toq*
1.5	ia ~ â	e.g.	nûgâts*iâ*jik ~ nûgâts*â*jik
1.6	u ~ i	e.g.	ap*u*tilik ~ ap*i*tilik
	ua ~ iva	e.g.	êrq*ua*tsât ~ êrq*iva*tsât
	uva ~ iva	e.g.	tunúngalort*uva*q ~ tunúngalert*iva*q

T **iliaq** = K *iliveq* 'grave, tomb', cf. Tersis 131a **itiwiq** 'tomb' and Robbe & Dorais
180b **ilivileerpoq** 'digs a tomb'. For a definition of the problematic sound,
see, e.g., Mennecier (1995: 82, cf. Robbe & Dorais xx–xxi with references):
"/t/, comme une occlusive apico-alvéolaire, orale, détendue. Il s'agit d'un son
très bref, voisin d'un [l] articulé dans un battement de la pointe de la langue
et dont il est difficile de déterminer s'il est sourd ou sonore : [ɹ] ou [ḍ] ; il peut
être légèrement spirantisé : [ð]". Mennacier writes ‹l› vs geminated ‹tt›.

[16] 'Greenlandic' here stands for all Eskimo lects used in Greenland (FIGURE 8).
Basic information can be found in the fundamental treatises by Thalbitzer
(1921 [1923]: esp. 117–126) and Mennecier (1995: 33–197, cf. Tersis 2008:
14–25), and, from a comparative and historical perspective, in the work of
the late Robert Petersen (e.g., 1975a,b, 1986a,b) and Michael Fortescue (e.g.,
1983, 1984, 1986a,b,c), cf. Dorais (1981, 2003: 135–152, 2010: 46–54, etc.). For
the geographical extension of the *i*-effect beyond the Tunumiisut traditional
territory, see Rischel (2009 [1975]) and Christensen (2001, 2009: 15–16) about
its extension in southwestern Greenland, and Fortescue (1984, cf. 1986a: 9–10)
for the Upernavik region, where the northermost lect of Kalaallisut is spoken.

2. Consonants

2.1	l ~ s	e.g.	qui*l*eq ~ qui*s*eq
	l ~ ss	e.g.	tasî*l*aq ~ tasî*ss*aq
2.2	r ~ q	e.g.	sârteri*l*â ~ sârte*q*itâ
2.3	r ~ rs	e.g.	apitse*r*ualik ~ apitse*rs*ualik
2.4	rt ~ rs	e.g.	aqarte*rt*uluk ~ aqarte*rs*uluk
	rt ~ rss	e.g.	o*rt*uiak ~ o*rss*uiak
2.5	t ~ l	e.g.	simî*t*akajâ ~ simî*l*akajâ
2.6	t ~ s	e.g.	mí*t*ítoq ~ mí*s*íteq
2.7	t ~ ts	e.g.	nûgá*t*e ~ nûga*ts*e

3. Miscellanea (some of these are one-time instances)

3.1	V ~ Vr	e.g.	ula*m*ît ~ ule*rm*ît
			*s*erpútôq ~ *sí*pútoq
3.2	-V ~ -Vt	e.g.	qerq*e* ~ qerq*it*
			kiatám*ê* ~ kialám*ît*
			sátuím*î* ~ sátuím*ît*
3.3	î ~ â	e.g.	qúp*î*lat ~ qúp*â*lat
3.4	C₁~ C₂	e.g.	pârnuá*k*ajíteq ~ pârnua*r*ajíteq
			sulú*p*ik ~ sulú*f*ik
			áte*r*eq ~ áti*ng*eq
			qârma*rt*ik ~ qârma*rd*ik
			tátâlaka*s*ia ~ tátâlaka*j*ia
			nútúkat ~ nú*d*úkat
3.5	Ø ~ -q	e.g.	orse ~ orse*q*

As one would expect, given the semantic profile of Balle's vocabulary (toponimy), the dominant group of postbases (derivative suffixes) includes -*vik* 'place (for V-ing)', -*lik* 'place with something', and the like. There are numerous terms belonging to the semantic domain of orientation (I refer the reader to the work of Fortescue [see, e.g., 1988a, 2018]), and fauna and flora, which are common as referential indexes for the designation of a given geographical place. As for the mechanisms employed in the creation of placenames, Laursen (1972: 168–171), based on George R. Stewart's research, distinguishes the following nine types or categories (Laursen's terminology): descriptive names, possessive names, incident names, commemorative names, euphemistic names, manufactured names, shift names ("Names which shift or transfer a name from one landscape type to another in the same vicinity. The result is usually a name-cluster. [...] Example: Skelelv → Skelelvs Næs"), folk etymologies, and mistake names ("Names which change the name entirely through a mistake in spelling, pronounciation, or some other accident.", see remarks under **kulusuk**). They all can be illustrated with examples from Balle's wordlist.

The wordlist

Formal considerations

The alphabetic order adopted by Balle is erratic and would have required heavy re-arrangement. Instead I have organized the language data according to English keywords (in total more than 460) under which Balle's original pairings can be found. The alphabetic order within each keyword conforms to Kalaallisut (modern) spelling conventions.

Throughout the book, T forms are given in bold, K forms in italics. Language data from Balle's wordlist is presented in the original Kleinschmidt orthography.[17]

The structure of the entry is as follows. The English keyword is followed by the etymology of T and K ("<" stands for derivation or relationship within the same taxonomic level, be that Proto-Inuit [PI] or Proto-Inuit-Yupik [PIY], and "≪" refers to derivation or relationship across taxonomic levels, e.g., a PI continuant of a PIY base, etc.). The symbol "◊" separates keyword and etymology, and "‖" separates etymologies (often there are different etymologies for T and K). If the entry requires additional remarks, these follow the symbol "□". Ostermann's understanding of "etymology" in his glossary of 1929 [O] is that of literal translation, rather than of the historical evolution of a given term. Balle's vocabulary obviously follows this tradition. There are some shared lexical items to be found in Ostermann and Balle,

---

[17] Conversion to the modern orthography is a trivial matter (see Nielsen 2019: 39–41 and the "Kleinschmidt Converter" tool which is hosted in the website of the *Oqaasileriffik*, or The Language Secretariat of Greenland, at https://oqaa sileriffik.gl/en/langtech/kleinschmidt/ [last accessed: 29.10.2022].

and so I indicate them in the analysis below along with other formations which may be of tangential interest.

Please note that the English keywords are not etymological shortcuts. For example, the English keyword 'dog (with hanging ears)' is used for the equation "T **palingatseq** = K *palungatâq*". These words indeed refer to a dog with hanging ears (thus Balle's rendition in Danish: 'Hunden med nedhængende øren'). However, they contain no lexical morpheme meaning 'dog', but rather are built on the verb base *palu-* 'prone or prostrate position' (from PIY *palu- 'be lying on one's stomach', see CED 271b). The English keywords assume a synchronic perspective. For a diachronic (etymological) perspective, see remarks under each entry and the list of Proto-Inuit-Yupik and Proto-Inuit reconstructions in section **IV**.

There are various mistakes in the forms provided by Balle. For example, in K *qangatanilîk* the final vowel is in fact short. Some other instances of apparent mistakes, however, should be approached with caution. For example, "incorrect" K *kigutililik* seems to reflect "correct" *kigutilik* (see, e.g., Schultz-Lorentzen 1927: 118b). However, there are documented examples of the alternation *-li-* vs *-lili-* even within Kalaallisut, cf. Balle's K *agpalik* vs Ostermann's K *Agpalilik*, etc. It is of course within reason to speculate that here Balle may have been under the influence of T **kîlilik**, where the first **li-** segment in reality corresponds to K *-t(i)-*. However, note that Balle also provides the ("correct") *li-* form in the equation of T **kîlilik** with K *kûgtulik*. On account of these instances, I have made no attempt to reconcile Balle's unusual K forms with more familiar ones, e.g. Balle ‹nasaussaq› †*nasaasaq* instead of *nasaasaaq* 'cap, hat, hood', or *ivnarssûp* instead of (regular) *ivnârssûp*. It remains to be seen if there is a way to claim whether they are the result of a typo or truly anomalous forms that Balle actually heard.

Typographical departures from plain spelling (or lack thereof) have been kept. This includes the repetition of **qêrpik** in the entry **qêrpe** ~ **qêrpik, qêrpik** (in the original manuscript the "three" items occur with three different "reference numbers", see above). The only modification I have introduced is the replacement of commas, the symbol "=" or parentheses with the symbol "~" to indicate variants of the same word or (near) synonymous expressions. Sometimes, however, parentheses provide clarification, e.g., T **isíteq** corresponds to K *putu-goq (isordleq)* 'toe (the outermost one)', where *isordleq* (modern spelling: *isorleq*) stands for 'outermost', **apitseq** for *nánup igdluvigâ (apume qâru-suliag)*, that is, 'bear's den (a (sort of) cave in the snow)', or **kujapíkat** for *kujapigkat (qimerdluit atdlît)* 'vertebra ('lower part of the spine, i.e., lumbar spine'). In those cases (note that the explanatory remarks in Kalaallisut usually contain words etymologically related to the Tunumiisut entries), I retain Balle's parentheses.

I use square brackets to indicate material which occurs out of place (i.e., it does not follow the alphabetical order) in Balle's wordlist.

As for Balle's own corrections, which mostly concern Danish spelling practices mentioned above and the replacement of faulty "n" for "u", I have incorporated them enclosed in curly brackets following the erroneous expression, e.g. K *iterfiloqangitsoq {iterfiloqángitsoq}*. Corrections to corrections are marked with double curly brackets. Attentive readers will surely notice that Balle was not systematic in his corrections. No effort has been made to amend this.

Balle sometimes uses the Danish abbreviations "jvf." (Dan. *jævnfør* 'cf.'), "el." (Dan. *eller* 'or'), "grl." (Dan. *grønlandsk* 'Greenlandic'), "Be.U." (Dan. *betydning ukendt* 'meaning unknown'), and "o.s.v." (Dan. *og så videre* 'etc.'), which I keep here unresolved.

I have tried to correct to the best of my abilities only small, obvious formal mistakes, such as e.g., lack of periods, closing parentheses, etc.

I make frequent use of the Tunumiisut dictionaries by Tersis (2008) and Robbe and Dorais (1986). Please note that the spelling conventions adopted by their authors differ substantially (cf. Fortescue 1986c: 395–396), thus I provide data from both when deemed necessary.

J. Balle's translations and English keywords

The Danish translation is Balle's, and it means here both literal translation and interpretation (FIGURE 6), which usually appears in parentheses, e.g. T **íkalíssat** = K *iggatigssat*, which Balle translates '[d]et man skal bruge til at koge ved. (Kul)', that is, 'what you need to cook with (coal)'.

As already mentioned in the previous section, I have kept Balle's original spelling and notation idiosyncrasies (abbreviations, etc.).

Balle generally gives the same translation for both T and K if the forms are cognate or (nearly) synonymous. However, sometimes he adds remarks in parentheses about some peculiarities in either K or T. These can vary according to the nature of the explanation. The two most common types are: (1) cultural terms, e.g., for **arnarâq** and *ánorâq* Balle gives 'anorak (trøje, bluse med hætte af tøj)'; (2) a remark on the translation which still applies to both T and K, e.g., for **kisimîlârteq** and *kisimîlârtoq* Balle gives the translation '[d]en der ligger alene. (lidt for sig selv)', where the remark in parentheses expands on the translation of *kisimi* '[3 sg] alone', or **iserpalik** and *iterfiluk* ~ *iserfiluk* 'røvskuren (furen på et menneske fra rygpen til tarmåbninren)', where the remark explains a term (*røvskuren*) which may not be immediately clear even in Danish. It is not uncommon to find differing translations presented in a row, e.g., **kangíteq**, *kangigdleq* 'Den vestligste. (Østkyst). Den østligste. (Vestkyst).', where the segment 'Den vestligste. (Østkyst).' is only relevant to T, while the remainder applies to K.

Very rarely does Balle use the same word to translate two or more completely unrelated sets of words. For example, he uses Danish *hvæss* 'sharpening' to translate terms originally related to the close semantic prototypes 'file/rub' and 'sharpen' (see sharpen 1 & 2).

The symbol "—" means that the etymology of a given word is unknown or unclear (elaborate attempts to solve such puzzles will not be undertaken).

If Balle gives two synonymous words, I take the one closest to the original (in etymological terms) as the headword, followed by the second synoym, e.g., apron, curtainfor Balle's Danish *forhæng, forklæde* (curtain, apron).

Balle uses "lokalt" and "lokalform" apparently to indicate that the use of a given word is geographically restricted. However, it is not always unclear what exactly he means by "local", as some of the words so qualified do not come from Scoresbysund (see remarks below on Balle's labels "A" and "S").

Balle sometimes qualifies a given expression as archaic or a neologism and offers cross-references, e.g. T **avatarpat** and **sortût** correspond to K *sordlût* 'nostrils' (modern spelling: sg *sorluk*, pl *sorluit*). Balle properly cross-referenced both entries with "see" (Danish *se*). About the former he says that it is 'archaic' (Danish *gamle*), whereas the latter term, Balle explains, is used by the younger generation (Danish *de unge*). Sometimes Balle includes both forms, the old and the new, together in the same entry, e.g., **nûkatsik** (gl.form), **pamiátik** (ny form), where "gl." stands for Danish *gamle* 'old' (Danish *ny* 'new').[18] Today only the latter form in K means 'sharpen', whereas the former is mostly associated with musical activity, e.g., in *agiaq* 'violin, fiddle', INTR *agiarpoq* 'plays the violin or fiddle', but TR *agiarpaa* 'files it, rubs it with a file' (see, e,.g., CED 8b).

It is rarely the case that Balle does not know how to interpret the K equivalent (provided by the consultant?). Thus, under **pueráte**, after K *iluliumaneq* 'hollow' (in reference to a roundish bay) Balle adds *qarajaq* 'cave' (cf. *qarassivaa* 'hollows it out') with a question mark. Note, however, that under **puiarátiva ~ puiarátuva**, he adds *qarajâ*, along with *iluliumassua*, without hesitation (likewise, see **puiârtikajik** and the K equivalents *iluliumârtukasik* and *qarajakasik*).

Cultural and linguistics remarks

Some of Balle's remarks, while in most cases essentially impressionistic in nature, are still of interest to the specialist. For example, under the enigmatic **kulusuk** (no K equivalent is provided), Balle mentions the well-known popular view that the Tunumiit spoke with a lisp, like children ("sujuaissavut kutagtorssûgamik" Fordi vore forfædre læspede, (talte børnesprog)). On another occasion (see **kuânilîp kangertiva**, in K *kuánigdlip kangerdlua*) Balle reports that instead of **kuánilîp**, an informant used the expression **kujánilik**, which the inspector (Danish *kontrolmand*) present at the meeting thought to be a mistake and corrected. Whereas the lack of the relative case is ungrammatical, the presence of the semiconsonant *-j-* seems possible. Balle is to be commended for having noted the form down in spite of the inspector's opinion. It is worth mentioning that Balle notes instances of old vs new pronouncation,

---

[18] There are numerous cases where archaisms can be detected in K as well, e.g., under T **angiâjik** we find K *agiarfînguaq* and *silivfînguaq*, all of which literally mean 'a nice place for sharpening'.

e.g., T **nuerniagaq**, a kind of guillemot (K *serfaq*), apparently has an older rendition **nôrniagaq**. In reality, from a historical viewpoint, the latter is rather innovative (/nuiʀ-/ 'harpoon' < *nuɣiʀ 'three-pronged bird spear', CED 258b, Tersis 189b & 194). Compare the remark under **nâssit kangertivat**, where the consultant reports that some speakers pronounce the first word like in Kalaallisut, that is, *naussut* (modern spelling *naassut* PL 'flowers'). There are even some etymological explanations. For example, we are told that the place name **Naujatalik** (lit. '(a place) provided with gulls') was replaced with **Mangínersiorpik** (lit. 'a place to spend summertime') due to taboo considerations (cf. T **mangínersiorpik aussarsiorfik** which is *mánguguersiorfik aussivik* in Kalaallisut). Another example is T **qajáitseq** (K *qajáitsoq*) 'that has no kayak'. We are told that there are two possible interpretations of the origin of this word. According to the first one, Pisivíteq, a mythical figure, was so big that he could not fit into any kayak. In the second version there is an island that when seen from afar resembles a man on a kayak, but upon closer examination, it turns out there is no kayak. As for **puissortoq** (the same in K), Balle explains that this place name is related to *pui-* 'surface, emerge', rather than to *puisi* 'seal' (both terms are related anyway), because according to the locals, silence must be kept lest glaciers abruptly emerge (due to the rage of spirits who do not like to be disturbed with noise).

Forms from Ittoqqortoormiit (Scoresbysund)

An "S" that accompanies some register numbers indicates that the item was recorded in Ittoqqortoormiit (Kleinschmidt spelling "Ítorqortôrmît", D *Scoresbysund*). There is no information about the meaning of "A." (sometimes "a.") and, consequently, we cannot tell with certainty what the meaning of "a.S." (or "A.S.") is. However, we could speculate that "A." stands for Ammassalik (or "Angmagssalik" in Kleinschmidt spelling), but since all lexemes without the "S." label allegedly come from Ammassalik, it seems in theory redundant to mark them so. Be that as it may, "A.S." might mean that a given item was elicited in both locations. All of them are accordingly labeled [a], [S], [aS] and [AS] in the dictionary section of this book, and for the sake of clarity (and completeness) they are reproduced in the list below.[19]

akileqitâ [S]

akínarteqitâ [S]

amaroqarteq [S]

ápaliarteqarteq [S]

ápalik [S]

apusiâjik ~ apisiâjik [S]

aqartersiorpik [S]

aqïssip kangertiva [S]

augpaleqissâq [S]

erqiligârteq [S]

íkalíssat [S]

ilertâje ~ ilertâjik [S]

imeq [S]

ímíkêrterajik [S]

ímíkêrterajivit ~ qerqartît [S]

imîlâjiva [AS]

inúsukajik [S]

íterajivit [S]

ítoríteq [S]

ítorqortôrmît [S]

kangeq [S]

kangerdlugssuaq [S]

kangerssersssivarmît (~ kanger-tertivarmît) kangertivat [S]

kangerssersssivarmît ~ kanger-tertivarmît [S]

kangerterajíta íterterilâ [aS]

kangikajik [S]

kâsarip nasâ [S]

kiámut nûkajia [S]

kíkaqángitseq [S]

kíkiakajik [S]

kumaqartoq [S]

kumât [S]

marrakajik [S]

nákâkajik [S]

nâssit kangertivat [S]

nerterit iât kangíteq [S]

nerterit iât kíteq [S]

nĩngarpik [S]

nûgâtsâjik ~ nûgãtiakajik [S]

núkaitsoq [S]

palasip qámavâjua [S]

pâtûterajivit [S]

pueráte [S]

púkítivakajik ~ púkítsuvaka-jik [S]

púkítivakajîp (~ púkítsuva-kajiip) kiámut kangertiva (~ kangerdliva) [S]

pukúkiarpik [S]

qaqilâsivik [S]

qátiterpâjik [S]

qilalúkat nunât [S]

qíngâjiva [S]

qúpâlartivakajik [S]

sâkátâkajik [S]

sulúpik ~ sulúfik [S]

sulússûtikajik [S]

sûnínguâ [S]

---

[19] Unfortunately, it is unclear whether "S" applies to all the entries under a given reference number, or only to the word that immediately follows it. The list is composed based on the latter assumption.

tartâjik [S]
tátâlakasia ~ tátâlakajia [S]
tatsukajik [a]
tíkivît [S]
tisât [a]
tútut nunât [S]
ujáitútalerajik ~ ujarasugtale-
  rajik [S]
ujáitútalerajîp ~ ujarasugtale-
  rajîp kangerterajiva (~ kan-
  gerdlerajiva) [S]

Ujuâkajîp kangertiva (~ kan-
  gerdliva) [S]
Ujuâkajîp nunâ [S]
ukaleqarteq [aS]
umímât kangertiva (~ kangerd-
  lua) [S]
ûnarteq [S]
ûnarterajik [S]
ûnarterajîp nûa [S]
ûnartertaqarteq ~ ûnartorta-
  qarteq [S]

None of these forms show distinctive features that would set them apart within the Tunumiisut lect cluster. Many forms seem influenced from K or are derivatives (from well known bases) that involve the use of the meliorative (or pejorative) postbase T -kajik (K -kasik).

Acknowledgments

This work could not have been completed without the assistance of the librarians and archivists at the Royal Danish Library (Karen Høgsberg, Mikael Müller, Laurids Nielsen, Helle Brünnich Pedersen) and the Danish Arctic Institute (Jørgen Trondhjem). Anna Berge (University of Alaska, Fairbanks, and director of the Alaska Native Language Center) selflessly shared with me her expertise in Inuit-Yupik-Unangan linguistics. Kamil Stachowski and Mateusz Urban went through the entire manuscript and provided helpful comments and suggestions. To all of them my heartfelt thanks.

References

Andreassen & Balle 1961 = 'En fangstrejse til omegnen af »Kialéq« (Skrækkens Bugt) i 1880'erne.' Fortalt af østgrønlænderen, overkateket Kârale Andreassen i december 1933. Oversat af kaptajn J[ohannes]. Balle. *Tidsskriftet Grønland* 1961 (4) (april). 149–159.

Balle, Johannes. 1929. 'Hvorledes Poek kom til Danmark, hans Oplevelser der og hvad han fortalte derom, da han kom tilbage.' *Tidsskrift for Den grønlandske Tjenestemandsforening* 3 (5). 1–2; (6). 6, 8, 11; (7). 4, 6, 8; (8). 4, 6; (9). 3–4, 6; (11). 3–4, 8, 11.

Balle, Johannes. 1955. 'palasivdlo angákuvdlo oкaloкatigîngnerat.' *Avangnâmioq* 43 (1) [september]. 203–204.

Balle, Johannes. 1960. 'Den første danske nordpolsfærd.' *Tidsskriftet Grønland* 1960 (5) [maj]. 181–193.

Balle, Johannes. 1964. 'Grønlændern Pôк: Hvorledes han kom til Danmark, hans oplevelser der, og hvad han fortalte sine landsmænd derom, da han kom tilbage.' *Tidsskriftet Grønland* 1964 (9) [september]. 321–348. (there is separata with pagination [5–32]).

Balle 1973 = *Pok. kalalek avalangnek, nunalikame nunakatiminut okaluktuartok.* Angakordlo palasimik napitsivdlune agssortuissok. Nongme: nalagkap nongmitup nakitirivfiane nakitigkat R: Bertelsenmit Pelivdlo erneranit Lars Möllermit. 1857. = Reprographic edition, on p. [1.]: "Begge dele udgives her i en oversættelse af Johs. Balle fra 1929". *Pok, en grønlænder, som har rejst og ved sin hjemkomst fortæller derom til sine landsmænd og Angekokken som møder præsten og diskuterer med ham.* Rungsted Kyst: Anders Nyborg. 1973.

Berge, Anna & Lawrence Kaplan. 2005. 'Contact-induced lexical development in Yupik and Inuit languages.' *Études/Inuit/Studies* 29 (1/2). 285–305.

Berthelsen, Christian & Inger Holbech Mortensen & Ebbe Mortensen. 1990. *Kalaallit Nunaat Greenland Atlas*. Nuuk: Pilersuiffik.

Christensen, Birte H. 2001. *Dialekten i Sydvestgrønland: en grønlandsk i-dialekt*. København: Københavns Universitet (Eskimologis Skrifter, nr. 16).

Christensen, Birte H. 2009. 'A phonological outline of the southwestern dialects.' In: Mâliâraq Vebæk (ed.). *The Southernmost People of Greenland. Dialects and Memories. Qavaat, Oqalunneri Eqqaamassaallu*. Copenhagen: Meddelelser om Grønland (Man & Society, 33). 15–21.

Dorais, Louis-Jacques. 1981. 'Some notes on the language of East Greenland.' *Études Inuit Studies* 5 (Supplement). 43–70.

Dorais, Louis-Jacques. 2003. *Inuit uqausiqatigiit / Inuit Languages and Dialects*. Second, revised edition. Iqaluit: Nunavut Arctic College.

Dorais, Louis-Jacques. 2010. *The Langauge of the Inuit. Syntax, Semantics, and Society in the Arctic*. Montreal & Kingston: McGill-Queen's University Press.

Fabricius 1780 = Othonis Frabricii. *Fauna groenlandica, systematice sistens animalia groenlandiae occidentalis hactenus indagata, quoad nomen specificum, triviale, vernaculumque; synonyma auctorum plurium, descriptionem, locum, victum, generationem, mores, usum capturamque singuli, prout detegendi occasio fuit, maximaque parte secundum proprias observationes*. Hafniae & Lipsiae: Ioannis Gottlob Rothe.

Foersom, Th. & Finn O. Kapel & Ole Svarre. 1997. *Nunatta naasui – Grønlands flora i farver*. Kalaallisut suliarineqarnera Isak Heilmann. 3. udgave. Nuuk: Atuakkiorfik Ilinniusiorfik.

Fortescue, Michael & Steven A. Jacobson & Lawrence Kaplan. 2010 (1994). *Comparative Eskimo Dictionary with Aleut Cognates*. Fairbanks: Alaska Native Language Center (Alaska Native Language Center Research Paper, 9).

Fortescue, Michael. 1983. *A Comparative Manual of Affixes for the Inuit Dialects of Greenland, Canada, and Alaska*. Copenhagen: Meddelelser om Grønland (Man & Society, vol. 4).

Fortescue, Michael. 1984. 'The origin of the i-dialect phenomenon in Greenland.' *Études Inuit Studies* 8 (2). 91–98.

Fortescue, Michael. 1986a. *En introduktion til Upernavikdialekten*. København: Københavns Universitet (Eskimologis Skrifter, nr. 13).

Fortescue, Michael. 1986b. 'What dialect distribution can tell us of dialect formation in Greenland.' *Arctic Anthropology* 23 (1/2). 413–422.

Fortescue, Michael. 1986c. Review of: Robbe & Dorais (1986). *Études Inuit Studies* 10 (1/2). 395–398.

Fortescue, Michael. 1988a. *Eskimo Orientation Systems*. Copenhagen: Meddelelser om Grønland (Man & Society, 11).

Fortescue, Michael. 1988b. 'Thule and back: a critical appraisal of Knud Rasmussen's contribution to Eskimo language studies.' *Études Inuit Studies* 12 (1/2). 171–192.

Fortescue, Michael. 2018. 'Icelandic, Faroese and Greenlandic orientation systems: all absolute?' *Acta Linguistica Hafniensia* 50 (2). 161–179.

Geodætisk Institute = n.a. 1978. *Geodætisk Institute, 1928–1978*. København: Geodætisk Institute.

Gessain, Robert & Louis-Jacques Dorais & Catherine Enel. 1982. *Vocabulaire du groenlandais de l'est. 1473 mots de la langue des Ammassalimiut avec leur traduction en groenlandais de l'ouest, francais, anglais et danois*. Paris: Laboratoire d'Anthropologie du Museum National d'Histoire naturelle (Documents du Centre de Recherches Anthropologiques du Musée de l'Homme, nr. 5). = Second ed. 1986. *Vocabulaire du groenlandais de l'est. 1440 mots de la langue des Ammassalimiut...* (Documents du Centre de Recherches Anthropologiques du Musée de l'Homme, nr. 10).]

Higgins, Anthony K. 2010. *Exploration History and Place Names of Northern East Greenland*. Copenhagen: Ministry of Climite and Energy (Geological Survey of Denmark and Greenland Bulletin, 21).

Jacobsen, Henrik Galberg. 2005. '211. Language cultivation and language planning I: Denmark.' In: Oskar Bandle & Kurt Braunmüller & Ernst Håkon Jahr & Allan Karker & Hans-Peter Naumann & Ulf Teleman (eds.). *The Nordic Languages. An International Handbook of the History of the North Germanic Languages*, vol. 2 (of 2). Berlin/New York: Walter de Gruyter (Handbücher zur Sprach- und Kommunikationswissenschaft, Band 22.2). 1960–1969.

Kaalund, Bodil. 1983. *The Art of Greenland: Sculpture, Crafts, Painting*, trans. by Kenneth Tindall. Berkeley, Los Angeles/London: University of California Press.

Kleinschmidt, Sam[uel]. 1871. *Den Grønlandske Ordbog*. Kjøbenhavn: Louis Kleins Bogtrytteri.

Kleivan, Inge. 1996a. 'European contacts with Greenland as reflected in the place-names.' In: P. Sture Ureland & Iain Clarkson (eds.). *Language Contact across the North Atlantic. Proceedings of the Working Groups held at the University College, Galway (Ireland), August 29 – September 3, 1992 and the University of Göteborg (Sweden), August 16–21, 1993*. Tübingen: Max Niemeyer Verlag (Linguistische Arbeiten, 359). 125–152.

Kleivan, Inge. 1996b. 'A dialogue between a shaman and a missionary in West Greenland in the 18th century: the sociology of the text.' In: Juha Pentikäinen (ed.). *Shamanism and Northern Ecology*. Berlin/New York: Mouton de Gruyter (Religion and Society, 36). 333–347.

Krauss, Michael. 1973. 'Eskimo-Aleut'. In: Thomas A. Sebeok (ed.). *Current Trends in Linguistics*, vol. 10: *Linguistics in North America*, 2 vols. The Hague: Mouton. Vol. 2: 796–902. = Thomas A. Sebeok (ed.). 1976. *Native Languges of the Americas*, 2 vols. New York: Springer Science+Business Media. Vol. 1: 175–281.

Laursen, Dan. 1972. *The Place Names of North Greenland*. København: C.A. Reitzels Forlag (Meddelelser om Grønland, vol. 180, 2).

Lynge, Niels. 1965. 'Johs. Ballep toκunerane / Ved Johs. Balles død.' *Atuagagdliutit* 105 (7) [sisamángorneκ 1. april 1965]. 11.

Mennecier, Philippe. 1995. *Le tunumiisut, dialecte inuit du groenland oriental. Description et analyse*. Paris: Klincksieck (Collection linguistique publiée par la Société de Linguistique de Paris, LXXVIII).

Møller, Nuka. 2015. *Kalaallit aqqi – isumaat tunuliaqutaallu / Grønlandske personnavne – deres betydning og baggrund / Greenlandic Personal Names – Their Meaning and Origin*. Nuuk: Oqaasileriffik.

Nielsen, Flemming A. J. 2019. *Vestgrønlandsk grammatik*. København: Books on Demand.

Nørlund, N[iels]. E[rik]. 1939. 'The survey work of the Danish Geodetic Institute in Greenland and Iceland.' *Polar Record* 3 (17). 38–45.

Obituary 1965 = n.a. 'Dødsfald: Skibsfører, orlogskaptajni Johs. Balle.' *Berlingske Tidende* 217 (75) [Tirsdag 16. marts 1965]. 4.

Oldendow, Knud. 1957. *Bogtrykkerkunsten i Grønland og mændene bag den*. København: F.E. Bording.

Ostermann, Hother. 1929. 'Etymological Glossary'. In: Martin Vahl & Georg Carl Amdrup & Louis Bobé & Adolf Severin Jensen (eds.). *Greenland*, vol. 3: *The Colonization of Greenland and Its History until 1929*. Copenhagen: C.A. Reitzel & London: Humphrey Milford (Oxford University Press). 450–457.

Petersen, Jonathan. 1967 (1951). *ordbogêraк tássa kalâtdlit oкausîsa agdlangnerinik najorкutagssiaк*. [Godthåb:] Ministeriet for Grønland = Kalâtdlit-nunãnut ministereкarfiup naкitertitâ. (1st ed. Nûngme: ilíniarfigssûp naкitertitai.)

Petersen, Robert. 1975a. 'Folkemål.' In: Palle Koch (ed.). *Grønland*. København: Gyldendal. 194–204.

Petersen, Robert. 1975b. 'On the East Greenlandic dialect in comparison with the West Greenlandic.' *Objets et Mondes* 15 (2). 177–182.

Petersen, Robert. 1986a. 'De grønlandske dialekters fordeling.' In: *Vort sprog – vor kultur. Foredrag fra symposium afholdt i Nuuk oktober 1981 arrangeret af Ilisimatusarfik og Kalaallit Nunaata Katersugaasivia*. [Nuuk:] Pilersuiffik. 113–122.

Petersen, Robert. 1986b. 'Some features common to East and West Greenlandic in the light of dialect relationships and the latest migration theories.' *Arctic Anthropology* 23 (1/2). 401–411.

Rasmussen, Knud. 1932. 'South East Greenland, the Sixth Thule Expedition, 1931, from Cape Farewell to Angmagssalik.' *Geografisk Tidsskirft* 35 (4). 169–197.

Rasmussen 1938 = *Knud Rasmussen's Posthumous Notes on the Life and Doings of the East Greenlanders in Olden Times*. Edited by H. Ostermann. København: C.A. Reitzels Forlag (Meddelelser om Grønland, Bd. 109, Nr. 1).

Rasmussen 1939 = *Knud Rasmussen's Posthumous Notes on East Greenland Legends and Myths*. Edited by H. Ostermann. København: C.A. Reitzels Forlag (Meddelelser om Grønland, Bd. 109, Nr. 3).

Rink, Hinrich. 1888 (1887). 'Den østgrønlandske Dialekt, efter de af den danske Østkyst-Expedition meddelte Bemærkninger til Kleinschmidts grønlandske Ordbog.' In: *Den østgrønlandske Expedition, udført i Aarene 1883–85 under Ledelse af G. Holm*. Kjøbenhavn: Bianco Luno (Meddelelser om Grønland, vol. 10). 207–234.

Rink, Hinrich. 1914. 'The East Greenlandic dialect: according to the annotations made by the Danish east coast expedition to Kleinschmidt's Greenlandic dictionary by H. Rink 1887 (revised by W. Thalbitzer in 1911).' In: William Thalbitzer (ed.). *The Ammassalik Eskimo: Contributions to the Ethnology of the East Greenland natives*. Copenhagen: Bianco Luno (Meddelelser om Grønland, vol. 39). Part I: 205–223.

Rischel, Jørgen. 2009 (1975). 'Asymmetric vowel harmony in Greenlandic fringe dialects.' In: Jørgen Rischel, *Sound Structure in Language*, edited and with an introduction by Nina Grønun, Frans Gregersen, and Hans Basbøll. Oxford: Oxford University Press. 175–210. (originally in *Annual Report of the Institute of Phonetics, University of Copenhagen = ARIPUC 9*. 1–48).

Robbe, Pierre & Louis-Jacques Dorais. 1986. *Tunumiit oraasiat. Tunumiut oqaasii. Det østgrønlandske sprog. The East Greenlandic Inuit Language. La langue inuit du Groenland de l'Est*. Québec: Université Laval (Centre d'Études Nordiques – Collection Nordicana, 49).

Schultz-Lorentzen[, Christian Wilhelm]. 1927. *Dictionary of the West Greenland Eskimo Language*. Copenhagen: C. A. Reitzel.

Sonne, Birgitte. 2017. *Worldviews of the Greenlanders. An Inuit Arctic Perspective*. Fairbanks, Alaska: University of Alaska Press.

Tersis, Nicole. 2008. *Forme et sens des mots du Tunumiisut / Lexique inuit du Groenland oriental*. Lexique-tunumiisut-anglais-danois. Traduction anglaise de Raymond Boyd. Traduction danoise de Charlotte Levantal-Jespersen. Louvain / Paris / Dudley (MA): Peeters (SELAF, 445).

Thalbitzer, William. 1904. *A Phonetical Study of the Eskimo Language Based on Observations Made on a Journey in North Greenland 1900–1901*. Copenhagen: Bianco Luno (Meddelelser om Grønland, vol. 31).

Thalbitzer, William. 1908. 'The Eskimo numerals.' *Journal de la Société Finno-Ougrienne* 25 (2). 1–25.

Thalbitzer, William. 1921 (1923). 'Language and folklore.' In: William Thalbitzer (ed.). *The Ammassalik Eskimo: Contributions to the Ethnology of the East Greenland Natives*. Copenhagen: Bianco Luno (Meddelelser om Grønland, vol. 40). Part II: 113–564.

Thalbitzer, William (ed.). 1914–1923. *The Ammassalik Eskimo: Contributions to the Ethnology of the East Greenland Natives*, Part I (containing the ethnological and anthropological results) – Part II

(First half: 1. Hjalmar Thuren: On the Eskimo music in Green-
land, 2. William Thalbitzer and Hj. Thuren: Melodies from East
Greenland, 3. William Thalbitzer: Language and Folklore; Sec-
ond half: 4. William Thalbitzer: Social customs and mutual
aid). Copenhagen: Bianco Luno (Meddelelser om Grønland,
vols. 39–40).

Vibæk, Poul. 1907 (1905). 'Contributions to the study of the Eskimo
language in Greenland.' *Meddelelser om Grønland* 33. 9–60.

Victor, Paul-Émile & Joëlle Robert-Lamblin. 1993a. *La civilisation du
phoque. Jeux, gestes et techniques des eskimo d'Ammassalik.* [Paris:]
Armand Colin & Raymond Chabaud.

Victor, Paul-Émile & Joëlle Robert-Lamblin. 1993b. *La civilisation du
phoque, 2. Légendes, rites et croyances des eskimo d'Ammassalik.* Ba-
yonne: Raymond Chabaud.

Figure 1: Portrait of Johannes Balle, naval officer, taken sometime in 1928. (Portræt af Johannes Balle f. 1886.05.21 d. 1965.03.00 søofficer, Royal Danish Library, [1955–549/3]).

1.

A.

	Østgrønlandsk.	Vestgrønlandsk.	Oversættelse.
1505	ajangaq	ajagaq	Det man støder til. Legetøj. Træ eller bonstykke med hulle i, fæstet til pind med sejl- garn eller rem. Man skal slyn stykket op og fange benstykke ved at få pinden i et af hull ne.
659	ajangiâlípik	ajârtariaqarfik	Hvor man må stage (skubbe)sig frem.(gennem is).
	ajangitaq	ajagutaq	Støtte til konebåd,(der ligge: med bunden i vejret som telt)
805	ajangitap kangertiva	ajagútap kanger- dlua	Konebådsstøttens fjord.
	ajapertingaqartit	qalipagkat (ajapertagaqartut)	Lange malede kvindestøvler. (Dem der har noget,man kan støtte sig til)
	aqarteq	aqerdloq	Bly
90.S.	aqartersiorpik	aqerdlorsiorfik	Hvor man søger bly
1575 1576	aqartertuluk	aqerdlortaluk	Den sølle der har bly
1744	aqertertulûp qôrnersâ	aqerdlortalûp qôrnua	Den sølle der har bly's snævring.
118.S.	aqîssip kangertiva	aqigssip kanger- dlua	Rypens fjord (Rype fjord).
739	aqîteq	aqitsoq	Det bløde
1977	aqítivaraq	aqitsuaraq	Den lille bløde
1522	âkarnertivaq	áukarnerssuaq	Det store strømskårne
65	akernernaq	akorngínaq	Stedet midt imellem
475	akerninarmît	akorngínarmiut	Dem der bor et sted midt imellem
999	akerninarajik	akorngínarujuk	Det sølle sted midt imellem.
105.S.	akileqitâ	akulequtâ	Dens mellemstykke
240	akilertivit	akulerssuit	De store mellemstykker
1421	akilerut	akulekut	Mellemstykket
127-778 792	akiliaitseq	akuliaruseq	Den ikke helt rigtige næserod. (Som regel i betydningen:En fjeldryg mellem dale el.fjord)

Figure 2: Facsimile of p. [1.]. Note the way Balle recorded the phonolog- ical variation in Tunumiisut, e.g., under 1421: **akile*rut*** ∼ ak- ile***q*it**.

44

p. [18.]

23	kangertivartikajik	kangerdluarssukasik	Den særlig lille slemme fjord.
1010	kangertivartítiváq	kangerdluarssugssuaq	Den ret store fjord.
2186	kangertivatsåq	kangerssuatsiaq	Det ret store forbjerg.

p. [26.]

1633	nuerniákat umiarmívia	sèrfat umíviat	Tejsternes konebådsoptag-ningssted.
949	nûgártik	nûgârssuk	Det særlig lille næs.
25	nûgatse	nûgâtsiaq	Det ret store næs.
82.S.	nûgâtsiájik	nûgâtsiánguaq	Det gode ret store næs.
1116	(nûgâtiakajik)	nûgâtsiakasik	Det slemme ret store næs.

p. [51.]

36.S.	ujáitútalerajik ujarasugtalerajik	ujarasugtalerujuk	Den sølle der har store enli-ge sten.
37.S.	ujáitútalerajîp) kangerterajiva ujarasugtalerajîp)	ujarasug-talerujûp kangerdlorujua	Den sølle der har store enlige sten's sølle fjord.

Figure 3: Detail of pp. [18.], [26.], and [51.] showing typical accumulation of data.

| " 33.1371 | | qáqarasuatsiaq | |
| 1371 qáqartivatsâq | | qarqarssuatsiaq | Det ret store fjeld. |

Figure 4: Detail of p. [2.] of Balle's corrections and page [33.] showing the problematic word (Kalaallisut **qarqarssuatsiaq).

| 10. | ' ileríteq | ' ileqimissârtoq | 'Den der ryster paa Hovedet. |
| 10. | ileríteq | ileqimissârtoq | Den der ryster på hovedet. |

Figure 5: Detail of p. [1.] of Balle's corrections showing the use of pre-reform and post-reform Danish spelling.

| 379 uvívaq | Sælben. (puissip uvîvâ). Kort ben i tilslutning til hoften. |

Figure 6: Detail of p. [53.]. Kalaallisut material in the translation column.

15. 1420.	isaruarssuit fasaresuit	
16. 611. ' ítíp tunua	'istûp(igtugtup)tunua	
16. 79.S. ítoríteq		
16. 40.S.' ítorqortôrmít	'igdlorqortôrmiut	
17. 526.		Fjordarm

Figure 7: Detail of p. [1.] of the Danish Arctic Library copy of Balle's corrections. The information added by hand is absent from the Royal Danish Library copy.

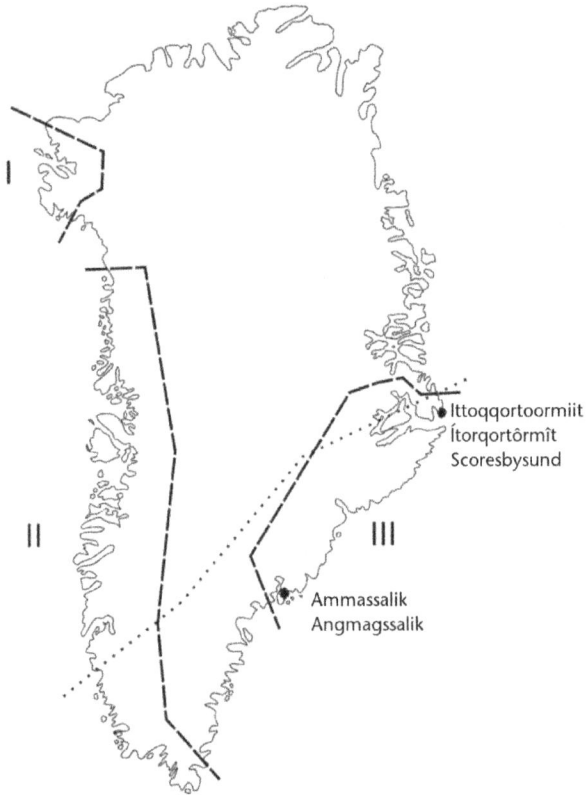

Figure 8: Map of Greenlandic lects (based on Petersen 1975: 195, Fortes-
cue 1986b: 414, cf. Christensen 2009: 18, and Berthelsen & Mor-
tensen & Mortensen 1990: 18, 51). I = Inuktun (Polar Eskimo),
II = Kalaallisut (West Greenlandic), III = Tunumiisut (East Green-
landic). The *i*-effect occurs in the areas marked with a pointed
line (Upernavik, southwestern and eastern Greenland).

I   Keywords and Etymology

_____ **A**

alone ◊ PIY kəðim(ʀ)aʀ 'one who is alone' < kəði- 'alone or only'
kisimîlârteq, *kisimîlârtoq*. Den der ligger alene. (lidt for sig selv).

angelica ◊ An isolated Eastern Inuit form, perhaps a loanword from Old
Norse *hvǫnn* sɢ, *hvannir* ᴘʟ 'angelica' (CED 195b). □ The alternative
names **sarqangíteq** vs *sarqarigsoq* are related to PI catqaq 'front,
sunny side' ≪ PIY caðə- 'front (of the body)' (see keyword 'sunny
side'). Balle's "sermiligâq" refers to today's Sermiligaaq (from *ser-
meq* 'glacier, ice sheet' ≪ PIY ciʀmiʀ 'ice (coating)', see keyword
'glacier'), a settlement in southeastern Greenland. O 453a Kuánersôq
'the place which has abundance of quans (*angelica officinalis*)', etc.
Rasmussen 202b quaitsut 'angelica', 211 quaralik (W. Gr. kuáneq)
'Angelica (Archangelica officinalis)'.
kuáneq, *kuáneq*. Kvan.
kuánersiorpia, *kuánersiorfia*. Dens sted hvor man (søger) samler
kvaner. (Kaldtes af Olaf Ingemann ved Skjoldungen for "**sar-
qangíteq** – *sarqarigsoq*, men Odin fra "*sermiligâq*" forkastede
det, da det ikke brugtes mere. Der er meget frodigt og der er
mange kvaner, der er særlig søde).
kuániarte ∼ **kuániartik**, *kuániarssuk*. Der ikke har særlig mange
kvaner.
kuánilîp kangertiva, *kuánigdlip kangerdlua*. Hvor der er kvaners
fjord. (Kendtmanden sagde "**kujánilik**", men kontrolmanden
sagde, at det måtte være en fejltagelse, det hed "**kuánilîp**").

anorak ◊ PI atnuʀaaq 'clothing' ≪ PIY atə- 'put on'
arnarâq, *ánorâq*. Anorak (trøje, bluse med hætte af tøj).

arnarârtalêraq, *ánorârtalêraq*. Den lille der har en anorak.

arnarârtalik, *ánorârtalik*. Der har en anorak.

anus ◊ PIY ətər 'anus'

iserpalik, *iterfiluk* ∼ *iserfiluk*. Røvskuren. (Furen på et menneske fra rygpen til tarmåbninren).

iserpaliva, *iterfilua* ∼ *iserfilua*. Dens røvskure.

iserpalivíteq, *iterfiloqangitsoq* {*iterfiloqángitsoq*}. Der ingen røvskure har.

appendage ◊ PIY ujɣu- 'add on' □ O 457b Uigordleq 'the appendage farthest out; the outermost in a row. Freqently occurring name of islands.'

uigerteq, *uigordleq*. Det yderste tilhæng.

uigertertivit, *uigordlerssuit*. De store yderste tilhæng.

uigertît timileqitâ, *uigordlît timilequtât* (se: **iliverta**). De yderste tilhængs indenforliggende.

apron, curtain ◊ PIY caðəŋilitaʀ 'apron' < caðə- 'front (of the body)' □ Balle's unexpected †**saarti**- may have resulted from contamination with **saarngeq** (**saaɴiq** [Tersis]) = *saagoq* 'curtain, blind' (≪ PIY caðəɣuʀ 'fence or partition').

sâleqitâ, *sâliaquta*. Dens forhæng, forklæde.

sârtiarit ∼ **sârtiaqit**, *sâliaqut*. Det man har som forhæng. Det man har foran sig. (Forklæde).

arrive ◊ PIY təkiðutə- 'bring ᴛʀ, have arrived, take place ɪɴᴛʀ' < təkit- 'arrive (at)' □ K *sikumut ánguvfik*, lit. 'where one arrives in the ice'.

tikivípik, *tikiuvfik* ∼ *tikerarfik*. Hvor mange (stadig) kommer til. (Søger til for at redde sig fra at blive klemt af isen. (*sikumut ánguvfik*).

tikivípîp ikâsâ, *tikiuvfiup* (∼ *tikerarfiup*) *ikerasâ*. Hvor mange (stadig) kommer til's sund.

attachment ◊ PI attan 'means for holding s.th. together' ≪ PIY ata- 'be attached or persisting'

átalâjik, *átatâraq* ∼ *átatánguaq*. Den lille forbindelse (sammenhæng).

átalâjivit, *átatánguit*. De små forbindelser (sammenhængende).

await (hunt) ◊ PIY qama- 'be calm' (whence K *qama*- 'wait for seal in one's kayak', etc.)

qámaverajik, *qámaverujuk*. Det sølle fangststed.

axe ◊ PI ulimaun 'adze or axe' ≪ PIY ulima- 'make or fashion'

ulimâtikajik, *ulimautikasik*. Den sølle økse.

B

back ◊ PIY qatəɣ 'chest'
qaligaq, *qatigak*. Ryggen.
qalíkap ilínera, *qatigkap itivnera*. Ryggens overgangssted.
bag (for blubber) ◊ — ‖ PI pu(ɣ)uq 'bag or sealskin poke' (whence T
puuq '(sleeping) bag; box, envelope' (Tersis), etc.)
ungujuk, *pôruseq*. Spækposen.
bang, pop ◊ PIY ciŋquʀ- 'crack or crackle' ▫ Unidentified type of seaweed.
serqerpátak, *serqorpatdlak*. Så, nu lød der et knald. (Tang med
runde udvækster, der knalder, når de bliver tørre).
bare (landscape) ◊ Related (via metaphor) to forms like K *meqquerpoq*
'is losing hair, hairless' ≪ PIY məlquʀ 'body hair (or fur) or feather'
merqikítâjik, *merqukitsúnguaq*. Den lille meget lidt bevoksede.
merqikítivartivit, *merqukitsuarssuit*. De sølle små meget lidt be-
voksede.
merqiviteq {**merqivíteq**} ~ **merquíteq**, *merquitsoq*. Den ubevoksede.
bark ◊ PIY qiluɣ- 'bark'
qilítoq, *qilugtoq*. Den der gør (Den gøende).
bay (*nor*) ◊ Related to PIY əməʀ(-) 'fresh water; drink' ‖ Related to PIY
puɣə- 'surface or emerge' ‖ PIY taci(ɣ)- 'stretch' ▫ O 457a Tasiussaq
'the sea bay which reminds one of a lake (i.e. which has a narrow
inlet from the sea)', etc.
imîlâ, *tasiussâ* (se: **tasîlaq**). Dens indsølignende – Nor.
imîlâjiva [AS], *tasiussángua*. Dens lille nor.
imilik, *tasilik*. Der har en sø (Ferskvand).
puiátoq, *tasiussaq*. Den indsølignende. (Nor).
tasîlaq ~ **tassîlaq**, *tasiussaq* (se: **imîlâ**). Den indsølignende (Nor).
tasîlârtik ~ **tasîssârssik**, *tasiussârssuk*. Den ikke særlig store ind-
sølignende.
tasîlârtîp (~ **tasîssârssîp**) **kaporniagaqartiva**, *tasiussârssûp eqalo-
qartua*. Den ikke særlig store indsølignendes laksefangststed.
bay (rounded) ◊ PIY qaðɣi '(men's) communal house, kashim' (≫ K *qassi*
'traditional ceremonial house (today used only of geographical forma-
tions)') ▫ O 455a Qagssiarssuk 'the place which lies in a small caul-
dron or a bay, surrounded by rocks and with a narrow mouth'.
qátiartik, *qagssiarssuk*. Den temmelig rundagtige bugt.

beach ◊ PIY tətəʀ- 'mark' (> Kalaallisut *tittaq* 'line') ‖ PIY ciŋðaʀ 'beach or shore' ▢ O 456b Sigssardlugtoq 'the place or tract which has a bad (i.e. steep and inac[c]essible) shore'.

títaq, *sigssaq*. Strand.

títartútoq, *sigssardlugtoq*. Der har en dårlig strandbred.

bear ◊ PIY nanuʀ 'bear' ▢ O 453b Nanortalik 'that which is provided with appertaining polar bears, i.e. the haunt of polar bears', etc.

naneq, *nanoq*. Bjørn.

nanerersarpik, *nanuerserfik*. Hvor man mistede en bjørn. (Hvor en bjørn, man var på fangst efter, undslap en).

nanertalik, *nanortalik*. Der har en bjørn.

naningersarpik, *nanoqarajugtoq*. Hvor der ofte findes isbjørne.

beginning (of a stream) ◊ PI aaʀiak '(area between) shoulder blades, place where a river issues from a lake'

âriâ, *âriâ*. Dens rygparti (mellem skuldrene) (Bruges ofte som stednavn for udløbet af en sø).

beluga ◊ PI qilaluɣaq 'beluga' ▢ Note the contrast in the spelling of the *k*-geminate: T **qilalúkat** vs K *qilalugkat*. O 455b Qilalukan = Qilalugkat 'the place or the tract where there are many white whales, the white whale, hunting grounds'.

qilalúkat nunât [S], *qilalugkat nunât*. Hvidfiskenes land.

bend ◊ PIY nə(C)uʀ- 'be curved' (whence K niuʀ- 'curve, become crooked' & nayuʀ- 'be curved')

nĩngarpik [S], *najúngarfik*. Hvor noget bliver bøjet. Andre så mand vade i elv og synes hans ben blev krumme (bøjet). (Lysets brydning).

nĩngarpoq, *najúngarpok*. Den bliver bøjet (krum).

bilberry (*Vaccinium uliginosum*) ◊ If resemblance to *kigut* 'teeth' (< PIY kəɣ-un 'tooth' ≪ kəɣə- 'bite') is accidental, forms like K *kigutaarnaq* 'bilberry' are of unclear origin. ▢ Nunatta naasui 71 Kigutaarnat = Mosebølle (*Vaccinium uliginosum*)

kigitârnartivit nûa, *kigutaernarssuit nuat*. De mange blåbærs næs.

bird ◊ PIY təŋmi(C)aʀ 'bird' ▢ O 457a Tingmiarmiut 'the inhabitants of the place where there are birds', etc.

tímiaq, *tingmiaq*. Fugl. Fugleskindspels.

tímiarmît, *tingmiarmiut*. Dem der bor ved fuglene. (Fuglefjeld). Før i tiden skal endelsen mio være blevet brugt.

tímiartalik, *tingmiartalik*. Der har fugle.

bird dart ◊ PIY nuɣiʀ 'three-pronged bird spear'
   núkit, *nugfit*. Fuglepilen.
bitter (gall bladder) ◊ PIY cuŋ(aʀ) 'gall'
   sungarnĩtit, *sungarníngitsut*. Dem der ikke smager bitre. (*assoru-
      tit* = Fandens mælkebøtte).
black ◊ PIY qiʀnəʀ- 'be black or dark (as blue fox)' □ O 455b Qernertoq
   'the black one, i.e. the (dwelling) place marked by dark lines in the
   mountains behind them'.
   qernerterajik, *qernertorujuk*. Den sølle sorte.
   qinâjivit, *qernertúnguit*. De små sorte.
black-legged kittiwake (*Rissa tridactyla*) ◊ PIY təðatəða(C)iʀ ~ təratəra-
   (C)iʀ 'kind of (noisy) bird'
   tâlarâq, *tâterâq*. Den 3 tåede måge (Tatterat).
   tâlarqât, *tâterât*. De 3 tåede måger.
bladder ◊ — ‖ PIY avataʀ '(sealskin) float' □ Cf. T **uqsitik** 'sorte de bois
   de flottage' (Tersis), etc.
   úsik, *avataq*. Fangeblære.
   úsikátak, *avatarpak*. Den (enlige) fangeblærelignende.
bladder weed (seaweed) ◊ PIY məcaʀ- 'make splashing or smacking
   sound' ‖ PIY iqu- 'tilt or be crooked' (whence K *equvoq* 'comes out
   of alignment; gets crooked; gets bent', etc.) □ Nunatta naasui 158
   Equutit = Tang (Buletang [*Ascophyllum nodosum*], Blæretang [*Fucus
   vesiculosus*]). Rasmussen 212 eqêtit or miserarnat (Angmagssalik)
   'bladder-weed'.
   misarqat, *equtit* {*eqûtit*}. Blæretang. Tang med runde udvækster
      der knalder, når vandet falder fra den og den bliver tør.
   misarartivit, *eqûterssuit*. Den megen blæretang.
blubber (filled with) ◊ PIY immiʀ- 'fill'
   ímigãtivit, *ímigáussuit*. De store (mange) spækfyldte sæler. (Hele
      krop og hoved skæres ud af skindet, hvor spækket bliver sid-
      dende på og fyldes med spæk, der gemmes til vinteren og
      spises til udvandet rødlig tang).
blue-green ◊ PI tuŋuyuq- ~ tuŋuyuk- 'be bluish or green' ≪ PIY tuŋu-
   'be dark blue (as ripe berry)?'
   tungôrtoq, *tungujortoq*. Den blå (grønne).
boat ◊ PI aullaaq- 'travel (out to camp)' ≪ PIY aʀula- 'move'
   átãtuaq, *antdlârússuaq* {*autdlârússuaq*}. Det store rejsefartøj.

body (upper) ◊ PIY kiɣan (kiɣatə) 'upper part of the body'
    kialak, *kiat* ~ *kiatak*. Overkrop.
    kiatámê ~ **kialámît**, *kiatangmint*{*kiatangmiut*}. Dem der bor ved
        overkroppen.
bogbean (flower) ▫ The etymology of this plant name may be somehow
    connected to that of K *tupaarnaq* 'thyme' (< PI tupaaq- 'keep wak-
    ing up' ≪ PIY tupaɣ- 'be startled'; Nunatta naasui 60).
    tupâlat, *tupaussat*. Bukkeblad (Blomst).
bone (ulna, seal flipper) ◊ PIY tajaʀnəʀ 'wrist (or bracelet)'
    tiarneq, *tajarneq*. Underarmsben (sæl).
    tiarnikajik, *tajarnikasik*. Det sølle underarmsben.
boot ◊ PIY kaməɣ 'boot'
    kamik, *kamik*. Skindstøvle.
    kamît, *kangmit*. Skind støvlerne. (Kamikker).
    kamisât, *kamissat*. Kvindehalvskindsstøvler.
boot (women's) ▫ Related to PIY ajapər- 'lean against' (cf. Tunumiisut
    ajipertingaq 'knee')
    ajapertingaqartit, *qalipagkat* ~ *ajapertagaqartut*. Lange malede
        kvindestøvler. (Dem der har noget, man kan støtte sig til)
box ◊ PIY əklərviɣ 'pouch or sack' < əkə- 'get or put in' ‖ PIY tutməqaʀ
    'stair or step' ▫ O 451b Igdlerfigssalik 'the place (i.e. the rock) which
    has a stone formation on its top resembling a coffin; the Danish name
    is "Kisterfjældet" (i.e. the coffin rock)'.
    túmâq, *igdlerfik*. Kisten (lokalform).
    túmaraq, *igdlerfik*. Kisten.
breast ◊ PIY əvyaŋ(ŋ)iʀ 'breast' ‖ PIY məluɣ- 'suck (breast)' ▫ O 452b
    Iviangernat 'the twin mountains resembling the breasts of a woman',
    etc. Rasmussen 203b mitsuarpoq 'suckles' & mitsuingaq 'female
    breast'.
    mítuákat ~ **mítivákat**, *iviángit* ~ *mitdluagkat*. Kvindebryster.
brush ◊ PIY caɬiɣ- 'sweep or clean away'
    salissaq, *salissaq*. Den tyndhårede (tætklippede).
    salissâlik, *salissâlik*. Der har noget, der er tætklippet. (Fjeldknolde
        med græs ligner tætklippede menneskehoveder).
bump ◊ PIY akitmi(C)- 'knock against'
    akímípik, *akingmigfik*. Hvor man stødte imod noget. (Så man ikke
        kunne komme længere).

burn ◊ PI uunaq- 'be hot or burning' ≪ PIY uɣu- 'be heated up or cooked'
ûnartip akia, *ûnartup akia*. Den man brænder sig på's overforlig-
gende.
burst ◊ PIY qaɣəʀ- 'burst'
qaito, *qârtítoq*. (Den der fik en brådsø over sig og tog et menneske
med). Hvor søen tog et menneske.
qaito timileqitâ, *qârtítup timilequtâ*. Hvor søen tog et menneske's
indenforliggende.
qârpe, *qârfik*. Hvor noget blev sprængt.
buttock ◊ PIY iqquʀ ~ iqquɣ 'buttock or end of s.th.' ‖ PIY nuɬu(ʀ) 'buttock'
êrqiva, *nulua*. Hans bagdel. Dens rumpe.
êrqivaq ~ **êrquvaq**, *nuloq*. Bagdel, rumpe.
êrquatsât ~ **êrqivatsât**, *nuluatsiait*. De ret store bagdele (rumper).
nulut, *nutdlut*. Bagdelene (Rumperne).
bygone, long ago ◊ PIY qaŋa 'when (in the past)'
qanganisâjik, *qanganisánguaq*. Den lille (gode) fra henfarne (for-
gangne) tider.

── C

cache ◊ PIY qəŋnəʀ 'cache'
qínê, *qingnivilik*. Der har et forrådssted. (Stendysse).
calf ◊ PIY nakacuɣnaʀ 'calf (of leg)' ≪ nakacuɣ 'bladder'
nakasínât, *nakasungnât*. Læggene.
cap ◊ PIY itəɣ 'toe-cap' ‖ PIY nacaʀ 'hood or hat'
isiva, *nasâ*. Dens hætte.
cap (brim of) ◊ PI inŋia(suk)- 'dazzle' ‖ PIY təlqiðaʀ 'eyeshade'
íník̃ilaq, *terqiaq*. Kasketskygge. (En kant, der stikker ud over brat-
ning).
íník̃ilârtalik, *terqialik*. Der har et overfald som en kasketskygge
(Bratning).
terqialik, *terqialik*. Der har et tagskæg (kasketskygge). Bratning
hvis øverste kant danner et slags tagskæg.
capelin (*Mallotus villosus*) ◊ PI aŋmaq 'small fish (like capelin)' □ O 450b
Angmagssalik 'the place where there is *angmagssat* i.e. caplin and
where people therefore assemble during the summer season, in order
to "scoop" and dry them on the rocks'.

ámátak, *angmagssak*. Lodde.

ámátalik, *angmagssalik*. Der har lodder.

carry ◊ PIY əqðuɣ- 'carry on the shoulder' ‖ PIY kakaɣ- 'carry on the head or shoulders' ‖ PIY natmaɣ- 'carry on the back'

kakalik, *erssugalik* ~ *nangmagalik*. Der bærer en byrde på ryggen.

catfish (*Anarrhichas lupus*) ◊ PIY kəɣun 'tooth' ≪ kəɣə- 'bite'

kîlilik, *kigutililik*. Der har havkatte.

cave ◊ PIY qa(C)iqu 'cave' □ O 455a Qârusuk 'the cave, i.e. the place in the neighbourhood of which there is a cave in the rock'.

qâliaq, *qârusuk*. En hule.

qâliârtalik ~ **qâliartalik**, *qârusugtalik*. Der har en hule.

cavity ◊ — ‖ PI qaŋata- 'be elevated or have an empty space below' □ Note the typo in the K form …*lík* instead of …*lik*.

arerpêrtalik, *qangatanilík*. Der har et hulrum (hule).

chest ◊ PIY caki(C)aɣ 'rib cage' □ These are regular plural formations (sɢ: T **sakiaq** [Tersis], **sagiaq** [Robbe & Dorais], K *sakiak*).

sakiat, *sakissat* {*sakíssat*}. Bryst.

cheek ◊ PIY uɬuɣaɣ 'cheek'

uluaq, *uluak*. Kind.

chin ◊ PIY tamlu 'chin' (≈ Unangan *camlu-x̂* 'chin')

tátoq, *tagdloq* {*tavdloq*}. Hagen.

clay ◊ PIY maʀʀaʀ 'mud' □ O 453b Marraq 'the clay, i.e. the place where the moraine clay crops out and appears yellow or tawny at a long distance'.

marrakajik [S], *marrakasik*. Det dårlige ler.

clear ◊ PIY iðər- 'hide' *cum* negative -ŋiʀ- 'no longer be hidden' > 'become visible'

ersingerseq, *ersserqigsoq*. Den tydelige.

ertingitseq (lokalt), *ersserqigsoq*. Den tydelige.

cliff ◊ PI qaiqtuq 'rock surface or cliff' < qaiq- 'be smooth' □ O 455a Qaersut 'the cliffs, i.e. the place lying between extensive, naked rounded cliffs', Qaersorssuaq 'the immense naked tract of rocks, the "large rocks"', etc.

qârteq, *qaersoq*. Klippen.

qârsertivaq ~ **qârtertivaq**, *qaersorssuaq*. Den store klippe.

qârsertivit ~ **qârtertivit**, *qaersorssuit*. De store klipper.

cliff (sea) ◊ PIY əkviɣ '(river) bank'

ípítiluk, *igpigtuluk*. Der har dårlige brinker.

coast ◊ PIY cinə 'shore or edge' ▫ The *q*-form is documented in Petersen (1951 s.v. *sineriaq*) as well, but today the *k*-form is dominant (this trend includes Petersen 1967 s.v. *sineriak*).

sêriaq, *sineriaq*. Kysten. Strækning. (Det man må sejle langs med).

sêriartivaq, *sineriarssuaq*. Den store kyststrækning.

coat (sealskin) ◊ Perhaps related to PIY atəkluɣ 'outer parka or shirt' < atəkə ~ atəkuɣ 'parka' ‖ PIY najjiʀ 'ringed seal' ▫ O 453b Natsilik 'the place which is provided with fiord seals; the sealing ground'.

alátile, *natsilik*. Der har en sælskindspels.

cod(fish) ◊ PI aulacaq- 'jig for fish' ≪ PIY aʀula- 'move' & aʀulat- 'stir or move' (cf. Tersis **aatisaq**- 'fish with a line', etc.) ‖ Kalaallit *saarullik* 'sea cod (*Gadus callarias* or *morrhua*)' is perhaps related to PIY caðəŋilitar 'apron' ≪ caðə- 'front (of the body)' ▫ The names (ichthyonyms) **orseq** and †*orli* are of unknown origin. They seem to refer to a type of cod found only on certain bays (*tasiusaq*).

âlisákat, *sârugdlît*. Torskene.

orse ~ **orseq**, *sârugdlik tasiussanĩtoq*. Torsk i indsølignende bugter (nor). (Kan også betyde benstykke med hul i til at sætte hundeskaglerne fast i.

ortit, *ordlît. sârugdlît tasiussanĩtut*. jvf. "Arsuk", hvor de bruger navnet "ordlît" i den samme betydning.

orse, *ordle*. (*sârugdlik tasiussanĩtoq* = Torsk i nor der overflydes ved højvande. Benstykke med hul i til at sætte hundeskaglerne fast i.

orsâjit, *ordlínguit*. De gode torsk. (Navnet er ikke almindeligt kendt. Det blev givet af kendtmændene Olaf Ingemann og Lukas Knudsen ved skjoldun gen, og kun enkelte gamle i Angmagssaliks distrikt kendte det og sagde, at det blev brugt af deres forfædre.

collect ◊ PI katəqsat 'collection' ≪ PIY katə- 'meet'

kalîsimápik, *katerssorsimavfik*. Samlingsstedet.

common loon ◊ PIY tuðiɣ 'snipe or plover (or similar shore bird)' ▫ Neither T †**tuttik** nor K †*tuullik* are found in standard dictionaries. Thalbitzer (1921 [1923]: 529) has *to·l·ilo tuluarLo im·inut tikip·ut,...* 'An Arctic loon met a raven...". Unfortunately, Thalbitzer does not comment upon it.

tútik, *tûgdlik*. Ømmert – Islom.

complexion ◊ PI tautu(k)- 'look'

   tãtuluk, *táutuluk*. Der har et dårligt udseende. (Ansigtsfarve).

concertina ◊ PIY cupuʀ- 'blow repeteadly' < cupə- 'blow'

   síportôq, *súportôq*. Den der skyder (puster) meget ud. (Bræ).

cook ◊ PIY əɣa- 'cook'

   íkalíssat [S], *iggatíssat* {*iggatigssat*}. Det man skal bruge til at koge ved. (Kul).

corner of mouth ◊ PIY iqə(ʀ) 'corner of mouth'

   eqinga, *eqinga*. Dens mundvig.

covering ◊ PIY uliɣ(-) 'cover or blanket'

   ulamît ~ **ulermît**, *ulífnermiut* ~ *uligsimassormiut*. Dem der bor ved det, der er hyldet i noget. (af højvandet)

crossing path (between two fjords) ◊ PIY ətəvə(t)- 'portage, cross over' (whence T **ilinneq** 'valley' [Robbe & Dorais], **itinniq** [Tersis], etc.) and K *itinneq* ~ *itunneq* 'a place to cross from one fjord to another') □ O 452 Itivneq 'the low, i.e. a depression between two mountain tracts, or the dwelling-place situated in such a place', Itivdleq 'the lowest, the shallowest, i.e. the place where one crosses (carrying the umiaq and the kayaks) from one water to another', Itivdliarssuk 'the small crossing (between two fiords or lakes)', etc.

   ilíneq, *itivneq*. Overgangsstedet.

   ilínera, *itivnera*. Dens overgangssted.

   ilítâ, *itivsâ*. Dens overgangssted.

   ilítâq, *itivsaq*. Overgangsstedet.

   ilitâlik, *itivsâlik*. Der har et overgangssted.

   ilitâlip kangertiva, *itívsâgdlip kangerdlua*. Der har et overgangs- steds fjord.

   ilítâp sâliaquta, *itivsâp sâvanîtua*. Der har et overgangssteds for- anliggende {Overgangsstedets foranliggende}.

   ilíteq, *itivdleq*. Overbæringsstedet.

   ilíte, *itivdle*. Overbæringsstedet.

   ilítertîp imia, *itivdlerssup tasia*. Det store overb ringssteds sø.

   ilítertivaq ~ **ilítertuvaq**, *itivdlerssuaq*. Det store overbæringssted.

   ilítiartik, *itivdliarssuk*. Det særligt lille overbærings sted.

   ilivinga, *itivigiâ*. Stedet, hvor man går op over noget.

   ilivítariâ, *itivítariâ*. Stedet hvor man må gå over (er nødt til).

   ilivítariaqarteq, *itivítariaqartoq*. Hvor man må gå over (er nødt til).

ilivitariaqarteq orqorteq (~ **orqorseq**), *itivítariaqartoq orqordleq*. Det læ sted hvor man må gå over (er nødt til at)

ilivítariaqarterajik, *itivítariaqartorujuk*. Den sølle hvor man må (er nødt til at) gå over eller køre over.

crowberry ◊ — ‖ PI paunʀaqun 'juniper or crowberry bush?' ≪ PIY paɣun-ʀaʀ 'berry' ‖ PIY pukuɣ- 'pick and eat berries from bush' □ Cf. T **mutaataq** sɢ, **mutaattat** pʟ '1. branche de la camarine noire (**pukuŋaq**), 2. plantes ligneuses (pl.)' (Tersis), etc.

mulâtat, *paornaqutit*. Krækkebærlyng.

pârnaqutigíseq, *paornaqutigigsoq*. Der har god lyng. se: **mulâtat**.

pukúkat, *paornat*. Krækkebærrene (Revlingerne).

pukungaq, *paornaq*. Krækkebær (Revlinger).

cry ◊ PIY qiða- 'cry'

qiápe ~ **qiapik**, *qiavfik*. Grædestedet. (Hvor man græd).

qialâjivit, *qiasúnguakasît*. Staklerne der græder. (Ældre navn for 2119-. **ínatsât**).

cryolite ◊ PIY uqðumyaɣ 'mineral excrescence?' ≪ uqðuʀ 'blubber or seal oil' □ O 454b Orssuluviaq 'the place with the poor felspar'.

orssuiak ~ **ortuiak**, *orssugiak*. Feltspatten {Feldspatten}. Kryotithen.

orssuiátalâjik ~ **ortuiádalâjik**, *orssugiagtalínguaq*. Den lille der har {Feldspat {feldspat}}.

orssuiatsiâjik ~ **ortuiatsiâjik**, *orssugiatsiánguaq*. Den gode ret megen feltspat {Feldspat {feldspat}}.

current ◊ PIY caʀvaʀ 'current' □ O 456a Sarfaq 'place of currents, i.e. the place where or past which there is a constant current'.

sarpaq, *sarfaq*. Strømmen.

sarparajik, *sarfarujuk*. Den sølle strøm.

sarpartertîvik, *sarfardlersîvik*. Hvor man venter til strømmen slækken.

sarpartitsivik ~ **sarpartertivik**, *sarfartitsivik*. Den der giver strøm.

D

dandelion □ All forms are of unknown origin. Balle's †**miimmiittaq**, with internal -**tt**-, slightly differs from regular **miimmiitaq** 'fleur de pissenlit (comestible) (*Taraxacum croceum*)' [Tersis] and **miimmiilaq** 'dandelion's flower (edible)' [Robbe & Dorais], unless we are dealing here with a typo (**mῑmîtaq**). Nunatta naasui 40 *Asorut, Inneruulaq* = Grønlandsk mælkebøtte (*Taraxacum lacerum*).

mῑmîtaq, *assorut* ~ *ingnerûlaq*. (*naussua* = dens blomst) = Fandens mælkebøtte.

daughter ◊ PI qavlunaaq 'white person'

qátunâq, *qavdlunaq*. Danskeren.

qátunâp iliverta, *qavdlunâp timilia*. Danskerens indenforliggende.

qátunât qáqartivâ, *qavdlunât qáqarssuat*. Danskernes store fjeld.

darkness ◊ PIY taɾəʀnəʀ 'darkness or dark thing' ≪ taʀəʀ(-) '(be) dark'

tânguartalik, *târnerssángualik*. Der har en lille mørk plet.

târajive, *târtorujue*. Dens sølle mørke.

târtivatsâq, *târtuatsiâq*. Den ret mørke.

târtivínaq, *târtuínaq*. Den helt mørke. Det bare mørke.

daughter ◊ PIY paniɣ 'daughter'

panitsiaq, *panitsiánguaq*. Den ikke ilde datter.

day ◊ PIY umɬuʀ 'day'

úte, *uvdle* ~ *uvdlivik*. Hvor man bliver dagen over. (For at gå på fangst).

utorqarmît, *utorqarmiut*. Dem der bor ved de gamle.

útortiutit, *uvdlorsiutit*. Almanakken. (Nyere navn).

deafening ◊ PIY qukiʀ- 'be deafened by a loud noise'

qoqernángíteq, *qoqernángitsoq*. Der ikke buldrer, så man bliver ør i hovedet.

decay ◊ PI aunəq 'rotten ice' ≪ PIY aʀu- 'rot'

ânâjik ~ **ânâjek**, *áunínguaq*. Det lille rådnede.

âneq, *áuneq*. Det rådne. Det strømskårne.

ânerajik, *áunerujuk*. Det sølle rådne.

depart ◊ PI aniciq- 'depart (suddenly)' ≪ anə- 'go out'

aniserpik, *aniserfik*. Forårstelplads. (Hvor man flytter ud i telt om foråret efter at have fjernet taget på huset for at lufte huset ud.)

depressed (feeling) ◊ T is related to K *suuki* 'never mind that', etc. < PI *cuuq* 'why' (whence K *suu* 'yes', *suurlu* 'as if', *suurmi* 'but why, why not, indeed') ‖ PIY nəka- 'feel inferior or unworthy'

sûkerpoq, *nikatdlorpoq*. Er nedslået – ked af det, (**sûkiaq tássa**)?.

sûkerte ~ **sûkerteq**, *nikatdlungassoq*. Den nedslåede. Den der er ked af det.

depression (in a landscape) ◊ PIY ətərlaɣ 'depression' ≪ ətəʀ 'anus' ‖ PIY
qaðliʀ ~ qalliʀ 'topmost or outermost thing' < qaðə- 'top or surface
of s.th.'

ilertâje ~ **ilertâjik** [S], *iterdlánguaq*. Den lille kedelformede hav-
bugt.

ilertak, *iterdlak* (se **qátîlaq**). Den kedelformede havbugt.

ilertakajik, *iterdlakasik*. Den dårlige kedelformede havbugt.

qátîlâ, *iterdlâ (qagdlussâ)*. 1) Dens havbugtlignende. 2) Dens øjen-
brynlignende.

qátîlaq, *iterdlaussaq (qagdlússaq)*. 1) Den havbugtlignende. 2) Den
øjenbrynlignende.

descend ◊ PIY atʀaʀ- 'go down' < atəʀ- 'go down (to shore)'

arqâjaq, *arqariaq*. Nedkørsel, nedstigningssted.

diarrhea ◊ — ‖ PI təŋmikaq- 'spurt' < PI təŋmi- 'be flying' ≪ PIY təŋə-
'fly (up)' □ Cf. T **sutuppuq** 'il a la diarrhée' [Tersis], **suluttarpoq** 'has
diarrhoea' [Robbe & Dorais], etc.

sulúpik ~ **sulúfik** [S], *tingmigfik*. Hvor man havde tynd afføring.

die ◊ PIY tuqu(-) 'die'.

toqulersîsarpik, *toqutsiniardlune utarqîvik*. Hvor man plejer at vente
for at dræbe nogen. (Drabsmanden Angákoq Îsímartêq lurede
her for at dræbe dem, der passerede).

toqulineq, *toqusimassoq ~ merquitsoq*. Der er død eller visnet. (Ø der
ingen bevoksning har).

toqungaleq, *toqungassoq*. Den døde.

toqúpia, *toquvfia*. Hvor han døde. Hans dødsted (Watkins. Englænder).

toqutsîaq, *toqutsivik ~ toqutserfik*. Hvor man venter til nogen er død.

disobedient ◊ — ‖ (PI naalak- 'listen') < PIY naɣa(t)- 'hear' □ Cf. PIY
əlicima- 'know' ≪ əlit- 'learn'.

îsímarteq, *nâlángitsoq*. Den ulydige – uartige.

îsímartip nunatâ, *nâlángitsup nunatâ*. Den ulydiges nunatak. Îsí-
marteq har dræbt mange mennesker, og forfølges for at tage
hævn. Endelig overraskes han og dræbes ved Ikâsârssik. Hans
kajak og det halve af kroppen begraves her. Den anden del af
kroppen begraves et andet sted. Hovedet kappedes af, lagdes i
en fangeblære og blev smidt ned i en gletscherrevne, medens
resten af kroppen begravedes på Nunatakken, der sâaa kaldtes
"Îsimartip {Îsímartip} nunatâ".

dog ◊ PIY qikmiʀ 'dog'

qímerqortusarpik, *qingmerqortusarfik*. Hvor man (lader hundene vokse) søger at få store og stærke hunde.

qímêrtâjalik, *qingmertaejarialik*. Hvor man må spænde hundene fra: (nedkørselen er på et stykke så stejlt, at man må spænde hundene fra og fire slæden ned).

qímínguartale ~ **qímíngivartalik**, *qingmínguartalik*. Der har en lille hund.

dog (with hanging ears) ◊ PIY palu- 'be lying on one's stomach' (≫ K *palunga-* 'have hanging ears (dog)')

palingatseq, *palungatâq*. Hunden med nedhængende øren.

dorsal fin ◊ PIY culuɣðuɣun 'dorsal fin' < culuɣ 'wing feather' □ O 456b Sulugssugut 'the dorsal fin of a fish, i.e. the place which by its formation reminds of this. The Danish name is "Finnefjældet" (i.e. the fin mountain)', etc.

sulússût, *sulugssugut*. Rygfinnen.

sulússûtikajik [S], *sulugssugutikasik*. Den sølle (slemme) rygfinne.

sulússûtip kûa, *sulugssugutip kûa*. Rygfinnens elv.

drag ◊ PIY kaləɣ- ~ kalət- 'tow or drag'

kalernâjik, *kaligtúnguaq*. Den lille der slæber (bugserer) noget.

dry (out) ◊ PI caat- 'be thin' ‖ PIY panər- 'dry (out)' (≫ K *paqqer-* 'become dry', etc.)

parqarpît, *parqerfît*. Stederne der bliver tørre med lavvande.

salivartivaq, *panersivigssuaq* {*panersîvigssuaq*}. Den store tørreplads.

salivartiva, *panersîvigssua*. Dens store tørreplads.

salivartivap nûa, *panersîvigssûp nûa*. Den store tørreplads' næs.

salivartingaq, *panersigaq*. Det man tørrer.

salivarsîvoq, *panersîvai*. Venter på at kød eller lodder (*angmagssat*) skal tørre).

duck (eider, *Somateria mollissima*) ◊ PIY maliɣ- 'follow or accompany' ‖ PIY mətər 'eider duck' □ Balle's T form has short vowel, cf. **matiiqsaqtaq** [Tersis] and **maleersartaq** [Robbe & Dorais].

malersertaq, *miteq*. Edderfugl.

Dutch ◊ PIY qaʀ(u)łiɣ '(leg of) pants or fur breeches' ‖ PI pukkit- 'be low (in water)' □ The K form is a well-known neologism based on **Nether**lands (D. *Nederlandene*), that is, 'lower countries'.

qartíkât, *púkitsormiut*. Hollænderne.

E

ear ◊ PIY ciɣun 'ear' ‖ PIY tucaʀ 'hear or understand' ▫ Neologism (*cum* agentive -un) based on folk-etymology (there is no agentive -un in PIY ciɣun).

tusâtit, *siutit*. Øren.

eastern ◊ PIY kaɳilliʀ ~ kaɳiqliʀ 'innermost one' < kaɳiʀ 'source or innermost part' (whence the semantics in K 'east, innermost' vs T 'upstream, inland')

kangíteq, Den vestligste. (Østkyst). *kangigdleq*. Den østligste. (Vestkyst).

kangítît, De vestligste (Østkyst). *kangigdlît*. De østligste (Vestkyst).

ebb tide ◊ PIY tənə- 'ebb' ▫ O 457a Tiningnertôq 'the place where there is generally very low water', etc.

tinerqalâ, *tinútagâ*. Det der plejer at løbe tørt ved lavvande.

tiniâkajik, *tinútagakasik*. Den sølle der er tør ved lavvande.

tiniteqilâq ~ **tîleqilâq**, *tinuteqissâq*. Sundet (løbet) der er tørt ved lavvande eller så lavvandet, at både ikke kan passere.

tiniteqilârmît, *tinuteqissârmiut*. Dem der bor ved sundet, der løber tør ved lavvande.

tinítîvik, *tinigsîvik*. Hvor man venter, til det bliver lavvande. (For at samle bladtang. – "*suvdluitsut*").

edge ◊ PI isu(k) 'end'

ise, *iso*. Spidsen.

egg ◊ PIY manniɣ 'egg' ‖ PIY pəkyu 'egg' ▫ The *p*-forms in K are archaisms.

mánîvíteq, *mánêrutiuitsoq*. Der aldrig er uden æg. (Der aldrig bliver tømt for æg).

pikĩpua, *mánigsarpunga*. Jeg har fundet æg. (Rede med)

pikîsortut, *mánigsartut*. Æggesamlere.

pikîtse, *pikiutdle* ~ *mániligssuaq*. Den der har mange æg.

pikîtsit, *pikiutdlit* ~ *mániligssuit*. Dem der har mange æg.

elbow ◊ PIY iqu- 'tilt or be crooked' ‖ PIY pəʀnəʀ 'joint or bend' < pəʀə- 'bend'

eqêrqoq, *pernera*. Dens albueled. Sammenføjning.

emperor ◊ From German *Kaiser* 'caesar, emperor'

kâsarip nasâ [S], *kaisarip nasâ*. Kejserens hat (krone).

empty ◊ PIY ima(ʀ) 'contents (esp. of sea)' □ O 452a Imaersartoq 'the place where the water is in the habit of being emptied; the lake which runs dry', etc.

imârsivik, *imaersivík*. Hvor man tømte (smed) noget ud.

even ◊ PIY maniɣ- 'be smooth or flat' ‖ PI naləmmak- 'be even or level' ≪ PIY natə- 's.th. corresponding in time or place or value'

nalímale, *manigsoq (nalingmagtoq)*. Den ens (jævne).

excrement ◊ PIY anaʀ(-) 'excrement' ‖ PIY ciŋə(t)- 'push, shove ' (≫ T **si- ŋiC-** 'pousser vers le bas, mettre à l'eau' [Tersis])

angiârníteq, *anarnitsoq*. Den der lugter af ekskrementer.

angiârserpik ~ **angiâsarpik**, *anarusuersarfik*. Hvor man forretter sin nødtørft. (Øen ligger langt ude, så man som regel trænger til at forrette sin nødtørft, når man når derud).

angiârtalik, *anartalik*. Der har ekskrementer.

angiârtarpik, *anartarfik* ~ *angîârtarfik*. Lokomets {Lokomet}.

singialeqâ, Så, nu skider den. *analeqâq*. (Så, nu skyder den noget ud).

singialeqâ nûa, Så, nu skider den's næs. (Jvf. *ánane singiúpâ*) *analeqâp nûa*. (så, nu skyder den noget ud's næs).

singiârtuarte ~ **singiârtuarteq**, Den der skider godt. *anardluartoq*. (Den der skyder en masse ud).

eye ◊ PIY əðə 'eye'

uitsatit, *issit*. Øjne.

F

face ◊ PIY kəɣinaʀ 'face or blade'

kîneq, *kînaq*. Ansigt.

facing ◊ PI canmi- 'turn toward' < PIY caðə- 'front (of the body)' □ K *pi- teraq* 'storm that comes in from the land in East Greenland', etc.

sámersernertêq, *sangmersarnertôq*. (*Piteraqsangmigamiuk*) = Hvor blæsten står hårdt på af den den vender imod. (Af *Piteraq*). (Den vender ligemod Piteraq Østgrønlands SØ. (fonvind.).

sámileq, *sangmissoq*. Den der vender mod en.

sámilik, *sangmissulik*. Den der har en, der vender mod en.

sámilîtâ, *sangmissûtâ*. Dens (fjeld) der vander mod en. (Den der giver den navn af "Den der vender mod en").

sámilîtâta ilerta, *sangmissûtâta iterdlâ*. Dens der vender mod en's havbugt.

falcon ◊ PIY kəð(ə)kaviɣ 'falcon or hawk' ‖ PIY nappaʀ- 'raise or be raised' < napa- 'be standing (upright)' (≫ T **nappaat(i)** 'killer whale (*Orcinus orca*)' [Tersis]) ‖ PIY quŋəʀ 'neck' ◻ Rasmussen 204a kigssaviarssik 'falcon' & 210 kigssaviarssuk 'Greenland Falcon'.

nápalikitseq, *kigssaviarssuk* ~ *qungasikitsoq*. Falk.

fall ◊ PIY uɬəʀ- ~ uɬʀu- 'fall'

ortunuviaq, *ordlunialeqaoq*. Så, nu vælter (falder) den lille. (Den lille der ser ud til at ville vælte, men aldrig gør det).

ortunuviâraq, *ordlunialeqaoraq*. Så, nu vælter (falder) den lille. (Den lille der ser ud til at ville vælte, men aldrig gør det).

fall (into water) ◊ PI əzət- 'fall (into water)'

ilípik, *issivfik*. Hvor man faldt i vandet.

ilípítivaq, *issivfigssuaq*. Det store sted hvor man faldt i vandet.

fall (over) ◊ PIY ulpəɣ- ~ ulpət- 'tumble'

úpingaleq, *úpingassoq* ~ *úperqajáussoq*. (Den der er ved at falde). Den hældende.

feldspar ◊ PIY akut- 'mix' (always mixed with other materials, feldspar is used in glassmaking, ceramics or paint and plastics)

akitsaq, *akugssaq*. Det der kan bruges til blanding. (Feltspat: knuses til blanding med tobak til snus).

fetus ◊ PIY ilumiɣ ~ ilum(m)iʀu 'fetus'

ilimît, *igdlaoq*. Foster af sødyr (sæler).

finger (index) ◊ PIY citamat 'four' ‖ PIY təkəʀ 'index finger' ◻ Balle's *t*-form (cf. **siamat** 'four' vs **siamaaq** 'index finger' [Robbe & Dorais], that is, the fourth finger from the little finger [see, i.a., Thalbitzer 1908: 11, etc.]) may have resulted from influence of the K form for index finger and/or the following numeral, i.e., **tattimat** '5' (cf. Tersis 25 for the *t/s*-alternation in T, etc.).

tiamâq, *tiqeq* {*tikeq*}. Pegefinger.

finger (little) ◊ PIY aval(l)iʀ 'outermost or far off thing' < avan (avatə) 'area around' ‖ PIY iqəlquʀ 'little finger'

aváteq, *avatdleq*. Den yderste (længst ud mod søen).

finger (middle) ◊ PI qətəqliq 'middle finger' ≪ PIY qətəʀ 'middle' ◻ O 455b Qiterdleq 'the midmost (part of a fiord, peak in a mountain range, one among a number of dweilling-places, house in a dwelling-place and the like)'.

qilerseq, *qiterdleq*. Langfingeren.

finger (ring) ◊ PI mikəliʀaq 'ring (i.e. fourth) finger' ≪ PIY mikə- ∼ mikət- 'be small' ▫ The noun phrase **avalip tuttia** (Robbe & Dorais) = **awa-tiip tuttia** (Tersis) in T means lit. 'the one next to the little finger' (for 'little finger' see above), with **tuttiq** 'suivant, le plus proche' (Tersis) ≪ PIY tuŋ(ə)liʀ 'next one'.

avátîp tútia, *mikileraq*. Ringfingeren.

finger (thumb and index) ◊ PIY pumyuɣ- 'pinch thumb and index together' **pútut**, *pússut*. Klemmefingrene. (Tommel og pegefinger).

finger rest (harpoon) ◊ Semantic extension of **nappat** 'neck', which may go back to PIY napa- 'be standing (upright)' ‖ PI təkaaɣun 'knob on harpoon shaft to prevent hand slipping'
nápâlâ, *tikâgutâ*. Dens håndgreb (på harpun). Hvalens rygfinne.
nápâlilik, *tikâgutilik*. Der har et håndgreb. Der har en rygfinne.

fish (dead) ▫ Via metaphoric extensión of PIY əð(ə)ɣa(ʀ) '(snow) goggles' < əðə 'eye' (it seems that no other source defines **ítât** as 'dead fish at the bottom of a sea or lake'. Tersis has **ittaat** '1. verres protecteurs, lunettes; 2. muselière'.
ítartivit, *issaruarssuit* ∼ *íssarssuit*. De store briller eller de mange døde fisk: laks. (**ítât** = Døde fisk på bunden af hav eller sø. (Særlig laks efter gydning).

fish roe ◊ PIY ciɬuvaɣ 'fish egg'
suáte, *suak*. Rogn.

fjord ◊ PIY kaŋiʀɬuɣ 'bay' ≪ kaŋiʀ 'source or innermost part', note that Kalaallisut means 'bay', and Tunumiisut 'fjord'
kangertik, *kangerdluk*. Fjord.
kangertikajik, *kangerdlukasik*. Den slemme fjord.
kangertivartikajik ∼ **kangerdlivarssikajik**, *kangerdluarssukasik*. Den særlig lille slemme fjord.
kangertivartítivaq ∼ **kangertivartútuaq**, *kangerdluarssugssuaq*. Den ret store fjord.

flipper (fore, sea anatomy) ◊ PIY ijaɣ- 'extend an arm' (> PIY ijaquʀ 'wing' > K *isaroq* 'wing (bone)', cf. **isarngeq** 'wing' [Robbe & Dorais] = Tersis **isaʀiq** [Tersis], etc.) ‖ PIY taɬiquʀ 'foreflipper' < taɬiq 'arm'
isarqatit, *talerqut*. Forlallerne.

flipper (hind, seal anatomy) ◊ PIY cam- 'down below, down-slope' ≫
Kalaallisut *sakku(a)* PL 'those down there' (cf. Tunumiisut **sakkaq**
'phoque annelé adulte (*Phoca hispida*)' < PI caɣɣaq 'thin-haired skin')
‖ PIY cil(ə)quʀ ~ ciɬ(ə)quʀ '(hind) flipper'

sákuarile, *serqulik*. Der har baglaller.

sákuaq, *serqoq*. Baglalle.

sákuat, *serqut*. Baglaller.

serqut, *serqut*. Baglallerne (sæl).

flower ◊ PIY naɣu- 'grown'

nâssit kangertivat [S], *naussut kangerdluat*. Blomsterbugten. (Blom-
sternes (Bevoksningernes) fjord). (Kendtmanden udtalte det
som "*naussut kangerdluat*, men sagde, at man indbyrdes brugte
nâssit o.s.v.)

foot ◊ PIY itəɣaʀ 'foot' < itəɣ 'toe-cap'

túmatit, *isigkat*. Fødder.

forehead ◊ PIY qaɣuʀ 'forehead'

qâq, *qaoq*. Pande.

qarqilâq {qârqilâq}, *qaujussaq*. 1) Den pandelignende. 2) Den
brikseskindlignende.

frame (for drying skins) ◊ PIY inni(a)q- 'stretch skin for drying' < ini- 'hang
out to dry' ◻ K *paattuut* 'peg' (see below the individual entry for
[peg]).

ínigaq, *ínigaq*. Skind der er spilet til tørre i en træramme.

ínerpik, *ínerfik*. Tørreramme af træ til skind. (Da der ikke er jord
til at stikke pløkke i). (*pâgtût*).

freeze ◊ PIY qiʀu- 'freeze to death' ‖ PIY qiʀə- ~ qiqə- 'freeze' ◻ K *qîas-
soq* 'Den kolde (Den der fryser)', which is rather unexpectedly men-
tioned at the bottom of p. [35.] without a T counterpart, belongs
here. Note the repetition of **qêrpik** (with the two instances apparently
corresponding to two different referential numbers, whose function
and origin remain unknown) and the typo (**qerpik** instead of **qêrpik**)
under the entry **qîpe**, *qiuvfik*.

qêrpe ~ **qêrpik**, **qêrpik**, *qiuvfik*. Hvor man frøs ihjel.

qêrpila, *qiuvfigissâ*. Stedet hvor han frøs ihjel.

qîanarteq, *qîanartoq*. Hvor der er koldt.

qîpe, *qiuvfik*. (se: **qêrpe** ~ **qerpik**) Hvor man frøs ihjel. (Fugle).

funnel-shaped ◊ PIY taʀpaʀ- 'open out or flare'

tarpârtalik, *tarpangassulik* ~ *tarpariarnilik*. Der har en tragtformet udvidelse. (Der skræver udefter).

tarpârtâjik, *tarpanganilínguaq* ~ *tarpariarnilínguaq*. Der har en lille tragtformet udvidelse.

fur hem ◊ PIY ilupəʀ(aʀ) 'inner clothing' ‖ PI pucitaq 'fringe around anorak hood?' □ T **orqúsâq** (cf. **uqqisaq** ~ **uqqisiq** 'bordure ou tour de fourrure du capuchon' [Tersis]) is of unkown origin, though there may be a link to PIY uqqit- 'take shelter' < uqəʀ 'lee or shelter'. As for **saqqit** and *timmiaq*, see [kayak] and [bird], respectively.

[**orqúsâq**, *ilupâruseq*. Skjoldungen = "**sarqissukuvik**". Pelskantningen om hætten til en *tingmiaq*.]

pusissaq, *ilupâruseq*. Angmagssalik.

pusissaraq, *ilupârusêraq*. Den lille pelskantning.

pusitileq, *ilupârusilik*. Der har en pelskantning (på tingmiakhætten).

G

gap, crack ◊ PIY quppaʀ 's.th. cracked in two' & PIY qupnəʀ 'crack or split' ≪ qupə- 'split (lengthwise)'

qúnermît, *quvnerrniut*. Kløftboerne.

qúpakajît, *qúpakasît*. De slemme kløfter. (Revner).

qúpâlakajik, *qúpaussakasik*. Den slemme kløftlignende.

qúpâlartivakajik [S], *qúpaussarssuakasik*. Den sølle store kløftlignende.

qúpartê, *qúpartôq*. Der har mange kløfter.

qúpartêq, *qúpartôq*. Der har mange kløfter. (Revner)

qúparujuit, *qúparujuit*. De sølle kløfter (Revner).

qúpat, *qúpat*. Kløfterne. (Revnerne).

qúpîlat ~ **qúpâlat**, *qúpaussat*. De kløftlignende. (Revnelignende).

qúpisârpik, 1) *qúparsiorfik*, 2) *qivssartarfik*. 1) Hvor man må søge op ad kløften. (For at komme op af en bratning). 2) Hvor man må vride (sno) sig for at komme op gennem kløften. (På en bratning).

qutarpê, *quvssagaussaq*. Den ligesom kløvede. (Bratning hvor kløfter (revner) vider sig ud nedefter). (Det første navn givet af kendtmand fra Skjoldungen. Senere rettet af kendtmand. Kûngmiut).

garment with a hood (women's) ◊ PI amaun 'hood for carrying a baby
in' ≪ PIY amaʀ- 'carry on the back'

amârut, *amaut*. Kvindepels (*nasâ* = **isiva**).

get (on board) ◊ PIY əkə- 'get or put in' ▫ The †-*kk*- in Balle's T form
is unexpected.

íkivik, *ikivfik*. Hvor man stiger ned i kajak eller båd.

get nearer, closer ◊ PIY qanət- 'be near'

qanertartarpik, *qanitdlagtorfik*. Hvor man bringer noget hen, for
at det kan være nærmere hjemme.

qanítertiorpik, *qanigtorsiorfik*. Hvor man søger det nærmeste sted.

ghost ◊ PIY kəɣinaquʀ 'ghost, mask' < kəɣinaʀ 'face or blade' ‖ PIY ali-
(C)uʀtuʀ- 'see a ghost' ▫ The †*uu*-vocalism in Balle's T form is unex-
pected (cf. **kiiappak** 'ghost, spirit' [Tersis]).

kũpaq, *aliortugaq*. Spøgelse.

kũpâqarteq, *aliortugaqartoq*. Der har spøgelser. (Døde mennesker
man er bange for.

glacier ◊ PIY apun 'snow (on ground)' < apə- 'become covered in snow'
‖ PIY ciʀmiʀ 'ice (coating)' ▫ The origin of Tunumiisut **ilârnâjât** is
unknown. O 456b Sermermiut 'the inhabitants of a glacier dwelling-
place, i.e. a place in the neighbourhood of the inland ice', etc.

apusêq ∼ **apisêq**, *sermeq* ∼ *aputitaq*. Bræ, isoleret sneklat (**apu-
sineq**) (gamle folk sagde, at dens {deres} forfædre kaldte det
sermeq).

apuserajik ∼ **apiserajik**, *sermerujuk*. Den sølle bræ.

apusêrsêrpia ∼ **apisêrsêrpia**, *puissil sermersiorfiat*. Sælernes til-
holdssted ved en bræ.

apusiâjik ∼ **apisiâjik** [S], *sermínguaq*. Den lille bræ.

apusîkajîp kangertiva (**apusineq** = isoleret sneklat), *sermikasîp
kangerdlua*. Den sølle bræ's fjord.

apusip (∼ **apisip**) **eqinga**, *sermip eqinga*. Bræens munding.

ilârnâjât, *sermêrsiut*. Isskraber. (Til brug i kajak).

glitter ◊ PIY qəvləʀ- 'glitter' ▫ In today's language, **qillakiak** is far more
popular than *qillakiaq*.

qertât, *qivdlakiaq*. (Glimmer) Marieglas.

go ◊ PIY atuʀ- 'use' ‖ PIY apʀun 'trail'

alingât, *atugait* ∼ *avqutigisartagait*. Den vej de plejer åt gå.

alingât ímíkêrtiva, *atugaita qeqertâ*. Den vej de plejer at gå's.

goose ◊ PIY nəʀləʀ ~ nəqləʀ 'goose'
  nerteq, *nerdleq*. Vildgås. Grågås.
  nerterit iât kangíteq [S], *nerdlerit inât kangigdleq*. Vildgæssenes vestlige tilholdssted.
  nerterit iât kíteq [S], *nerdlerit inât kitdleq*. Vildgæssenes østlige til- holdssted. (Øst og vest er på østkysten omvendt af vestgrøn- land ligesom nord og syd).
grass (to put inside boots) ◊ PIY piɣinəʀ 'boot straw'
  pîtsat, *pinigssat*. Kamikstrået (Tørret græs til at lægge mellem ka- mikkens yder- og indersål).
grave ◊ PIY əɬivəʀ 'grave' < əɬi- 'put or act a certain way' ◻ O 452a Ilivileq = Iluileq 'the place where there are many graves from the olden times'.
  ilerqit, *ilerrit*. Gravene.
  iliaq, *iliveq*. Graven.
  iliarmît, *ilivermiut*. Dem der bor ved gravene.
  iliartalik, *ilivertalik*. Der har en grav.
grease (blubber) ◊ PIY aʀipa- 'be raw' ‖ PIY uqðuʀ 'blubber or seal oil' ◻ Older T **aappaqqaaq** acc. to CED, cf. **apaqqaaq** in Ammassalik (Vi- bæk 1907 [1905]: 27). Thalbitzer (1921 [1923]) mentions various related forms: **aamaqa** (227), **aamaluannik** (232), **aapaaqaa** (301), †**aamaqaaq** (426). Tersis compares **aammaqqaaq(-)** 'gras de mam- mifère marin' to PIY ap(p)a- 'food (child's word)'.
  ãmarqâlik, *orssulik*. Der har spæk.
  ãmarqâp ímíkêrtive, *orssup qeqertai*. Spækkets øer.
  ãmarqâq, *orssoq*. Spæk.
grey hair ◊ PIY qiðəʀ 'grey hair'
  qêne, *qîlik*. Den gråhårede (Der har grå hår).
grind ◊ PI muʀiiq- 'sharpen'
  morâjilo, *moritsoq* ~ *morîtsulik*. Der er sleben glat (af isen).
guillemot (*Cepphus grylle*) ◊ PIY civuʀaʀ ~ ciɣuʀaʀ 'guillemot' ‖ PIY nu- ɣiʀ 'three-pronged bird spear' (cf. **nuuqniaŋaq** 'guillemot (*Cepphus grylle*)' [Tersis], etc.) ◻ Rasmussen 204b qúparmêq 'black guillemot' & 211 qúparmioq (W. Gr. serfaq) 'Black Guillemot'.
  nuerniagaq, *serfaq*. Teist (Den man kaster med fugle il efter). Gam- mel udtale "**nôrniagaq**".
  nuerniákat, *serfat*. Tejsterne.

nuerniákat umiarmîvia, *serfat umîviat*. Tejsternes konebådsoptagningssted.

gulch ◊ PI quunʀuq 'narrow place' ≪ PIY quðu- 'close in'

qôrnâjik, *qornúnguaq*. Den lille gode snævring.

qôrnâjivaraq, *qornúnguaraq*. Den gode meget lille snævring.

qôrneq, *qôrnoq*. Snævringen. (**qôrno**, gl.form. Chr. Poulsen, Âtârutâ).

qornerata (~ **qornurata**) **ilínerata arqâjâ**, *qôrnuata itivnerata arqariâ*. Dens snævrings overgangs nedkørsel.

qôrniartik, *qôrnuarssuk*. Den ret lille snævring.

qôrnip qáqartivâ, *qornup qáqarssua*. Snævringens store fjeld.

qôrnitsiaq, *qôrnutsiaq*. Den ret store snævring.

gull ◊ PIY naʀujaʀ '(sea)gull' □ The origin of T **qusiiq** 'glaucous gull (*Larus hyperborens*)' (Tersis) is unknown. O 453 Naujánguit 'the small gulls, i.e. the place where there is a number of gulls or where ther eis a small gull cliff', etc. Rasmussen 210 qusêq or qutêq (W. Gr. nauja) 'Gull. Breeds on many bird-cliffs all along the coast.'

naujãrnît, *naujaernerit*. Stederne hvor mågerne er taget fra (nyere navn).

naujatsât, *naujatsiait*. De ret mange (store) måger. (gammelt navn).

qusêq, *nauja*. En måge.

qusêrajik, *naujarujuk*. Den ringe måge.

qusît, *naujat*. Mågerne.

qusît iât, *naujat inât*. Mågernes tilholdssted.

gull (type of) □ Unknown origin. Petersen ĸîoĸe 'naujat ilât', i.e., 'a type of gull' (already in Kleinschmidt 1871: 148a s.v. ĸîoĸe, cf. Fabricius 1780: 101 §65 *Larus cinerarius* ‹Kejukingoak›, etc.). In 1901, Thomas Magnussen, from Jakobshavn, told Thalbitzer a legend about four big birds. One of the birds is called "qi·oqe" (1904: 280–281, which is mentioned in passing again in Thalbitzer 1921 [1923]: 209 "qeeoqe"). This is what Thalbitzer initially had to say about the name of the bird: "The meaning of this name was unknown. In East Greenland it means a kind of sea bird" (1904: 281, fn. 1). However, he later speculates about its origin: "? The one that is clipped, a kind of small gull" (1904: 342). Balle's remark about the red spot on the beak refers to adulthood in general, rather than to a diagnostic feature associated with a particular species of gull.

qîeqit, *qîoqit*. Mågeart. (Med rød knop ved roden af næbbet. Op-
holdt sig på enligliggende øer langt fra land, der så fik navn
efter den og stadig kaldes sådan).

H

hair (single) ◊ PIY nujaʀ 'hair' (the plural formation shows regular -ts- < *-jj-)
nutsat, *nutsat*. Hår.

hair (thin) ◊ PI cayɣaq 'thin-haired skin' ‖ PIY mamə 'underside of skin'
(≫ K *mamaarpoq* 'moults (hairs or skin), is hoarse' = T **mamaarpoq**
'moults' [Robbe & Dorais], etc.)
mamârteq, *saggagtoq*. Der er tyndhåret.

half ◊ PI avvaq 'half' ≪ PIY avəɣ- 'divide or separate'
arpalik, *agfalik*. Der har en halvdel til. (Mage til)
arparterajik, *agfardlerujuk*. Den sølle halvdel eller anden part (til-
stødende rum).

half-sleeve ◊ PIY aðiʀ 'sleeve'
âraq, *âraq*. Halværme af skind. (Til brug samtidig med halvpels
i godt vejr).
ârat, *ârqat*. Halværmer af skind.

hall(way) ◊ PI tuqʂuk 'entrance tunnel to a semi-subterranean house'. ▫
For this item, Tersis mentions the *t/s*-variation (that is, **tuqsuuq** vs
suqsuuq). O 457a Torssukátak 'the narrow sound, strait or course
leading to a larger body of water'. Balle's **tossukátâp** is most likely a
typo for ****torssukátâp**.
torssukátak, *torssukátak*. Den husganglignende. (Sund eller fjord
der udvider sig til bredere – større farvand).
tossukátâp kiámut nûa, *torssukátaup kujámut nûa*. Den husgang-
lignendes næs mod syd. (Nord efter vestgrønland).

handle ◊ PI təkaayun 'knob on harpoon shaft to prevent hand slipping' (un-
clear base derivation) and PIY təɣɣun 'hook (for lifting)' < təɣu- 'take'
tíkivît [S], *tigguvît* ~ *tikâgutit*. Håndgrebene. Det man griber om.
tíkivê, *tigguvê* ~ *tikâgutâ*. Dens håndgreb.

handle (axe) ◊ The Tunumiisut form might be related to PIY patəɣ- 'slap'
~ pattaɣ- 'slap or clap' *cum* agentive suffix -un (cf. K *pattaat* 'ball,
drum stick', etc.). ‖ PIY əpu 'handle'
pátut, *ulimautip ipua*. Økseskaftet.

hare ◊ PIY ukaðiʀ 'hare'

ukaleqarteq [aS], *ukaleqartoq*. Hvor der er harer. (Der har harer).

harpoon 1 ◊ PIY caðə- 'front (of the body)' (whence K *saaqqutit* 'implements on front of kayak' and T **saaqqit** 'harpoon used from kayak' [Tersis], etc., not to be confused with T **saqqit** 'kayak') ‖ PIY unəʀaʀ 'harpoon'

sârqitâ, *unâq*. Harpunen.

harpoon 2 ◊ PIY naʀułəy- 'harpoon'

nâlivangaq, *nauligagaq*. Den man kaster efter med harpen {Harpun {harpun}}. (I ældre tider troede man, at man ville træffe det, man kastede efter, hvis man kastede med harpen {Harpun {harpun}} efter en klipperevne og ramte den, således med ovenstående klipperevne).

harpoon (head) ◊ PIY cavəy 'harpoon or spear head' ‖ PIY tuyəkaʀ '(toggle) harpoon head'

saverítaq, *tūkaq*. Harpunspids.

harpoon (holder on a kayak) ◊ PI akṣayiitkut 'device for preventing an implement from rolling off kayak deck' ≪ PIY akðay- 'roll or turn over'

atsorūkut, *agssagīkut*. Harpunknop. Knop af hvalrostand lige til-højre for og foran kajakhullet, på hvilken man lægger harpunen, for at den ikke skal falde i vandet, når den lægges der klar til kast.

head ◊ PIY civunəʀ 'what lies ahead or before' < civu- 'area or part in front' ‖ PIY naj(ə)quʀ 'head' □ O 454a Niaqornat 'those resembling heads, i.e. the place marked by rock formations of the shape of heads', etc.

sûnâjik, *niaqúnguaq*. Det lille (gode) hoved.

sûneq, *niaqoq*. Hoved.

sûnêrâjiva, *niaqúngua*. Dens lille (gode) hoved.

sûnínguâ [S], *niaqúngua*. Dens lille (gode) hoved.

headland ◊ PIY nuvuy 'point or tip' □ Balle's **nûgâtiâkajik** is most likely a typo for ****nûgâtsiâkajik**. □ O 454a Nûgâq 'the projecting headland, or the place (the dwelling-place) situated on such a headland', Nûgârssuk 'the small (not greatly marked) projecting headland', Nûk 'the headland or the peninsula', etc.

nôrajik, *nūnguaq*. Det lille næs.

nûgârtik ~ **nûgârssik**, *nûgârssuk*. Det særlig lille næs.

nûgatse ~ **nûgáte**, *nûgâtsiaq*. Det ret store næs.

nûgâtsiâjik ~ **nûgâtsâjik**, *nûgâtsiánguaq*. Det gode ret store næs.

nûgâtiâkajik ~ **nûgâtsâkajik** [S], *nugâtsiakasik*. Det slemme ret store næs.

nûk, *nûk*. Næs.

nũtuaq ~ **nũtivaq**, *nûgssuaq*. Det store næs.

nũtûp kangimut ímíkêrtâjiva, *nûgssûp kangimut qeqertangua*. Det store næsses lille ø mod vest (østgrønlandsk).

headlike ◊ PIY naj(ə)quʀ 'head'

nêrernaq, *niaqornaq*. Den hovedlignende. (Nu om dage bruges også: "*niaqornaq*" og lokalt bruges "**nêrínaq**").

nêrernartivaq ~ **nêrírnartivaq**, *niaqornarssuaq*. Den store hoved-lignende.

nêrernerartâje, *niaqornaqartúnguaq*. Den lille der har en hoved-lignende.

heart ◊ — ‖ PIY uŋuman 'heart' < uŋuma- 'be alive' ▫ O 450b Amagâq 'something which is being carried on the back (as a child in the hood of a fur jacket)' [Ostermann adds that '[i]n East Greenland it is said that the word may mean: a heart i.e. something of the shape of a heart or resembling a heart [...]'], and 457b Ũmánaq 'the place which resembles or reminds one of a heart. Frequently occurring name of localities, marked by a mountain in the shape of an inverted heart.' Whatever the semantic link between 'heart' and 'carry' may be, see PIY amar- 'carry on the back' and PIY akiyaʀ- ~ akiʀaʀ- 'carry between two' ≪ aki(-) '(thing) opposite or answer', with (Balle's) T †aamm- being the result of K influence.

ãmangâ – akínaqe ~ **akernaqitâ**, *ũmatâ*. Dens hjerte.

ãmangâq – akínaqit ~ **akernaqit**, *ũmát*. Hjertet.

ũmánaq, *ũmánaq*. Den hjerteformede.

hillside ◊ PIY əpnaʀ 'cliff' ‖ PI kutʐaŋa- 'be steep' < PI kutʐaq- 'lower the head (below torso)'

kútakajî, *ivnarssûp inua*. (jfr. *tatsip inua*). Bratningens ånd (beboer).

hold (in the hand) ◊ PIY təyum(m)i(C)aʀ 's.th. held in the hand' < təyu- 'take'

tigimiartarajik, *tigumiartorujuk*. Den sølle der holder en i hånden. (Ø ved siden af).

hole ◊ PIY putu 'hole (through s.th.)' ▫ O 455a Putulik 'the place in the mountain which is provided with a hole (or holes)'.

putule, *putulik*. Der har et hul.

putule nûa, *putugdlip nûa*. Der har et huls næs.

hole (cylindrical) ◊ PIY cupluɣ ~ cuplu_R 'tube' (cf. **suttuq** [Tersis] = **suttoq** [Robbe & Dorais]) ‖ PI qulautə- 'pass over' ≪ PIY qulə- 'area above'

sútaq, *suvdloq*. Røret. Åbnin gen. Mundingen.

sútâq, *quláukôrsimassoq ~ quláukôrnegmassoq*. Den hvor noget (sne-vand) er gået over og ned i og fyldt den. (*Kamik*-Støvle) (*kamík sútârsimassoq, quláukôrsimassoq apúmik*). *Kamik* eller støvle hvor sne er gået over skafterne og (er løbet ned) har fyldt den.

sútâp kangimut ilínera, *quláukôrsimassup kangimut itivnera*. Den hvor noget er gået over's overgang mod vest, (*kamiga apúmik sútâlerpoq* = Min kamik er snart fyldt med sne.

hollow ◊ Related to forms like PI ilulli- 'hollow out or work on interior' ≪ PIY ilu 'inside' ‖ PIY puɣə- 'surface or emerge' ‖ PIY qalu(-) 'dip or scoop' ‖ PI qaŋata- 'be elevated or have an empty space below' ▫ The origin of T **qêralivartivit** is unclear. ▫ O 455a Qarajak ~ Qarajaq 'the roundish bay surrounded by high rocks'.

ilivilia, *iluliumarnga*. Dens hulning.

pueráte [S], *iluliumaneq ~ qarajaq* ? Hulningen. – Den runde bugt. (Rund bugt hvis kyster er stejle, (huler indad)).

puiarateq, *iluliumassoq*. Der har hulning indefter.

puiarátiva ~ puiarátuva, *iluliumassua (qarajâ)*. Dens hulning. (Dens runde bugt).

puiârteq, *iluliumârtoq*. Den der huler indefter.

puiârtikajik, *iluliumârtukasik qarajakasik*. Den sølle dar huler indefter.

qâla, *iluliumanera*. Dens udhulning. (Hvor klippen hænger udover og danner en hulning).

qalorujôrneq, *qalumârneq*. Udhulningen. (Hvor toppen er taget af, så der bliver en hulning). (Der fortælles (sagn) at en bjørn, der var større end almindeligt, holdt til her. jvf. *Tatsip inua*).

qêralivartivit, *(ivnane) iluliunârnerssuit* {*iluliumârnerssuit*}. De store hulninger. (Der har en runding indefter).

hollow (sound) ◊ PI qaciŋŋuq- 'make a resonant, hollow noise'

qasíngortôq, *qasíngortôq*. Der giver en stærk hul lyd.

hood ◊ PIY amaʀ- 'carry on the back' ‖ PIY nacaʀ 'hood or hat' ▢ Cf.
T **amaayuut** 'protubérance au-dessus du museau du phoque à ca-
puchón (utilisée dans la nourriture)' (Tersis). O 453b Nasaussaq 'the
place (i.e. the mountain) which resembles a hat or a hood'.
    amâjût, *nasaussaq*. Den hattelignende {hættelignende}.
hook ◊ PIY nəɣciɣ 'gaff or hook'
    nísiarpik, *nigsigarfik*. Hvor man fisker med stangkrog. (Efter laks).
horn ◊ PI naɣʐuk 'antler' ▢ O 453b Nagssugtôq 'the place where there
is an abundance of reindeer antlers (which are shed)'.
    nátik, *nagssuk*. Hornet. (på dyr).
    nátítît, *nagssugtût*. De storhorned. (Ulke med spidse pigge på ove-
        det. (*qivâqe*).
    nátivit, *nagssuit*. Hornene.
hot spring ◊ PI uunaq- 'be hot or burning' ≪ PIY uɣu- 'be heated up or
cooked' ▢ O 457b Ũnartoq 'the hot one (the place where there is a
hot spring). Frequently occurring place-name.' [Ostermann's †uunn-
is unexpected.]
    ûnarteq [S], *ûnartoq*. Den hede. (Den man brænder sig på). (Varm kilde).
    ûnarterajik [S], *ûnartorujuk*. Den sølle (ringe) man brænder sig
        på (varm kilde).**ûnarterajîp nûa**, *ûnartorujûp nûa*. Den sølle
        (ringe) man brænder sig på's næs. (Varm kilde).
    ûnartertaqarteq ∼ **ûnartortaqarteq** [S], *ûnartortaqartoq*. Den der
        har noget man brænder sig på. (Varm kilde).
house ◊ PIY əŋlu 'house' ▢ O 451b Igdlorujuk 'the mean house, the
hut, i.e. the place which is (or was) distinguished by small and poor
houses', Igdlukasik 'the wretched hut, i.e. the place which is or was
distinguished by miserable houses', etc. Balle's *agfardlequtã* is most
likely a typo for **agfardlequtâ*.
    ítâjik (forkortelse af **íterajik**), *igdlúnguaq*. Det lille (gode) hus.
    ítâjîp akia, *igdlúngúp akia*. Det lille (gode) hus' overforliggende.
    íte, *igdlo*. Huset.
    íterajivit [S], *igdlorujuit*. De sølle huse.
    íterteqitâ ∼ **íterterilâ**, *igdlordlequtâ* ∼ *agfardlequtâ* = se: **erterte-
        qitâ**). Dens på den anden side af samme slags liggende. Dens
        anden halvdel.
    ítikasât, *igdlukasât* (*kasak-kasât* bruges også Østgrønland). De slem-
        me huse.

ítiláte ~ **ítilátik**, *igdlutalik*. Der har et hus.

ítilatip ímikôrtortua (~ **ímikêrtertiva**), *igdlutagdlip qeqertarssua*. Den der har et hus's store ø.

ítilerajik, *igdlulerujuk*. Den sølle der har et hus.

ítît, *igdluit*. Husene.

ítitalik, *igdlutalik*. Der har et hus.

ítivalaq, *igdlussaq*. Den huslignende

ítivinga, *igdluvigâ*. Dens hytte (Bygger snehuse med snarer for at fange ravne.

ítorqortormît {**ítorqortôrmît**} [S], *igdlorqortormiut*. Dem der bor ved stedet med det store hus. Byen "Scoresbysund".

ítukut, *igdlukut*. Ruiner.

ítumît, *igdlumiut*. Dem der bor ved husene.

human being ◊ PIY iŋuy 'human being'

îtuarmît, *inugssuarmiut*. Dem, der bor ved de store mennesker. 3 store toppe på fjeld ligner mennesker (skjoldungen) og har givet navn til den gamle boplads hvis beboere senere flyttede til depotstedet "Skjoldungen" = "*Sarqissukuvik*".

hummock ◊ PIY pəŋuʀ 'mound or hillock' ▢ O 454b Pingo 'the gull´s hummock; grass-covered hummock, which owes its existence to the soil being manured by gulls' excrements' & Pingut 'the place where there are many pingo'.

pingâjik, *pingúnguaq*. Den lille mågetue.

pingeq, *pingo*. Mågetuen.

hunt (a seal by creeping on the ice) ◊ PIY aðuʀ- 'crawl'

aorniarpik, *aorniarfik*. Hvor man driver krybefangst.

I

ice ◊ PIY ciku(-) 'ice; freeze over'

sikuiuíteq ~ **sikuiuítseq**, *sikuiuitsoq*. Hvor isen aldrig smelter.

sikuiuítip (~ **sikuiuítsip**) **apusîa**, *sikuiuitsup sermia*. Hvor isen aldrig smelter's bræ.

sikivijivítiva, *sikuiuitsua*. Dens del hvor isen aldrig smelter.

ice (broken by stream) ◊ PI aupkaʀnəq 'ice that has been melted through'

ãkarnertivaq, *áukarnerssuaq*. Det store strømskårne

ice (chunk of) ◊ PIY kaðuɣ- 'strike (with an instrument)' (≫ K *kaataq* 'hammer' and *kassuit* 'bits of ice drifting in sea', cf. T **kattiq** 'bloc de glace flottante d'eu douce, fragment d'iceberg' or **kattitaq** 'block de glace flottante (petite taille)' [Tersis]).

kátalarsarpik, *kagssulersorfik*. Den der skyder blåis ud. (forsyner den med blåis).

kátertêq, *kagssortôq*. Der har megen blåis.

katilerserpia ~ **katalarsarpia**, *kagssulersorfia*. Den hvorfra den forsynes med blåis.

inlet ◊ PIY pula- 'slip in under cover' □ Cf. T **putammaC**- 'rentrer dans le fjord ou dans le port' (Tersis), **pulammartaaq** 'seal that comes first in spring' (Robbe & Dorais).

pulajâq, *pulariaq* ~ *pulámagiaq*. Indløbet.

innermost part (fjord, cave) ◊ PIY qitŋu(ʀ) 'inner recess (of a bay or river or cave)' □ O 455b Qíngorssuoq 'the large fiord head, i.e. the fiord the innermost creek of which is uncommonly deep', Qíngua 'its (i.e. the fiord's, bay's, valley's) innermost narrow part', etc.

qíngâjiva [S], *qíngúngua*. Dens lille gode bund.

qíngeq, *qíngoq*. Bunden.

qíngertît (**qíngertît** kan også betyde **qíngortût**), *qíngordlît*. Dem der bor nærmest ved bunden.

qíngertivaq, *qíngorssuaq*. Den store bund.

innersuit (mythical beings from Greenlandic traditional stories, the bearded seal bogey) □ K *innersuaq* (SG), lit. 'big fire', from PIY ək(ə)nəʀ 'fire' (see, i.a., Sonne 2017: 355). There are alternative names, e.g. T **qingaranngitsit** (Robbe & Dorais), etc.

ínertivit, *ingnerssuit*. Menneskelignende væsener (de har ingen riæse, men kun 2 huller som næsebor) der bor bag strandkanten. (Særlig bag bratninger og kan i deres kajakker ro lige ind i klippen). De ror i kajak som mennesker, men vender helst ansigtet bort, når de møder sådanne. De vil gerne lokke mennesker ind eag klipperne til deres land, men følrer et menneske efter og kommer ind bag klipperne, kommer det aldrig ud igen.

ínítiarajivit, *ingnerssuarujuit*. De slemme menneskelignende væsener.

intestine (internal membrane) ◊ Perhaps related to PIY nuqaʀ- 'tighten' (≫ T **nuqaq**- 'attach' [Tersis], but the semantic development is more obvious in other derivatives of the same base such as, for example,

Kalaallisut *noqarti* '(bow)string'). ‖ PI nəɣvik 'membrane around in-
testines'

noqarternê, *nivfê*. Dens indvendige tarmhinder.

noqartínâjivartivit, *nivfínguarssuit*. De mange små tarmhinder.
(indvendige).

noqartínât, *nivfît*. De indvendige tarmhinder.

inussuk (cairn) ▫ See [human being]. The origin of T **tatsukajik** is un-
clear. O 452a Ingusulik 'the place which is provided with a cairn
(or cairns)', etc.

inúsukajik [S], *inugsukasik*. Den sølle varde.

tatsukajik [a], *inugsukasik*. Den sølle varde. (Givet af kendtmand
Ib Josvasen – Læser ved "Qernertivartivit" og kone). Kontrol
ved Kũngmiut kendte ikke det udtryk for varde.

iron ◊ PIY citə(ɣ)- 'be hard' (whence K *sisak* 'steel', lit. 'something hard') ▫
Another instance of the *t/s*-variation.

tisât [a], *sisak*. Jern.

island ◊ PIY əłmi REFLEXIVE PRONOUN (> K *immikkuur*- 'be separate' = T **im-
mikkiiq-** ~ **immikkuuq-** [Tersis], etc.) ‖ PIY qikəʀtaʀ 'island' ▫ O 455b
Qeqertaq 'the island or (dwelling) place situated on an island', Qe-
qertarssuatsiaq 'the rather large island or (dwelling) place situated
on such an island', etc.

ímíkêrtâjît, *qeqertánguit*. De små gode øer.

ímíkêrtâ, *qeqertâ*. Dens ø. (Dens for sig selv liggende).

ímíkêrteq, *qeqertaq*. Ø (se: **qêrtaq**).

ímíkêrterajik [S], *qeqertarujuk*. Den sølle ø. For sig selv liggende.

ímíkêrterajivit ~ **qerqartît** [S], *qeqertarujuit* ~ *qerqardlît*. De sølle
midterste øer. (De sølle midterste for sig selv liggende).

ímíkêrtîlat ~ **ímíkêrtûlat**, *qeqertaussat*. Halvøerne.

qêrtaq, *qeqertaq*. Ø. (se: **ímíkêrteq**).

qêrtâlaq, *qeqertaussaq*. Halvøen (En slags ø).

qêrtârâjivit, *qeqertánguit*. De små (gode) øer.

qêrtarmêt, *qeqertarmiut*. Dem der bor ved øerne.

qêrtêrqat, *qeqertârqat*. De meget små øer

qêrtartivatsiaq, *qeqertarssuatsiaq*. Den ret store ø.

isthmus ◊ PIY ətəvə(t)- 'portage'

ipîtaq, *ipiutaq*. Tandtangen {Landtangen}.

ipîtâlaq, *ipiutaussaq*. Den Tandtangelignende {Landtangelignende}.

J

jacket (for kayaking, spray skirt) ◊ PIY aku(ʀ) 'space between or lower part (widening out)'
> **akivitse**, *akuilisaq*. En halvpels (til kajak i magsvejr).

John (place name) ▫ The equivalent in Greenland is Uju / Ujo (see, e.g., Møller 2015: 324).
> **Ujuâkajîp nunâ** [S], *Ujuâkasîp nunâ*. Den sølle Johans land.
> **Ujuâkajîp kangertiva** (∼ **kangerdliva**) [S], *Ujuâkasîp kangardlua*. Den sølle Johans fjord.

jump ◊ PIY pəkjaɣ- ∼ pəkjəɣ- 'fly off' < pəkə- 'jump up (and move off)'
> **pitserpâjik**, *pigsigfínguaq*. Det lille hoppested. Det lille sted hvor man sprang over.

K

kayak ◊ PIY caqə- 'turn or move' ‖ PIY qajaʀ (qaŋaʀ) 'kayak' ‖ PIY tujə 'shoulder' (whence K *tuilik* 'kayaking jacket incorporating a spray skirt that attches to the kayak ring')
> **qajáitseq**, *qajáitsoq*. Der ingen kajak har. (Der er 2 versioner: lste. Pisivíteq var så stor, at ingen almindelig kajak passede ham. 2den. Der er en ø, der på afstand ligner en mand, der ror i kajak, men når man kommer nærmere, ser man, at han ingen kajak har.
> **qâjarsît**, *tuvilik*. Helpels til kajak.
> **sarqisip timâ**, *qáinap timâ*. Kajakkens indenforliggende fastland eller større ø.
> **sarqissukuvik**, *qáinivik ∼ qajaqarfik*. Hvor man efterlod sine kajakker. (Depotstedet Skjoldungens grønlandske navn) – Før depotstedet blev anlagt, boede beboerne lidt længere inde ved bopladsen "Îtuarmît". Vinterisen på fjorden nåede helt ud til det sted, hvor depotet nu ligger, og for at være fri for at tage deres kajakker med på slæden hver dag, når de skulle ud til iskanten for at fange fra åbent vand, kørte de kajakkerne derud på det første islag og lod dem blive derude. Deraf navnet.
> **sarqissukuvîp umiatsialivia**, *qáiniviup (∼ qajaqarfiup) umiatsialivia*. Hvor man efterlod sine kajakkers bådehavn.
> **sarqit**, *qajaq*. Kajak.

kidney ◊ PIY taʀtu 'kidney' ‖ PIY uɣuŋilaʀ 'raw food' < uɣu- 'be heated up or cooked'
> **tartâjik** [S], *tartúnguaq*. Den lille nyre. (Sæl) (Se: **ûvilaq**).
> **ûvilaq**, *tarto*. Nyre.

kitchen ◊ PI əɣɣaviɣ ~ əɣaðviɣ 'cooking place' ≪ PIY əɣa- 'cook'
> **íkavik**, *iggavik*. Kogestedet (køkkenet).

L

ladle ◊ PIY əməʀtaʀ- 'fetch water' ≪ əməʀ(-) 'fresh water; drink' ‖ PIY qalutaʀ(-) 'ladle or bail' < qalu(-) 'dip or scoop'
> **imertît**, *qalutautit* ~ *qatdlut*. Øse (til at hælde ferskvand på den rødlige tang).

lake ◊ PIY əməʀ(-) 'fresh water; drink'. ‖ PIY taciʀ 'spit or sand bar' □ O 456 Tasermiut 'the inhabitants of the place at the lake, mere', etc.
> **imeq** [S], *taseq*. Sø (ferskvand).
> **tasermio**, *tasermio*. Den der bor ved sø en. se: **imeq**.
> **tasîte** ~ **tasîteq**, *tasîttsoq*. Der ingen sø har.

lamp platform ◊ PIY əkpan ~ ikpan 'lamp platform'
> **ípalíssat**, *ípatíssat* {*ípatigssat*}. (Sten) der kan være til endebriks eller lampebord.

lance ◊ — ‖ PI aŋuviɣaq 'lance' □ Cf. T **awatisaq** 'lance placée à l'arrière du kayak' (Tersis).
> **avalisaq**, *anguvigaq*. Lænseren.

land ◊ PIY nuna 'land' □ O 454b Nunataq 'a tract of appertaining country. Used about stretches of land, which rise above the inland ice, as a rule at or near the edge of the latter.'
> **nunakísâje**, *nunakitsúnguaq*. Der kun har lidt land.
> **nunataq**, *nunataq*. Landstykket (specielt for fjeldtoppe, der rager op over indlandsisen).
> **nunartivaq**, *nunarssuaq*. Det store land.

laugh ◊ PIY əŋlaʀ- 'laugh'
> **ítala**, *igdlalaoq* ~ *igdlalaortoq*. Den leende (Lattersalven).

lead ◊ PIY aqilʀuʀ 's.th. soft' < aqit- 'be soft'
> **aqarteq**, *aqerdloq*. Bly
> **aqartersiorpik** [S], *aqerdlorsiorfik*. Hvor man søger bly
> **aqartertuluk** ~ **aqartersuluk**, *aqerdlortaluk*. Den sølle der har bly

aqertertulûp (~ **aqertersulûp**) **qôrnersâ**, *aqerdlortalûp qôrnua*.
  Den sølle der har bly's snævring.

ledge ◊ PIY iŋləʀ 'sleeping platform'
  íternat, *igdlernat*. Afsatsene.

leister ◊ PIY kaki(C)aʀ 'fish spear' < kaki- 'pierce or prick'
  kakítat, *kakíssat*. Lysteren.

lie (lengthwise) ◊ PI tukə- 'lengthwise axis'
  tukingaleq, *tukingassoq*. Den der ligger tværs på landet.

lie down ◊ PI nallaq- 'lie down' ≪ PIY nala- 'be lying down'
  nãtúnâq, *natdlangassoq*. Den der ligger ned.

lie down (flat) ◊ PIY palluʀ- 'lie down on stomach' < palu- 'be lying on
  one's stomach'
  pátingaleq, *patdlungassoq*. Den der ligger faldt {fladt} ned.

light (off) ◊ PI qauma- 'be bright' ≪ PIY qaʀu- 'dawn'
  qârmartik ~ **qârmardik**, *qaumassoq*. Den lyse.

like ◊ PI ajuq- 'be unable to reach or do' (whence T **ajerngivaa** 'does
  not like it' [Robbe & Dorais], **aiŋŋitaq** 'c'est bon, c'est bien (ce n'est
  pas mauvais)' [Tersis]) ◻ Balle's T form shows irregular **a(j)i-** > **aa-**.
  Note that he may have misunderstood the T form, which is positive,
  whereas the corresponding K form is negative (both forms contain
  the negative postbase). As for K *akaaraa* 'likes him/her', it may be
  related to PIY akka 'so much (exclamation)?'
  ângítat, *akâringitrut* {*akâringtsut*}. Dem der ikke kan lide, (fordrage)
    hinanden.

line (pattern) ◊ PIY alŋaʀ(-) 'mark or pattern'
  átak, *agdlak*. Pletten, striben.

lip (upper) ◊ — ‖ PI kakkivik '(groove above) upper lip' ≪ PIY kakkiɣ
  'snot'
  qaleriseq, *kákiviaq*. Overlæben (Stykket under næsen).

liver ◊ PIY ilu 'inside' ‖ PIY təŋuɣ 'liver'
  iloqutaq, *tinguk*. Lever.
  iloqutâjivartivit, *tingúnguarssuit*. De temmelig små levere.

long ◊ PIY takə- 'be long'
  takileq, *takissoq*. Den lange.
  takisêq, *takisôq*. Den lange.
  takitsukujôq, *takisûkujôq*. Den ret lange.
  takilip ikâsâ, *takissup ikerasâ*. Den langes sund.

look forward ◊ PIY qəlanəʀ(aʀ)- 'want s.th. urgently' < qəla- 'urge or be urged on'

qilanârtersiorpik, *qilanârtûtigssarsiorfik*. Hvor man søger noget til at stille længslen med. (Efter de sødere kvaner ved "**Kuáner-siorpia**" der ligger længere inde i fjorden).

look out ◊ PIY nacit- 'survey one's surroundings from a height'

naserqavîsartikajik, *naserqaviusartukasik*. Den sølle man plejer at holde udkig fra.

nasípik, *nasigfik*. Udkigsstedet.

nasípítalâjik, *nasigfigssánguaq* {*nasigfigtalínguaq*}. Det gode (lille) udkigssted {lille (gode) der har et udkigssted {Udkigssted}}.

nasípítalik, *nasigfigtalik*. Der har et udkigssted.

loon (*Gavia stellata*) ◊ PIY qaqðaʀ ~ qaqða(C)uʀ 'loon'

qáqaqâq, *qarssâq* (begge bruges). En lom.

qáqaqâp imia, *qarssâp tasia*. Lommens sø.

qáqaqât iâ, *qarssât inât*. Lemmernes tilholdssted.

louse ◊ PIY kumyun 'louse' < kuməy- 'scratch' ◻ Tunumiisut **uyaq-** 'search' (cf. Kalaallisut *uyakkar*- 'bend over s.th. to see what is below') ≪ PIY ujaɣ- 'stretch neck to see better'.

ujákat, *kumait*. Lus.

low ◊ — ‖ PI pukkit- 'be low'

nertâq, *(púkîmaneq) púkitsukujôq*. Den ret lave.

nerternalik ~ **nersernalik**, *púkîmanilik*. Der har noget der er lavere end det andet. (Lavning).

púkítivakajik ~ **púkítsuvakajik** [S], *púkitsukasia*. Dens sølle slemme lave.

púkítivakajîp (~ **púkítsuvakajîp**) **kiámut kangertiva** (~ **kangerdliva**) [S], *púkitsukasiata kujámut kangerdlua*. Den sølle laves fjord mod syd (efter østgrønl, nord nem efter vestgrønl.).

M

make ◊ PIY cana(ʀ)- 'carve or make'

sanalíngivaq ~ **sanalínguvaq**, *sanassúnguaq*. Den der snitter eller laver noget. (Den lille tømmermand).

man (in the family) ◊ Tersis **qaŋanisaqtaq** 'grandparents' ≪ PIY qaŋa 'when (in the past)' (whence K qanga = T **qaɴa** 'when (in the past),

in the old days' [Tersis], etc.) ‖ PIY a(a)na '(grand)mother' ‖ PIY ata
'father' (≫ K *aatak* ~ *aataq* 'grandfather') ‖ PIY əltuʀ 'grandchild or
grandfather' ‖ PIY nənjuʀ 'oldest woman in a household'

qanganisartaq, *ítoq* ~ *ningioq* ~ *âtaq* ~ *ânaq*. Ældste mand i huset,
husfader, ældste kvinde, husmoder, bedstefader, bedstemoder.

mandible, jawbone ◊ PIY aɣluquʀ 'jawbone' < aɣluʀ 'jaw (of whale)'

átereq (og lokalt **átingeq**), *agdleroq*. Underkæben.

mate ◊ PIY nuliʀ(aʀ) 'wife' ‖ PIY pa(C)a- 'fight or struggle' (≫ K *paannip-
poq* 'they play (fish standing in shoals)' [see, i.a., Schultz-Lorentzen
1927: 183b s.v. *pâvâ*])

nuliarpiat, *pângnigfiat*. Hvor de (parres) leger. (Fisk – Laks undtr
gydningen)

nuliarpik, *pângnigfik*. Gydestedet (Parringsstedet).

[meaning unknown] 1 □ The same as Tersis **kutusuk** 'Kulusuk, petite ville
du Groenland oriental' (Danish *Kap Dan*, see Kleivan 1996: 143). The
popular etymology that Balle recorded links it to Kalaallisut *qulusuk*
'bid's back' (≪ PIY qulucuɣ 'back (of bird)', which ultimately may
be related to PIY qulə- 'area above'). □ The k ~ q alternation in this
item is well-known (cf. O 453a Kulusuk = 455b Qulusuk 'the back of
a bird, i.e. the place (the rock) which resembles the back of a bird';
Ostermann documented some other instances of the same alterna-
tion, e.g., 453a Kipisarqo = 455b Qipisarqo 'the crooked or winding,
i.e. the sound which bends and winds', etc.).

kulusuk, —. Be.U. (menes at være **qulusuk**, men udtales "ku-
lusuk", "*sujuaissavut kutagtorssûgamik*" Fordi vore forfædre
læspede, (talte børnesprog). Til bekræf telse herpå anføres
også, at fjeldet – der bærer navnet – ligner ryggen på en fugl.

[meaning unknown] 2 □ Cf. K *Unngortoq* < *unngoq* 'wart' (from PIY ut-
ŋuʀ 'wart')

ũngutoq, —. Betydning ukendt. (Navnet minder om fjeldet "ũngor-
toq" ved Julianehåb).

meat (frozen) ◊ PIY qu(C)aʀ 'frozen meat'

quarmît, *quarmiut*. Dem der bor ved det frosne kød.

middle ◊ PIY qətəʀ 'middle (of the body)' ‖ PIY qikaʀ- 'stand (around)'

qerqartît, *qerqardlît* ~ *qiterdlît*. De midterste.

mitten ◊ PI aitqan 'mitten' ≪ PIY aðiʀ 'sleeve' □ cf. **maattaat** 'moufle en
peau épilée pour aller en kayak' (Tersis).

ârqatikajik, *ârqatikasik*. Den dårlige vante.

mãtâtit, *ârqatit*. Kajakvanter – Vanter.

mollusc 1 ◊ PIY ciŋðaʀ 'beach or shore'

    sítârtivit, —. De store bløddyr? (i sand) (sandorm?).

mollusc 2 ◊ PIY quma(ʀ) 'intestinal worm' ◻ Most likely based on PE qumaʀ- 'be hunched over, bend forward, crouch'.

    qumarteq, —. Bløddyr. (Spises rå).

    qumartertivit, —. De store bløddyr.

moss ◊ PI allaqtəq- 'wipe off' ≪ PIY allaʀ(iʀ)- '(make or get) clear?' ‖ PIY əvðuʀ ~ nəvðuʀ 'sod or soil' ◻ Note the discrepancy in **átálíssat** and **átalíssat** (the latter most likely contains a typo, cf. Robbe & Dorais**attaalitsaq** 'moss [*Rhacoitrium lanuginosum*]'). O 453 Manermiut 'the inhabitants of a place where there is moss of the kind used for wicks in the old Greenland blubber lamps', etc. Nunata naasui 154–155 *Issuatsiaat* = Mosser.

    átálíssat, *ivssuatsiait* (jvf. *maneq*). Mosset (vægemosset).

    ítuakajik, *ivssuatsiâkasik* (se: **átálíssat**). Det sølle vægemos).

    ítuluatsât, *ivssuluatsiait* {*ivssuatsiait*}. De ret mange tørv {Den ret megen Vandmos}.

moss (lamp wick) ◊ PIY əpəqaʀ 'lamp wick (of moss)'

    iparqiarpik, *iperqiarfik*. Hvor man tager hen for at samle vægemos.

    iperâjivit, *iperánguit*. Det gode vægemos.

moss (tussock) ◊ PIY manəʀ 'tussock (of moss)' ◻ Cf. T **siput** 'mousse utilisée autrefois pour allumer le feu ou servant de mèche dans la lampe à huile' (Tersis), which is a derivative of **sipu**- 'blow' (≪ PIY cupə- 'blow').

    sipulik, *manilik (íperagssalik)*. Der har vægemos.

mother ◊ PIY ana(a)na 'older female relative' (≫ K *anaana* 'mother (hypocoristic), etc.') ‖ PIY ukuʀaʀ 'daughter- or sister-in-law'

    anâna, *anâna*. Moder.

    ukôq, *anâna*. (Barnesprog) Moder.

    ukôra, *anânaga*. Min moder.

    ukôrtuaq ~ **ukôrtivaq**, *anânarssuaq*. Den store moder.

mountain ◊ PIY qaðqaʀ 'top of mountain' ◻ O 455a Qáqaligaitsiaq 'the place (the island) which is provided with a rather insignificant mountain tract', Qáqatoqaq 'the old mountain', etc.

    qáqartivakajik, *qáqarssuakasik*. Det store slemme fjeld.

    qáqartivatsâq, *qarqarssuatsiaq* {*qáqarssuatsiaq*}. Det re store fjeld.

mountain ridge ◊ Related to PIY qəŋaʀaʀ 'shin' < qəŋaʀ 'nose'
qingâkajik, *qingâkasik*. Den sølle fjeldryg.
qingâlakajik, *qingaussakasik*. Den sølle fjeldryglignende.
qingáta, *qingartaq*. Fjeldryggen.
qingátaq, *qingartaq*. Fjeldryggen.
qingartaq, *qingartaq*. Fjeldryggen.
mountain slide ◊ — ‖ PIY citu- 'slide down' ▢ The T form may be related
to **tattaataa** 'par chance, heureusement' (Tersis).
tátâlakasia ~ **tátâlakajia** [S], *sisuakasia*. Den sølle stenskred (fjeld-
skred).
mouth ◊ PIY qanəʀ 'mouth'
qaneq, *qaneq*. Mund.
move (further up the beach) ◊ PI təmvaq- 'move inward or inland' ≪ PIY
təmə 'body or main part'
tĩpârpik, *tivfarfik* ~ *timerparfik*. Hvor man søgte (tog) ind ed land
til eller ind i landet.
tĩpârpîp imia, *tivfarfiup* ~ *timerparfiup tasia*. Hvor man søgte (tog)
ind ad land til's sø.
murre, little auk ◊ PIY alpa(ɣ) 'murre' ▢ O 450a Agpalilik 'the place where
there are Brünnich's guillemot'. Rasmussen 204a, 211 kútûlat 'little
auk' (W. Gr. agpaliarssuk).
ápajarpik, *agpagtarfik*. Hvor man plejer at fange lomvier.
ápaliarteqarpik, *agpaliarssoqarfik*. Stedethvor der er alkekonger,
søkonger.
ápaliarteqarteq [S], *agpaliarssoqartoq*. Der har søkonger.
ápalik [S], *agpalik*. Der har lomvier.
muskox ◊ PI uməŋmak 'muskox' < umək 'beard'
umímât kangertiva (~ **kangerdluva**) [S], *umingmait kangerdluat*.
Moskusoksernes fjord. (Moskusoksefjord).
mussel (*Mytilus edulis*) ◊ PIY kəliɣ- 'scrape' ‖ PIY uviluʀ 'clam or mus-
sel' ▢ Balle inadvertedly writes **kilĩtat** instead of the expected ****‹kilĩ-
lat›**, betraying the closeness of Tunumiisut /l/ to [t]. In the original,
Balle places **kilĩtat** between **kilîlaq** and **kilîlâjivit**.
kilîlaq, *uiloq*. Musling.
kilĩtat, *uitdlut*. Muslinger.
kilîlâjivit, *uilúnguit*. De små muslinger.

muzzle ◊ PI əpẓarun 'dog muzzle'
erteríseq ~ **erteríteq**, *erssarigssoq*. Der har en fin kind. (**erteríseq**, bruges om en hund, der har en sort plet på kinden).

─────────────────────────────────────── **N**

nail ◊ PIY kəkjaɣ ~ kəkjaʀ 'nail'
kikiátiâkajik, *kikiatsiâkasik*. Det ret store søm. (Sten ligner søm og giver navn).

nail, claw ◊ PIY qəc(c)uɣ- 'scratch or dig claws into' *cum* agentive suffix -un ‖ PIY kukiɣ 'claw or nail'
qísîtit, *kukit (qitsûtit)*. Neglene.

name ◊ PIY atəʀ 'name'
atilikajik, *atilikasik*. Den sølle der har et navn.

narrow ◊ PIY amit- 'be narrow' ◻ O 450b Amitsuarssuk 'the small narrow or the characteristic, very marked narrowing (used of islands, headlands, sounds and the like)'.
amítivartîla, *amitsuarssûssâ*. Dens særlig ret smalagtige.
amítivartiva, *amitsuarssua*. Dens særlig ret smalle.

narrow, contracted ◊ —
qûtsuk, *qûngassoq*. Den indsnævrede.

neck ◊ PIY nappaʀ- 'raise or be raised' ≪ napa- 'be standing (upright)' ‖ PIY quŋəʀ 'neck'
nápat, *qungaseq*. Halsen. (Fjeldet ligner halsen på en sæl, når den svømmer).
nápat qáqartiva, *qungatsip qáqarssua*. Halsens store fjeld.

neck (nape of the) ◊ PIY pəku(ɣ) ~ pəquʀ 'upper back or nape of the neck' (≫ Kalaallisut *pikusuk* ~ *pukusuk*, etc.)
pukusoq, *pukusuk*. Nakke.

net (heavy) ◊ PIY qaðəɣ- 'fish with a seine net'
qátiterpâjik [S], *qagssuserfínguaq*. Det gode garnfangststed. (Det gode sted til at sætte garn. Til sæl).
qátiterpik, *qagssuserfik*. Garnfangststedet. (Hvor man sætter garn).

next ◊ PIY tuŋ(ə)liʀ 'next one' < tuŋə- 'direction (of)'
túteq, *tugdleq*. Den næst efter.
tútikajik, *tugdlikasik*. Den sølle næst efter.

tútilik, *tugdlilik*. Der har noget næstefter, aller på den anden side af noget.

tútilîp imia, *tugdligdlip tasia*. Den der har no get næstefters sø.

noise ◊ — □ Cf. T **paqpatiC-** ´marteler´ (Tersis) = **parpalippaa** 'hammers it' (Robbe & Dorais), etc., and K *perpaluk* 'noise', all these terms are of unknown origin (onomatopoeic?), and so are the reference numbers given by Balle.

parpalípik, *perpalugfik*. Hvor man laver støj. 255) for at hugge vegsten ud og 1401) ved at søen bryder med øen.

nose ◊ PIY qəŋaʀ 'nose' □ O 455b Qingoq 'the nose, i.e. the place the shape of which resembles a nose. The most commonly used name for peaks everywhere in Greenland.'

qingaq, *qingaq*. Næsen.

nose (bridge of the) ◊ PIY akul(l)iʀaʀ 'bridge of the nose' < aku(ʀ) 'space between or lower part (windening out)' □ O 450a Akuliaruseq or Akiliaruseq [Osterman does not translate this term, but interestingly enough he explains that '*u* is the prevailing vowel in the central part of inhabited West Greenland, whereas *i* prevails from Godthaab towards the south in the Upernivik District and on the east coast.'].

akiliaitseq ~ **akuliaitseq**, *akuliaruseq*. Den ikke helt rigtige næserod. (Som regel i betydningen: En fjeldryg mellem dale el. fjord)

akuliaitsip (~ **akiliaitsip**) **ímíkêrtiva**, *akuliarutsip qeqertâ*. Den ikke helt rigtige næserods ø.

nostril ◊ PIY avan (avata) 'area around' < av- 'away from speaker (on level & extended)' (ᴅᴇɪᴄᴛɪᴄ) ‖ PIY cuʀlu 'nostril'

avatarpat, *sordlût*. Næseborene (Se: **sortût**). (gamle).

avatarparajivit, *sordlorujuit*. De sølle næsebor.

sortût, *sordlût*. Næsebor (se: **avatarpat**). (De unge).

O

ooq (onomatopoeia) □ With Kalaallisut *qorlorpoq* 'flows out, pours out' and *kuuppoq* 'runs down (of water)', Balle here attempts to describe the sound represented by the Tunumiisut expression.

ôrtortoq, *qordlorpalugtoq* ~ *kûgpalugtoq*. Den der siger "ôq" = Elven der klukker.

opening ◊ PIY aŋva- 'be open'
   ámalerutâjivit, *angmaneqartuarqat*. De små der har en del åbninger.
   ámalítâjik, *angmanilínguaq*. Den lille der har en åbning.
   ámaliva, *angmassua*. Dens åbning.
ornament ◊ PIY ujivə- 'go around (in a circle)'
   uiarpik, *uiarfik*. Hvor man runder pynten.
owl ◊ PIY kəɣinaʀ 'face or blade' ‖ PIY uŋpəɣ 'owl'
   kîalik, *ugpik (kînalik)*. En ugle.

P

paddle ◊ PIY aŋuðaʀun < aŋuðar- 'paddle' □ Spontaneous nasalization
   in Kalaallisut is traditionally associeted with women's speech.
   angîlaq, *aqût ~ angût*. Ror, pagaj.
paint ◊ PIY amiʀaʀ 'bark or fish skin' < amiʀ 'skin' (via 'cover (skin boat)' >
   '(cover) paint')
   ámiale ~ ámialik, *amiussalik*. Der har nogett der ligner skind (be-
      træk).
pale ◊ PIY aci 'somewhere or something vague or remote'
   asingaleq, *asingassoq*. Den blege.
pants (short skin, women's) ◊ PIY atə- 'put on' ‖ PIY nanit- 'be short' (K lit.
   'shorters')
   atilât, *naitsur (sêrqerngit amitsoralârarssuit, igdlume tupermilo atug-
      kat)*. Meget smalle kvindebukser, til indendørs of {og} teltbrug.
partition ◊ PIY talu(-) 'screen or partition'
   tâlerajivit, *talorujuit*. De sølle skydeskjul
   tâlit, *talut*. Skydeskjulene. (Murene kan ses endnu).
patch (for the sole of a *kamik*) ◊ PIY aɬŋiɣ 'patch on a sole'
   ángê, *ángê*. Dens sålelapper.
   ángítâje, *ángigssâraq*. Den lille der kan bruges til kamiksållap.
pearl ◊ PI capaŋaq 'bead'
   sapangaq, *sapangaq*. Perlen.
peat ◊ PIY əvðuʀ ~ nəvðuʀ 'sod or soil' □ O 452b Ivssugigsoq 'the place
   which has good peat for fuel (and where it is fetched)'.
   ítoq, *ivssoq*. Tørv.
   ìtoríteq {ítoríteq} [S], *ivssorigsoq*. Der har god tørv.
   ítuãteq, *ivssorigsoq* (se: **ítoríteq**). Der har god tørv.

pebble ◊ PIY tuvapaɣ 'gravel'

tuapârtivit, *tuapârssuit*. De ikke særlig mange rullesten. Den ikke særlig store rullestensstrand.

peg ◊ PI pauktuq- 'stake out skin to dry' ≪ PIY paɣuɣ- 'fasten down with pegs'

pãtugaq, *pâgtugaq*. Skind – udspilet med pløkker for at tørres.

pãtorpik, *pâgtorfik*. Skindtørringsstedet (ved at spile skindene ud med pløkker – som regel ribbenene af sæler.

pãtût, *pâgtût*. Pløk (der bruges til at spile skind ud med.

pãtûlâjivit, *pâgtutínguit*. De små (gode) skindudspilningspløkker.

pãtûterajivit [S], *pâgtûterujuit*. De sølle skindudspilingspløkker. (Der er meget lidt jord, så man må spile skindene ud ved at sætte pløkker af træ fast i revner i klippen.

petrification ◊ — ‖ PIY ujaraɣ 'rock'

kumaqartoq [S], *ujarangornilik* {*ujarángornilik*}. Der har forsteninger.

kumât [S], *ujarangornerit* {*ujarángornerit*}. Forsteninger. (Nogle kalder dem "kilītat", fordi forsteningerne ligner muslinger).

kumátîle, *ujarangornertôq* {*ujarángornertôq*}. Der har mange forsteninger.

pick berries ◊ PIY pukit- 'pick (up)' ‖ PIY nunivaɣ 'tundra (vegetation)'

nuniápik, *nuniagfik*. Stedet hvor man plukker bær.

pukuarsiarteq, *pukugkiartortoq*. Den der tager hen for at plukke bær (og spise dem med det samme).

pukúkiarpik [S], *nuniagiarfik*. Hvor man tager hen for at plukke bær (og tage dem med hjem).

pukúpik, *nuniagfik*. Hvor man plukker bær.

pin for adjusting the wick of a seal oil lamp ◊ PI tanqik- 'adjust lamp wick' ≪ PIY tanqiʀ ~ tanqiɣ 'light or moon'

tarqísît, *tarqigssût*. Lampepinden. (Til at rette mosvægerne op med).

place ◊ PIY ənə 'place'

iâ, *inâ*. Dens tilholdssted.

iât, *inât*. Deres tilholdssted.

place (behind) ◊ PIY tunu 'back'

tunuliaitseq, *tunuleqangitsoq*. Den der ikke har noget bagved sig.

tunúngalertivaq ~ **tunúngalortuvaq**, *tunungassorssuaq* = Den store (slemme) der vender bagsiden til.

tunúteq, *tunugdleq* ~ *tunordleq*. Den bageste.

place (between) ◊ PIY aku(ʀ) 'space between or lower part (widening out)' □ O 450a Akorninarmiut 'the inhabitants of an interjacent stretch (between two headlands, two bays or the like)'.

akernernaq, *akorngínaq*. Stedet midt imellem

akerninarmît, *akorngínarmiut*. Dem der bor et sted midt imellem

akerninarajik, *akorngínarujuk*. Det sølle sted midt imellem.

place (center) ◊ PI akunnəq 'interval between' ≪ PIY aku(ʀ) 'space between or lower part (widening out)' ‖ PIY akulə- 'space between' < aku(ʀ) 'space between or lower part (widening out)' □ O 450b Akúnâq 'the intermediary station (used for instance about dwelling-places lying almost midway between two others and forming a natural midway station, for instance on journeys)'.

akileqitâ [S], *akulequtâ ~ akúnequtâ*. Dens mellemstykke

akilertivit, *akulerssuit ~ akúnerssuit*. De store mellemstykker

akilerut ~ akileqit, *akulekut ~ akúnekut*. Mellemstykket

akínâq, *akúnâq*. Mellemstedet.

akínarteqitâ [S], *akúnerdlequtâ*. Dens mellemstykke.

akíneqitikajik, *akúnequtikasik*. Det sølle mellemstykke.

akínersâje, *akúnínguaq*. Det lille (gode) mellemstykke

place (farther out) ◊ Perhaps related to PI caʐvasik- 'be out in front' ≪ PIY caðə- 'front (of the body)' □ O 456a Satsigsuaránguit 'the group of small projecting islands (farthest towards the sea)'.

sîte, *satse*. Det langt ude fra kysten. (Vestude, langt til søs, den yderste).

sîtivaraq, *satsigsuaraq*. Den lille langt ude fra kysten.

tîtit, *satsigsut* (se: **sîte**). Dem langt ude fra kysten – eller ligger forrest ud mod havet. (Vestpå på vestkystenøstpå på østkysten).

tîtivartik, *satsigsuarssuk*. Den ikke særligt langt ude fra kysten liggende.

place (front) ◊ PI cavət- 'go out to sea' ≪ PIY caðə- 'front (of the body)' □ Balle's collaborator explained **sârteq** by comparing it to *sôrdlo* "*qáqap sâ*", that is, 'like "in the direction of the mountain"', with "sâq" 'front' and "sujoraa" 'its front; the space in front of him or it', from *sujoraq* 'front', which is a synonym of *saaq*. O 456a Sagdlermiut 'the inhabitants of the country lying in front (of an island, a peninsula or a foreland)', Sagdlît 'the foremost (islands in front of a country or in a group of islands) or those lying in front', Sârdleq 'the extreme front or the outermost (island or headland) lying in front', etc.

sâjat, *sâvat*. Dens forside {Deres forside {Forside}}.

sâliaqitâ, *sâvanîtua*. Dens foranliggende.

sâleqitâta nûa, *sâvanîtuata nûa*. Dens foranliggendes næs.

sârteq, *sârdleq*. (efter kendtmand, at det betød det, der var nærmest forsiden – *sôrdlo* "*qáqap sâ*" jvf. "*sâq*", "*sujorâ*"). Det der ligger nærmest forsiden.

sârtermit, *sârdlermiut*. Dem der bor nærmest forsiden.

sârteqitâ ∼ **sârterilâ**, *sârdlequtâ*. Det der ligger foran dens forside.

sartia, *sârdlia*. Det der ligger foran dens forside.

sáteq, *sagdleq*. Den forreste.

sátît, *sagdlît*. De forreste.

sátertivaq, *sagdlerssuaq*. Den store forreste.

place (lee side) ◊ PIY uqqit- 'take shelter' < uqəʀ 'lee or shelter' ▫ O 454b Orqordlît 'those which are most sheltered; the innermost on the lee-side (of a mountain tract, a fiord or the like)'.

orqorteq, *orqordleq*. Den længst ad læ til.

orqortiat, *orqordliat*. Deres i læ liggende. (Den der ligger på deres læside.

orqúmut, *orqorteq*. Mod læ. Den længst ad læ til, bruges også som betegnelse for: mod nord. (Syd efter vestgrønlandsk). De gamle på østkysten siger, at det kommer af, at deres hårdeste vind "Piteraq – pitoraq" = SØ, NV efter vestgrønlandsk = Fønvind blæser NV efter så nord ligger i læ. {Mod læ Læ}. Den længst {Længst} ad læ {Læ} til. Begge disse ord {Ord} bruges også {ogsaa} som betegnelse {Betegnelse} for: "Mod Nord". (Syd efter vestgrønlandsk). De gamle på {paa} østkysten {Østkysten} siger, at det kommer af, at deres hårdeste {haardeste} vind {Vind}, "Piteraq" – "Pitoraq" – SØ. (NV. efter vestgrønlandsk), der er østkysten {Østkysten} fønvind {Fønvind}, blæser NV efter, så {saa} Nord ligger i læ {Læ}.

place (middle) ◊ PIY akul(l)iʀ 'middle thing' < aku(ʀ) 'space between or lower part (widening out)' ▫ O 450a Akugdlît 'the midmost (for instance of islands, or in the case of human beings, those who live midway between inhabited places[)]'.

akítît, *akugdlît*. De mellemste

akítît imia, *akugdlît tasiat*. De mellemstes sø.

place (outermost) ◊ PIY aval(l)iʀ 'outermost or far off thing' < avan (avatə) 'area around'

avalâtseq, *avalequteqangitsoq*. Der ikke har noget udenfor sig (ingen ujævnheder har).

avalêq, *avatdlerpâq*. Den alleryderste.

aváteq, *avatdleq*. Den yderste (længst ud mod søen).

avátît, *avatdlît*. De yderste.

avátiarajik, *avatdlerujuk*. Den sølle yderste.

place (outlet) ◊ PI aniɣuq 'pass through' & PIY anət- 'put out' < anə- 'go out'

aníkiva, *aniggua*. Dens udgang eller udløb.

anítagiâjik, *anitdlagiâraq*. Den lille åbning, udgang, udløb.

place (the other side) ◊ PIY iðəʀ- 'hide' (whence T **iqtiC-** ~ **iqsiC-** 'be clear, visible', **iqtippuq** 'il est visible, il est clair' [Tersis] = **ertippoq** 'is visible' [Robbe & Dorais]) ‖ PIY iŋlu 'other (of pair)'

erterteqitâ, *igdlordlequtâ* (se: **íterteqitâ** ~ **íterterilâ**). Dens på den anden side af samme slags liggende.

place (upright) ◊ PIY napa- 'be standing (upright)' □ O 453b Napassoq 'the upright, i.e. the place where the rock-formations rise straight up from the foreland or the coastline', etc.

napatortivit, *napassorssuit*. De store opretstående. (Elvens stråler falder brat ned).

naportuit nûa (lokalform for **napatortivit**), *napassorssuit nûat*. De store der står ret op's næs.

place (with clear view) ◊ PIY aŋva- 'be open'

ámârtivaq, *angmarqorssuaq*. Den store hvorfra man ser fjorden åben.

ámât, *angmarqoq*. Stedet hvorfra man ser fjorde åben.

ámâtâraq, *angmarqôraq*. Den lille hvorfra man ser fjorden åben.

plain ◊ — ‖ PIY naqðaʀ 'valley' □ O 453b Narssalik 'that which is provided with plains, i.e. the place which lies on an extensive tract of plains', Narssaq 'the place which is situated on an even and level stretch of land; "the land"', etc.

narssârte, *narssarigsoq*. Der har en god slette.

nertîlat, *narssaumanerit*. De flade jævne egne. (På fjeld – højslette) (I ældre tider var det legeplads for unge mænd og kvinder = *igdlerusârfik* = Hvor man leger far og mor, hvor de tilbragte en del af sommeren. Nogle af de unge kvinder var gravide, når de kom ned.

nertîmaleq ~ **nersîmaleq**, *narssaumaneq*. Den flade jævne slette-agtige. (Højslette – Platean).

nersîmalâjîp (~ **nertîmalâjîp**) **iliverta**, *narssaumanîngûp timilia*. Den lille (gode) flade engs (plateanets {plateauets}) indenfor-liggende.

nersîmalerajik ~ **nertîmalerajik**, *narssaumanilínguaq*. Den lille (gode) der har noget sletteagtigt (Et plateau).

plant (mountain sorrel (*Oxyria digyna*)) ◊ PI ciiʀnaq- 'be sour' ≪ ciiq- 'ooze out' ‖ PIY nuccuɣ- 'pull or tug'

nutsungak, *sêrnaq*. Syre. (Planten).

nutsúkat – nútúkat ~ **núdúkat** (gl. form), *sêrnat*. Syrer.

nutsungâjivit, *sêrnánguit*. De goqe (små) syrer.

platform ◊ PIY iŋləʀ 'sleeping platform'

íteq, *igdleq*. Briksen.

íterip tunua, *igdlerup tunua*. Briksens bagside.

íternâjivit tunua, *igdlernánguit tunuat*. De gode (små) afsatsers bagside.

polar bear (den) ◊ PI apətsiq 'female polar bear's den in a snowdrift' (> Kalaallisut *apissiq* 'polar bear's den in snow) ≪ PIY apə- 'become covered in snow' ‖ PIY nanuʀ 'polar bear'

apitseq, *nánup igdluvigâ (apume qârusuliag)*. Bjørnehi.

apitserualik ~ **apitsesualik**, *nánup igdluvigâlik*. Der har et bjørnehi.

apitserûlo, *nánup igdluvigâlik*. Der har et bjørnehi. (Lokalform for **apitserualik**).

pole (tent) ◊ PIY qanaɣ 'tent pole or frame of shelter'

qanãta, *qanagtâ*. Dens teltstang (Grønlandsk telt).

pot ◊ PIY əɣa- 'cook' ▫ O 451b Igaliko 'the place where there are re-mains of former cooking places (stones placed on edge between which the fire burns and on which the cooking vessel rests)', etc.

íka, *iga*. Gryde.

ikâssâlaq, *igaussaussaq*. Den grydelignende.

pour ◊ — ‖ PIY kuvə- 'pour or spill'

kîlilik, *kûgtulik*. Der har noget, der løber som en elv. (Noret bliver overflydt ved højvand og vandet løber ind som en elv).

predecesor ◊ PIY civul(l)iʀ 'first one' < civu- 'area or part in front'

sûleq, *sujuleq*. Forgængeren (Den der er foran en).

sûlerat, *sujuliat*. Deres for ænger (Den der er foran dem).

press thighs together ◊ PIY quðumiɣ- 'squeeze together' < quðu- 'close in'

qũmítilua ~ **qũmítiliva**, *qũmiússakulua*. Den sølle, den har klemt fast mellem benene. (Søen – vandet).

priest ◊ Greenlandic *palasi* is a loan from Danish *præst* 'priest' (see, e.g., Berge & Kaplan 2005: 293).

palasip qámavâjua [S], *palasip qámavíngua*. Præstens gode fangssted. (Lurested). (Hvor han satte sine garn).

promontory ◊ PIY kaŋəʀ 'top' □ By "123.", Balle refers to **kangersserssivarmît** ~ **kangertertivarmît** below. In the explanation, Balle provides another form, **kangerlussuarmiut**, and clarifies that the form from Scoresbysund is used by outsiders and that the locals prefer the older form, i.e., **kangertertivarmît**. O 452b Kangeq 'the promontory; the headland or the dwelling-place situated there', Kangersuneq 'the fiord or bay which has many projections (headlands or promontories)', Kangerujuk 'the poor (i.e. small and inconspicuous) headland or promontory', etc.

kangeq [S], *kangeq*. Forbjerg.

kangerajik, *kangerujuk*. Det sølle forbjerg.

kangerdlugssuaq [S], —. Den store fjord. Scoresby Sund. (Den vestgrønlandske udtryksform bruges af beboerne ved Scoresbysund. (se: 123.S.)).

kangersineq ~ **kangersuneq**, *kangersuneq*. Fjordarn {Fjordam} i bunden af en fjord.

kangersserssivarmît (~ **kangertertivarmît**) **kangertivat** (gl. form) [S], [*kangerdlugssuarmiut kangerdlivat*]. *kangerdlugssuarmiut kangerdlivat* – nu Scoresbysund. Dem der bor ved den store fjords fjord = Nordvestfjord. (Bruges på samme måde som 123.)

kangersserssivarmît ~ **kangertertivarmît** (gl. form) [S], [*kangerdlugssuarmiut*]. Dem der bor ved den store fjord *kangerdlugssuarmiut* – nu Scoresbysund, der bruges udadtil. Selv bruger de den gamle form.

kangerterajíta íterterilâ [aS], *kangerdlorujugta igdlordlequtâ*. Vor sølle fjords tilsvarende på den anden side.

kangertivatsâq ~ **kangertivatsiaq**, *kangerssuatsiaq*. Det ret store forbjerg.

kangikajik [S], *kangikasik*. Det slemme forbjerg.

prop, support (for a kayak or umiak) ◊ PIY ajaɣun 'push pole' < ajaɣ- 'thrust or push with a pole' ‖ PI pucit- 'turn upside down' ≪ PIY puci- 'lie face down'

ajangitap kangertiva, *ajagutap kangerdlua*. Konebådsstøttens fjord.

pusingivítîtâ, *ajagutâ*. Dens konebådsstøtte. (Når den har bunden i vejret og bruges som telt).

protrude ◊ PI kəŋək- 'be high' □ O 453a Kingigtoq 'the steeply rising projection on the country; the steep, outstanding naze or foresland'.

kĩneq, *kingingneq*. Det knejsende.

kĩtâjik, *kingigtúnguaq*. Den lille knejsende.

kĩtivartik, *kingigtnarssuk* {*kingigtuarssuk*}. Den ret knejsende.

kĩtuarssik ~ **kĩtuartik**, *kingigtuarssuk*. Den ret knejsende.

kítuípe, *kivdluivfik*. (*suvdluitsunik* = bladtang af {– af bladtang {Blad- tang}}) Hvor man skærer no et af (spiselig bladtang).

ptarmigan ◊ PIY aqəðүiʀ 'ptarmigan' ‖ PI nakataq 'object set up for aim- ing at?' □ Rasmussen 204a, 211 erqerniangagssaq (W. Gr. aqigsseq) 'Ptarmigan'.

aqïssip kangertiva [S], *aqigssip kangerdlua*. Rypens fjord (Rype fjord).

nakatangaq, *aqigsseq*. En rype.

pull ◊ PI qakət- 'put or pull up' ≪ PIY qakə- 'climb up on s.th.'

qaqilâsivik [S], *qaqitsivik*. Hvor man trækker noget op. (Sæler hales op her, dækkes med sten for at gemmes til senere afhentning).

qáqilatsiaq, *qaqivfilitsiaq*. Hvor der (heldigvis) er et opstignings- sted, opgang.

qaqítivíteqarterajik, *qaqitsivigssaqartorujuk*. Der har et ret godt sted at trække noget op på. (Sæler, inden de skal flænses).

push (through ice) ◊ PIY ajaɣ- 'thrust or push with a pole'

ajangiâlípik, *ajârtariaqarfik*. Hvor man må stage (skubbe) sig frem. (gennem is).

put s.th. in one's mouth ◊ PI uqummiq- 'put s.th. in one's mouth'

oqúmiaq, *oqúmiaq*. Mund fuld. (Det man har i munden). Tyggede spækstykker til gammeldags vægstenslampe. Benstykket man har i munden, (bider i med tæn derne) når man borer med drilbor.

oqúmitsat, *oqúmíssat*. Mundfuldene o.s.v.

oqúmitsap ilínera, *oqúmíssap itivnera*. Mundfuldenes o.s.v. over- gangssted.

Q

qivittoq (a ghost man living in the mountains) ◊ PIY qəvə(t)- 'go away angry' □ Sonne (2017: 162).

qivípik, *qivífik*. Hvor man tog hen som fjeldgænger.

qivítip ítiva, *qivítup igdlua*. Fjeldgængerens hus.

R

raven ◊ Perhaps related to PI qaaqtuq- 'croak' ‖ PIY tulukaʀ 'raven'

qârtulâjik, *tulugánguaq*. Den gode lille ravn. Ravneungen.

qârtuluk, *tulugaq*. Ravn. {(Arsuk "Qâluaq")}

qârtulûp tupertivâ, *tulugkap tuperssuai*. Ravnens store telt-pladser.

ravine ◊ — ‖ PIY qupnəʀ 'crack or split' □ By "689", Balle refers to **kulusuk**.

kíkiaq, *quvneq*. Kløft, Revne.

kíkiakajik [S], *quvnikasik* ~ *qúpakasik*. Den slemme kløft (revne).

kúpâjik, *qúpángauq* {*qúpánguaq*}. Den lille revne. (Skal være "**qúpâjik**", men kaldes "**kúpâjik**" af samme grund som nr. 689.

reach under ◊ PIY kaɣu- 'reach into or under s.th.'

kâlorítat, *kautoríssat*. Dem man rager under (sten) for at fange laks med hænderne.

red ◊ PI aukpaluk- 'be red' ≪ PIY aðuɣ 'blood'

ãpalútâjik, *augpalugtúnguaq*. Den lille rødlige.

ãpalútivartik ~ **ãpalútuvartik**, *augpalugtuarssuk*. Den ikke særlig rødlige.

ãpalútortivit ~ **ãpalútortuvit**, *augpalugtorssuit*. De store rødlige.

augpaleqissâq [S], *augpaluârtoq*. Den rødlige.

reindeer ◊ PIY tuntu 'caribou' □ O 457a Tugto 'the reindeer, i.e. the place where these animals are to be found', etc.

tútut nunât [S], *tugtut nunât*. Renland. (Rensdyrenes land).

reverse side ◊ PIY tunu 'back' □ O 457a Tuno 'the back of something; the sound which passes behind (the large island)', Tunúngassoq 'the place which turns towards the back (i.e. inwards towards the inland instead of outwards towards the sea)', etc.

tuno, *tuno*. Bagsiden.

rib ◊ PIY caki(C)aɣ 'rib cage' ‖ PIY nə(C)uʀ- 'be curved'
>**ise**, *najungassoq (puissip)*. Ribben.
>**isítivaq**, *najungassorssuaq*. Det store ribben.
>**sakiak**, *najungassoq*. Ribben.

rip off ◊ PIY pilaɣ- 'butcher'
>**pilápik**, *pilagfik*. Flænsestedet.

river ◊ PIY kuðəɣ 'river' □ O 453a Kûgánguaq 'the place which is inter-sected by small water courses, which flow evenly and quietly through level country', Kûgssuaq 'the large water course; the great river', Kûk 'the water course; the brook; the river', etc.
>**kûgarmît**, *kûgarmiut*. Dem der bor ved smeltevandselven. (Elve der kommer fra bræer eller isolerede sneklatter – med smelte-vand – kaldes "kûgaq", "kûgkat").
>**kûk**, *kûk*. Elv.
>**kûkiterajivit** {**kûkíterajivit**}, *kûkitsúnguit*. De der kun har små elve.
>**kũmît**, *kûngmiut*. Dem der bor ved elven (Kaldes officielt "*Kûng-miut*").
>**kũtuaq**, *kûgssuaq*. Den store elv.

road ◊ PIY apʀun 'trail'
>**avqusiâjik**, *avqusinínguaq*. Den lille (gode) vej.

roar ◊ PIY əɣtuɣ(-) 'loud sound (sharp or whirring)'
>**ítik**, *igtuk*. Brusen.
>**ítîp tunna** {**tunua**}}, *igtûp* (~ *igtugtup*) *tunna* {*tunua*}. Hvor det (drø-ner's) brusers bagside.

rock (skerry) ◊ PI ətkalʀuq 'shallow place' ≪ PIY ətɣat- 'be shallow' < ətə- 'be deep'
>**íkartik**, *íkardluk*. Skæret.
>**íkartisimassit**, *íkardlisimassut*. De strandede.
>**íkartitivit**, *íkardlugssuit*. De store skær.

rockslide ◊ Related to PIY ilaŋŋaʀ- 'remove or diminish' < ila(-) 'part'
>**ilarqakajît**, *ilángaitikasît (sisuakasît)*. De sølle stenskred. (Klippe-stykker eller klippesmuld der er (taget) faldet ned fra fjeld. Kan også være det af havet. (Vig))
>**ilarqat**, *ilángait (sisuat)*. Stenskred. Del af havet.

roll downhill ◊ PIY akðaɣ- 'roll or turn over' □ O 450a Agssakâq 'that which has been turned upside down'.
>**ásakátarpik**, *agssakâtarfik*. Hvor man trillede rundt (ned).

room ◊ PIY ənə 'place' □ O 452a Inigssalik 'the place where there are good places to settle in'.

ꞮꞮsalik, *inigssalik*. Der har plads.

ꞮꞮsalîp nûa, *inigssagdlip nua*. Der har plad's næs.

root (of dandelion) ◊ PIY nuna 'land' (nunat PL)

nunat, *ingnerûlat sordlai assorutit*. Rødderne på en Fandens Mæl-kebøtter. Dens blomst kaldes "mĩmĩtaq".

root (of plant) ◊ PIY cuqlaɣ 'root (edible)' ‖ PIY kaŋiʀ 'source or innermost part' ‖ PIY nuna 'land' (nunat PL). ‖ PI tuɣləʀunnaq 'rosewort (*Rhodiola rosea*)' □ Rasmussen 211 nunârssuk (W. Gr. tugdlerúnaq) 'Rosewort (sedum rhodiola)'.

[**nunat**, *sordlai*. Dens rødder.]

torqulâ, *sordlâ* ~ *kangia*. Dens rod. (Den del der ligger længere inde ad fastlandet til. (Den østlige del eller det der ligger østen-for på vestkysten, den vestlige del eller det der li ger vestenfor på østkysten). Den del der er befæstet til noget (af et ben eller bøsseløbets fastgøring til bøssekolben).

torqulâq ~ **torquleq**, *sordlak* ~ *kangia*. Roden. (Af alle planter, også den befæstede ende f.eks. *nísuma kangia* = Den ende af benet der sidder fast til hofteskålen. Se: **torqulâ**.

torqulersiorpik, *sordlagsiorfik* ~ *tugdlerúnat*. Hvor man søger (sam-ler) rødder. (Her af rosenrod).

rose root (*Rhodiola rosea*) ◊ PI tuɣləʀunnaq 'rosewort (*Rhodiola rosea*)' □ The origin of T **quujuut** 'vegetable food in blubber for winter store' (Robbe & Dorais, etc.) is unclear. Nunatta naasui 127 *Tullerunnaq* = Rosenrod (*Rhodiola rosea*).

qûjût, *tugdlerúnat orssigkat*. Spæksyltede rosenrødder.

qûjûtilik, *tugdlerúnanik orssigâtilik*. Der har spæksyltede rosenrød-der.

tortêrnartît, *tugdlerúnartût*. Der har man e rosenrødder.

tortêrnartêrajik, *tugdlerunartûnguaq*. Den gode, der har mange ro-senrødder.

tortêrnat, *tugdlerúnat*. Rosenrødderne. (Blomsterne) (Roden hed-der **torqulâ**).

run ◊ PIY aqva- 'run'

arpâje ~ **arpâjik**, *arpagtariánguaq*. Den lille (gode) (vej) man kan (skal) løbe ad.

S

sail around ◊ PIY ujivvaʀ 'turning point' < ujivə- 'go around (in a circle)' ▫ O 457b *Uivfaq* 'projecting land which one must skirt. Frequently occurring place-name.'

uiarte, *uiariaq*. Det man må runde (sejle udenom).

uípak, *uivfaq*. Det man må (skal) sejle udenom.

uviak, *uviariaq*. Den man skal runde (sejle eller køre udenom).

sand (grain of) ◊ PI ciuʀaq 'sand' ▫ O 456b *Sioraq* 'the sands, i.e. the stretch of sand or sandy plain'.

sieraq, *sioraq*. Sand.

sierarmît, *siorarmiut*. Dem der bor ved sandet.

sierartâjik, *siorartánguaq*. Den lille (gode) sandplet.

sierartêq, *siorartôq*. Der har meget sand.

scallop ◊ PIY paðə 'opening or entrance' ‖ —

pâ, *kigssavaussaq*. Kammusling.

pâlitalik, *kigssavaussartalik*. Der har kammuslinger.

pârajik, *kigssavaussánguaq*. Den lille (gode) kammusling.

pârsêrpik, *kigssavaussarsiorfik*. Hvor man søger, samler kammuslinger.

scar ◊ PI qələʀuq 'scar' ≪ PIY qələɣ- 'get scorched or wrinkled'

qilerqe, *qilerua*. Dens ar.

sculpin (*Myoxocephalus scorpius*) ◊ PIY kanaju(ʀ) 'sculpin (*Myoxocephalus scorpius*)'

kanêq, *kanajoq*. Ulk.

kanêrtivit, *kanajorssuit*. De store ulke.

kanêrtivit imia, *kanajorssuit tasiat*. De store ulkes sø.

sea ◊ PIY ima(ʀ) 'contents (esp. of sea)'

imaq, *imaq*. Hav.

sea cucumber ◊ PIY amuʀaʀ- 'haul up' (cf. Tersis **amuaayaq** 'intestine (seal anatomy)') < amu- 'pull' ‖ PIY iŋaluk 'intestine (of an animal)'

amuariaqarteq, *inalugalik*. En søpølse.

amuârartivarte, *inalugaliarssuk*. Den særlig lille søpølse.

seal 1 ◊ — ‖ PIY puɣə- 'surface or emerge'

pûlortuluk, *puissertussoq*. Der har mange sæler. (Tvivlsomt, da kun kendmanden sagde det sådan. Ved lungmint kendtes ikke betydningen.

seal 2 ◊ — ‖ PIY ujɣu- 'add on' (≫ T **uiit** 'string belt') ▫ There is per-
haps semantic blending with PI u(ɣ)ijaq 'young beluga'. Balle expla-
nation: K *puissip uvîvâ* 'short leg adjacent to the hip'.

    uvîvaq, —. Sælben. (puissip uvîvâ). Kort ben i tilslutning til hoften.

seal (bearded, *Erignathus barbatus*) ◊ PIY aŋə- 'be big' ‖ PIY uɣðuɣ 'bearded
seal' ▫ O 457b *Ugssuit* 'the bearded seal, i.e. the place where such
are found'.

    áneq, *ugssuk*. Remmesæl.

seal (harbour, *Phoca vitulina*) ◊ PIY qaðiɣjaʀ 'spotted seal' ‖ PIY qəvlər-
'glitter'

    qítalíkap ernivia, *qasigíssap ernivia*. Den spraglede sæls yngle-
        plads (sted).

    qítalivaq, *qasigiaq*. En spraglet sæl.

    qítalivâjivit, *qasigiánguit*. De små gode spraglede sæler.

    qítalivalik, *qasigialik*. Der har spraglede sæler.

seal (harp, *Phoca groenlandica*) ◊ PI a(a)ta(a)q 'seal (harp)' ‖ PIY nala- 'be
lying down' (Tersis suggests **naliŋinnaq** 'anybody or anything com-
mon' ≪ PIY naɫə- 's.th. corresponding in time or place or value')

    nalangínât, *âtârssuit*. Sortsider.

seal (hooded) ◊ PIY najjiʀ 'ringed seal' ‖ PIY nərə- 'eat' ▫ K *neriniartoq*
means lit. 'the one searching for food' (Balle's 'Den der søger føde'),
which is the exact equivalent of the T form.

    nêniarteq, *natserssuaq (neriniartoq)*. Klapmyds. Den der søger føde.

    nêniartuaraq ~ **nêniartivaraq**, *natserssuaraq*. Klapmydsungen.
        (Ryggen på fjeldet er sort og det underste hvidt ligesom på
        klapmydsunger).

seal (ringed) ◊ PI caɣɣaq 'thin-haired skin' ▫ Balle's K *saggak* with final
velar -*k* is perhaps the result of influence from the T form (regular
saggaq).

    sákak, *natseq* ~ *saggak*. Fjordsæl (Ringsæl).

search ◊ PI qinaa- 'search' ≪ PIY qinər- 'look around or through s.th.' ▫
Balle has Holstensborg instead of Holsteinsborg.

    qêrpe, *qinerfik*. Udkigsstedet. (Hvorfra man søger noget).

    qêrpik, *qinerfik*. (Holder udkig med sødyr).

    qerpîsto, *qinerfigissartagaq*. Hvor man plejer at holde udkig fra.
        (Med hvidfisk der korn svømmende tæt rundt om næsset,
        hvorfra man så kastede med harpun efter dem). (Hendrik

Abelsen, overkateket ved Kûngmiut, mente, at **qerpîsto** var en lokalform for **qêrtoq** = *qinertoq*, jvf. *sarssuatsîvik – sarssuatsing*, Holstensborg og *íkardlo-íkardluk*, Kangeq).

seaweed 1 ◊ PIY anaɣu- 'hit (with club)' ‖ PIY qəlquðaʀ '(kind of) seaweed' (PL *qiqquṣṣat*) ◻ Cf. T **anaatakkaaq** 'tige de l'algue brune de grande dimensión (kipitassaq, *Alariapylaii*, *Laminaria longicruris* our *groenlandica*), comestible après avoir été dessalée dans l'eau douce') (Tersis), which Robbe & Dorais give as equivalent of K *sulluitsoq* (**anaalakkaq** 'stem of the brown seaweed (**kipilatsaq**)'). Conversely, Robbe & Dorais give the K form as equivalent of T **sarpiilaq** (*Laminaria longicruris*). Nunatta naasui 159 Qeqqussat = Bladtang (*Langstilket b.*).

    anâlákat, *qerqûssat*. Alger (rørtang).

seaweed 2 ◻ unidentified type of seaweed. Rasmussen 212 suvdluitsit 'Alana pylaii'.

    sútuítorqortôq (se: **kipilássat**), *suvdluitsorqortôq*. Den der har megen spiselig tang (bladtang).

seaweed (*Alaria esculenta*) ◊ PIY kəpə- 'cut or sever'

    kipilássat, *kipisagssat* ∼ *suvdluitsut*. (Noget man skal skære af). Spiselig bladtang.

seaweed (*Fucus vesiculosus*) ◻ Robbe & Dorais give the K forms as equivalent of T **misarngaq** (**misaqqat**) (*Ascophyllum nodosum*). Nunatta naasui 158 *Equutit* = Tang. Rasmussen 202a eqîtit 'seaweed plants (edible),' and 212 eqêtit or miserarnat (Angmagssalik) 'bladder-weed'.

    erît, *eqût*. Tang.

    erîtâraq, *eqûtêraq*. Den lille tang (plante).

seaweed (red algae) ◊ PI aukpaluk- 'be red' ≪ PIY aðuɣ 'blood' ‖ PIY əməʀ(-) 'fresh water; drink' (cf. Tersis **imiqtiŋaq** 'algue rouge'). ◻ The regular form in Kalaallisut is *aappaluttut*, cf. *aappaluttoq* 'something red'. Nunatta naasui 160 *Aappilattukkut* = Rødalger. Rasmussen 212 neqisautat or imertigkat (Angmagssalik) 'red seaweed'.

    imertíkat, *augpilagtut*. Spiselig rødlig tang. (Der udvandes i ferskvand og spæksyltes).

    imertíkatanûa, *augpilagtut nuât*. Det rødlige tangs næs.

    imertingârsêrpik, *augpilagtorsiorfik*. Hvor man søger efter rødlig spiselig tang.

shake (head) ◊ Perhaps related to PIY qipə- 'twist', like in PIY qipðar 'braided sinew' > Tunumiisut **qittaq,** etc. ‖ PI iləqə- 'shake head' ▢ The second **ileríteq** is an unnecessary repetition (and hence, the double strikethrough).

{**ilerítâjik,** *ileqimissârtúnguaq.* Den lille {/} gode der ryster på hovedet {paa Hovedet}}

ileríteq, *ileqimissârtoq.* Den der ryster på hovedet {paa Hovedet}.

~~ileríteq, *ileqimissâr.* Den der ryster på hovedet~~

qítatátarpik, *ileqimisârfik.* Hvor man ryster på hovedet. (Vender hovedet frem og tilbage).

shallow ◊ PIY ətɣat- 'be shallow' ▢ O 451b Íkátoq 'the place outside which there is shallow water; the Danish name is "Grundene" (i.e. the shallows)'.

íkáteq, *íkátoq.* Det grunde.

íkátítaq, *íkátortaq.* Grunden. Flakket.

share ◊ PIY avɣur- 'cut up' < avəɣ- 'divide or separate'

ákuípe, *avguivfik.* Hvor man delte noget. (ud).

sharpen 1 ◊ PIY aɣiɣ- 'file or rub' ‖ PIY cili- ~ cił i- 'sharpen'

angiâje ~ **angiâjik,** *agiarfínguaq* ~ *silivfínguaq.* Det lille (gode) hvæssested.

angiâjivit, *agiarfínguit* ~ *silivfínguit.* De små (gode) hvæssesteder.

sharpen 2 ◊ PIY ipəɣ- 'be sharp'

ipînarsâlisarsiorpik, *ipigsautigssarsiorfik.* Hvor man søge efter hvæssester (Hvor man sø ger efter noret til at gøre skarpt med).

shed (hair) ◊ PI utə- 'fall out (of hair)' ▢ The ⟨ɪ̂⟩ in the Kalaallisut form may be Balle's mistake.

utsît, *utivfît.* Hvor man fælder. (Sæler kryber op her for at fælde).

shine ◊ PIY qəvlər- 'glitter' ▢ O 455b Qivdlaq 'the bright, shining, i.e. the place where there is mica'.

qítâq, *qivdleq* ~ *qivdlertoq.* Den skinnende.

qítâp kangertiva, *qivdlip* ~ *qivdlertup kangerdlua.* Det skinnendes fjord.

qítátit, *qivdlertut.* De skinnende. (Marieglas).

qítátit nuâ, *qivdlertut nûat.* Det skinnendes næs.

shoulder ◊ PIY tujə 'shoulder'

tue, *tuve.* Skulder.

shoulder blade ◊ PIY kiɣan (kiɣatə) 'upper part of the body'

kialeq, *kiasik.* Skulderblad.

sick ◊ Perhaps related to PI nappaq 'half' ≪ PIY napə- 'break in two'
   áparsimalikajîp átiva (~ **átuva**), *náparsirnassukasîp agssua*. Den
      sølle der er rejst op's vind side.
side (in the shade) ◊ PIY alaʀ- 'look away' ▫ O 450b *Alángordlia* 'the
   place which lies most in the shade (*viz.* of a mountain or on
   the north side of something)' & *Alángorssuaq* 'the large shady
   side (below mountains or on the north side of an island, a head-
   land or the like)'.
   alángermît, *alángormiut*. Dem der bor ved skyggesiden?
   alángertalik, *alángortalik*. Der har en skyggeside.
sing ◊ PI ivəq- 'sing'
   ivertâjît, *ivertúnguit*. De gode der synger nidviser til hinanden.
   iverteq, *ivertoq*. En der synger nidviser. (Trommesang).
sink ◊ PIY kit- 'sink'
   kítililo, *kitsítulik*. Der har noget, der er sunket. (Konebåd er sunket
      udfor).
skin ◊ PIY amiʀ 'skin' ‖ PIY uliɣ(-) 'cover or blanket' ▫ Immediately after
   K *amia*, Balle gives *puissip ulîvia*, i.e., 'sealskin'.
   ulîvia, *amia*. Dens skind.
   ulîvîákat, *amîagkat* ~ *âgtugkat*. Dem skindet er flænset af.
   ulîvêrsilerpoq, *amîáilerpoq* ~ *âgtuilarpoq*. Er begyndt at flænse
      skindet af.
skin (an animal) ◊ PIY qapi(a)ʀ- 'scrape, plane, flesh a skin' ▫ O 455a Qa-
   piarfigssalik 'the place which is provided with something which can
   be used for skin scrapers'.
   qapiarpik, *qapiarfik*. Skavebænk, høvlebænk. (Hvor man skavede
      skind).
   qapiarpîlaq, *qapiarfiussaq*. Den skavebænkelignende.
   qapiartileq, *qapiartûssaq*. Den der ligner en der skaver skind. (Sten
      ligner kvinde, der skaver skind).
skin (underside), blubber ◊ PIY mamə 'underside of skin'
   mamê, *mamê*. Dens afskravede spæk.
sky ◊ PIY qilaɣ 'sky'
   qiláme ~ **qilámît**, *qilangmiut*. Dem der bor ved himmelen.
sled(ge) ◊ PIY qamuʀ- 'pull or toll', which is used, sometimes under the
   influence of PIY qimuɣ- 'pull (sled)', in the derivation of sled-related
   terminology, e.g., PI qamutək 'sled', etc.

qamusivik, *qamusivik* ~ *ikât*. Slædestativet (Højt stativ, hvor man sætter slæderne op, for at hundene ikke skal æde remmene.

qamutiluvartik, *qamuti(lu)arssuk*. Den sølle hundeslæde.

sleep ◊ PIY ilaŋŋaʀ- 'remove or diminish' < ila(-) 'part' ‖ PI cinək- 'sleep'

ilángâvia, *sinigfia*. Hans sovested eller seng. (Kan være i en hule eller i læ af en sten).

ilángâvoq, *sinigpoq*. Sover.

ilángâtuarpit, *sinigdluarpit*. Sov du godt.

sleeve ◊ PIY aðiʀ 'sleeve' (≫ K *aaq*, RELATIVE CASE *atsip*)

átipâq, *atsipâq*. Ærmekant af skind.

slope ◊ PIY citu- 'slide down' ‖ PIY uvəʀ- ~ əvəʀ- 'lean or tilt'

óqátak, *orrútoq* ~ *uvertoq*. Den hældende. Der har slagside.

títingaleq, *sitsungassoq* ~ *uvingassoq*. Den stærkt skrånende (nedad).

títítermît, *sitsungassormiut* ~ *uvingassormiut*. Dem der bor ved det stærkt skrånende (hældende).

uvingalîtâ, *uvingassûtâ*. Dens hældende. (Det der giver den navn af hældande).

uvingaleq, *uvingassoq*. Den hældende (skæve).

uvingalip ilivertâta nûa, *uvingassup timiliata nûa*. Den hældendes indenforliggendes næs.

slope (steep) ◊ PIY əpnaʀ 'cliff' ▫ O 452b Ivnalik 'the place where the mountain becomes strikingly steeper', etc.

ínaq, *ivnaq*. Bratning.

ínakajik, *ivnakasik*. Den dårlige bratning.

ínartivâtâ, *ivnarssuautâ*. Dens store bratning.

ínârtivit, *ivnârssuit*. De ret små bratninger.

ínatsât, *ivnatsiait*. De ret store bratninger.

ínatsât ímíkêrtiva, *ivnatsiait qeqertâ*. De ret store bratningers ø.

slope (upward) ◊ PIY cam- 'down below, down-slope' (≫ T **savani** 'down there' (adverbial form)) ‖ PIY civəŋa- 'slope upward'

savanganârtik, *sivinganarssuk*. Den ret jævne skråning.

sivinganeq, *sivinganeq*. Skråningen.

snout (face) ◊ PIY kəɣinaʀ 'face or blade'

kîâlik, *kînâlik*. Der har en sort snude (ansigt) som sortsiden.

snout, beak ◊ PIY ciɣɣuɣ ~ cuɣðuɣ 'beak or muzzle'

síkît, *siggut*. Næbene. (Snuderne).

síkítivit, *siggugssuit*. De store næb. (Snuder).

snow ◊ PIY apun 'snow (on ground)' < apə- 'become covered in snow' □ O 451a *Aputitêq* or *Aputitôq*, 'abounding in snow, i.e., the place where there is always much snow, which remains throughout the winter'.

aputilik ~ **apitilik**, *aputilik*. Der har sne.

aputitêq, *aputitôq*. Den snerige. Den isklædte.

soapstone ◊ PIY utɣuciɣ 'cooking pot' (≫ 'soapstone') □ O 457b *Uvkusigssat* 'the place where there is material for the making of cooking vessels; the soapstone mountain'.

úkusíssartarpik, *uvkusigssartarfik*. Hvor man plejer at hente vegsten.

soft ◊ PIY aqit- 'be soft'

aqíteq, *aqitsoq*. Det bløde

aqítivaraq, *aqitsuaraq*. Den lille bløde

sole ◊ PIY alu(ʀ) 'sole' □ O 450b *Aluk* 'either the sole viz. the lowest or outermost part of the country, or the place where people lick (there are legends of such places where people always must make a halt and lick a stone or the like)'.

alikajik, *alukasik*. Den sølle sål.

alit, *atdlut*. Sålerne.

âlitsat, *âlitsat* ~ *ungalitsat*. Vægskindene. (Øerne er flade som vægskind). (De der kan bruges til vægskind).

alitsat, *alugssat*. De der skal være til såler.

alivat, *alue*. Dens sål er.

sound ◊ PIY avi(ʀ)luʀ- 'make a noise'

avilâq, *avilortoq*. Den der klinger.

sound (crackling) ◊ PIY qaɣəʀ- 'burst' ‖ PIY uɣut- 'burn'

uípalíteq, *qarârpalugtoq* ~ *qârpalugtoq*. Hvor man hører brænding. Den der rumler. (Bryder og bryder – søen mod kysten).

"south/north" (orientation) ◊ PIY kival(l)iʀ 'one farthest to the back' < kivan (kivatə) 'area toward back or inside' □ For basic information about the orientation system in Greenland (and the Eskaleut system and even beyond), see Fortescue (1988a, 2018).

kialêq, *kujaleq* (Kap Dan). Det man har nordenfor sig (Østkyst). Det man har søndenfor sig (Vestkyst). (I Scoresbysund siger de "*kialineq*", efter deres eget udsagn, fordi det står på kortet. Angmagssalikker siger, at det altid har været kaldt for "**Kialêq**", "*Kialineq*" er vestgrønlandsk.

kialeqitâ, *kujalequtâ*. Dens nordenforliggende (Østkyst). Dens søndenforliggende (Vestkyst).

kiámut, *kujámut*. Mod nord. (Østkyst). Mod syd. (Vestkyst).

kiámut nûkajia [S], *kujámut nûkasia*. Dens slemme næs mod nord. (Østkyst). Dens slemme næs mod syd. (Vestkyst).

kiáteq, *kujatdleq*. Den nordligste (Østkyst). Den sydligste (Vestkyst).

kíteq, *kitdleq*. Den østligste (Østkyst). Den vestligste (Vestkyst).

kítermît, *kitdlermiut*. Dem der bor ved de østligste. (vestligste)

sphere ◊ PIY aŋvaluʀ- 'be round' < aŋva- 'be open'

ámaleqissâq, *angmaloqissâq*. Den kuglerunde.

spider ◊ — ‖ PI aacivak 'spider' ▫ The T form may be somehow connected with PIY pijuɣ- 'walk'.

pisîsiat, *aussiait*. Edderkopperne.

spit (out) ◊ PIY qəciʀ(-) 'spit' ‖ PIY uʀjuʀ- ~ uʀjaʀ- 'spit out?' (T **uŋiaq**- 'spit' most likely belongs here too)

oriarpik, *oriarfik* ~ *qiserfik*. Hvor man spytter noget ud.

oriartarpik, *oriartarfik* ~ *qisertarfik*. Hvor man plejer at spytte noget ud.

ungiarpoq, *qiserpoq* ~ *oriarpoq*. Spytter.

ungiartarpik, *qisertarfik* ~ *oriartorfik*. Hvor man plejer at spytte. (2141. Fangere, der kører derop, ser ned ad bratning og spytter udover).

split (in two) ◊ PIY əkiðaʀ- 'split into layers'

ikítaq, *ikiagaq*. Den gennemskårne eller gennemkløvede.

spot ◊ PI məlak 'stain or spot'

milât, *milait*. Pletterne.

spring ◊ PIY upən(ə)ʀaʀ 'spring (or summer)' ▫ O 457b Upernivik 'the little place where people sometimes come to stay permanently'.

upernássivik, *upernagssivik*. Hvor man tilbringer forårets begyndelse.

upernivik, *upernivik*. Hvor man tilbringer foråret. Forårsstedet.

stack ◊ PI qal(l)iʀiik- 'lie on top of (one) another' ≪ PIY qaðə- 'top or surface of s.th.'

qalerêrsârtaqarte, *qalerîgsârtoqartoq*. Der har noget der er lagt oven på hinanden. (Forråd).

stanchion (dog sledge) ◊ PIY napaʀjaʀ 'pole' < napa- 'be standing (upright)'

napâjaq, *napariaq*. Slædeopst anderen.

steam, smoke ◊ PIY əðɪʀ 'steam' □ O 452a Isortoq 'the muddy, i.e. the place
where the water is always thick or muddy. The name used by the old
Norsemen, Leirufiördr (i.e. the clayey fiord) correspons entirely with it.'
isertoq ~ **iserteq**, *isortoq*. Den uklare.
isertup (~ **isertip**) **imia**, *isortup tasia*. Den uklares sø.
isertup (~ **isertip**) **kangertiva**, *isortup kangerdlua*. Den uklares fjord.
stick ◊ PIY nəpət- 'stick'
nipínerit, *nipíngassut*. Dem der er klistret ovenpå hinanden.
nipínerit ikâsâ, *nipíngassut ikerasât*. Dem der er klistret ovenpå
hinandens sund.
stickleback (*Gasterosteus aculeatus*) ◊ PI kakilacak 'stickleback'
kakalíssat, *kakilisait*. Hundestejlerne.
stone ◊ PIY uvə(C)a- ~ əvə(C)a- 'rock or roll' < uvəʀ- ~ əvəʀ- 'lean or tilt'
ujáijítuk ~ **ujáijútuk**, *ujarasugssuk*. En enlig særlig stor sten.
ujáijítûlaq ~ **ujáijútûlaq**, *ujarasugssûssaq*. Den der ligner en stor
enlig sten.
ujáijítútalik ~ **ujáijútútalik**, *ujarasugssugtalik*. Der har de del store
enlige sten. (Sted hvor særlig store sten ligger i nærheden af
hinanden eller stenrovse med særlig store sten). (Stor sten
som hedningen tilbad og skulle røre ved, da de troede, at den
så ville give dem no et godt, fangst eller andet).
ujáituk, *ujarasuk*. En enlig stor sten.
ujáitútalerajik ~ **ujarasugtalerajik** [S], *ujarasugtalerujuk*. Den sølle
der har store enlige sten.
ujáitútalerajîp (~ **ujarasugtalerajîp**) **kangerterajiva** (~ **kangerd-**
lerajiva) [S], *ujarasugtalerujûp kangerdlorujua*. Den sølle der
har store enlige sten's sølle fjord.
stone (pile of) ◊ PIY qiɣɣu 'talus of rocks' □ Balle's ‹é› in *qérrortûp qáqars-*
sua is a typo. O 455b Qerrortussoq 'the place where there are heaps
of stones at the foot of the mountains and along their slopes'.
qerqe ~ **qerqit**, *qerrut*. Stenrovser.
qerqikajik, *qerrukasik*. Den slemme stenrovse.
qerqikajit, *qerrukasît*. De slemme stenrevser.
qerqit ~ **qáqartivâ**, *qerrut qáqarssuat*. Stenrovsernes store fjeld.
qerqivartîp qáqartivâ, *qérrortûp qáqarssua*. Der har mange sten-
revsers store fjeld.
qerqivartît, *qerrortût*. Der har store stenrevser.

stool (kayak) ◊ PIY acaluʀ 'kayak tray for line'

    asaleq, *asaloq*. Kajakstol (til at rulle fangeremmen op på).

stop (block) ◊ PIY mələɣ(-) 'plug or cover'

    milertulo, *mililertortoq*. Den der hurtig spærres (af is).

    mítítoq ~ **mísíteq**, *militaq* ~ *sapuserfik*. Den man spærrer. (Hvor man sætter spærringer).

stopper ◊ PI cimək- 'plug' ▫ Another instance of the *t/s*-variation (**simî-laq** vs **timîlaq**). O 456b Simiutaq 'the pertaining stopper. Name of islands which are situated at the outlet of a fiord and more or less fill up its mouth.'

    simîlâ, *simiutâ*. Dens (ø) der er sat som prop.

    simîlaq, *simiutaq* (se: **timîlaq**). Den der er sat som prop.

    simîlaralâ, *simiutaqatâ*. Den der er sat som prop sammen med den anden.

    simîtakajâ ~ **simîlakajâ**, *simiutakasia*. Dens sølle der er sat som prop.

    timîlaq, *simiutaq*. (se: **simîlaq**).

storage ◊ PI piqqun 'property' & PIY pili- 'make s.th.' ≪ PIY pi(-) 'thing; do or say s.th.'

    piliorpe ~ **piliorpek**, *pilivik* ~ *perqumausiorfik*. Hvor man tørrer kød (fisk) til vinterforråd.

store (provisions) ◊ PI qəmatu(t) '(winter) cache or stores' ≪ PIY qəmaɣ- 'store away'

    qimatulívik, *qimatulivik*. Forrådsstedet.

storehouse ◊ PIY anət- 'put out' < anə- 'go, come out' ‖ PIY əɬ(ɬ)iviɣ 'storage place' < əɬi- 'put or act a certain way'

    anitsivik, *iliverquvik*. Det stenbyggede forrådsgemme. (rund stendysse).

straddle ◊ PIY amɬuʀ- 'step (over)'

    átorale, *avdlorialik*. Den der har noget man må skræve (springe) over.

    átorialik, *avdlortarialik*. Der har noget man skal springe (skræve) over. (Gravid kvinde sprang over her).

straight ◊ PIY naɬʀu- 'be straight'

    nartiluk, *nardluluk*. Den ikke helt lige.

strait ◊ PIY əkəʀaʀ 'cross' ▫ O 451b Ikeq 'the broad water (between islands or countries); the broadening', Ikerasak 'the sound or the course between two pieces of land', Ikerasagssuaq 'the great sound (may apply both to width and length)', etc.

ikâsak, *ikerasak*. Sundet.

ikâsakíteq ~ **ikâsakitseq**, *ikerasakitsoq*. Der har et lille sund.

íkâsámît, *ikerasangmiut*. Dem der bor ved sundet.

ikâsartivaq, *ikerasagssuaq*. Det store sund.

ikeq, *ikeq*. Bugten (indhavet) (bredning).

íkermît, *ikermiut*. Dem der bor ved bugten (indhavet)

ikersierterajik, *ikersiortorujuk*. Den sølle der holder sig ude i fjorden (fra land).

ikertivaq, *ikerssuaq*. Den store bugt. Bredning.

ikĩnaq, *ikerínaq*. Ude fra land på en fjord.

ikĩnarsêrteq ~ **ikĩnarsêrtoq**, *ikerínarsiortoq*. Den der holder sig ude fra land.

strap ◊ PI akluna(a)q 'rope'

    átinâq, *agdlunâq*. En rem.

stretch (of land) ◊ PIY ilu 'inside' ‖ PIY təmə 'body or main part'

    iliverta, *timilia* {~} *timâ*. Dens indenfor liggende kyst. Dens nærmere ind mod land liggende.

    ilivertaq, *timerdleq* {~} *time*. Den indenfor liggende kyst. Den nærmest ind mod land liggende.

stretch out ◊ PIY ciðaɣ- 'spread out' ‖ PIY itʀutə- 'bring in' < itəʀ- 'enter'

    erqiligârteq [S], *siarqigsoq*. Den jævnt udstrakte.

    erqiligârtivit, *siarqigsorssuit*. De store jævnt udstrakte.

    siarqíteq, *siarqigsoq*. Det jævnt udstrakte.

    siarqísip (~ **siarqítip**) **torqulâ**, *siarqigsup kangia*. Det jævnt udstraktes rod eller befæstede ende, eller længst ind mod land eller østenforliggende.

string (in a trap or net) ◊ PI nuŋŋaq 'crack across s.th.' (> K *nunngarut* 'seam of oar in a mountain') ‖ PIY qəmiʀ 'net line'

    qimîlâ, *qimiuta* ~ *núngarutâ*. Tovet man hænger den i, (en hund). Dens Trapåre (øens).

strong ◊ PIY nukəɣ 'muscle or tendon'

    núkaitsoq [S], *nukeqarunartoq*. Den man må mene har mange kræfter.

stuck (in a crevice) ◊ — ‖ PIY qupnəʀ 'crack or split' < qupə- 'split (lengthwise)'

    querqípik, *quvnigfik*. Hvor man kom i klemme. (En sildepisker).

stumble ◊ PIY naɣət- 'get caught, stuck, stop' ▫ Balle's **nàkâkajik** contains the same (uncorrected) typo that he elsewhere corrected himself (see **ìtoríteq ítoríteq** above).

nàkâkajik [S], *nákâjuartukasik*. Den slemme der stadig kalver.

nákâkajît, *nákânikasît*. Det slemme stenskred.

nákaraleq, *nákâlassoq*. Den der stadig falder noget ned fra.

summer ◊ PI auʐaq 'summer' ≪ PIY aʀu- 'rot'

âluiartik, *aussiviarssuk*. Det ret lille (særlig) sommerplads.

âluit, *aussivît*. Sommerpladserne.

aluit ímíkêrtivat, *aussivît qeqertait*. Sommerstedernes øer.

sunny side ◊ PI catqaq 'front, sunny side' ≪ PIY caðə- 'front (of the body)' ▫ O 456a Sarqaq 'the sunny side, i.e. the place which lies on the south side of the country and is exposed to the sun all day long', etc.

sarqârísâjivit, *sarqarigsârtúnguit*. De små, der har en god solside.

sarqâríssit, *sarqarigsut*. Der har en god solside.

sarqarmît, *sarqarmiut*. Dem der bor på solsiden.

support ◊ PIY anaɣu- 'hit (with a club)' (≫ K anaggut(i)- 'support firmly against s.th. (e.g. gun, telescope, or other long rigid thing)')

anâva, *anagguvfia*. Dens støttested.

surface (appear in the water) ◊ PIY puɣə- 'surface or emerge' ▫ O 455a Puissortoq 'the diving up place, i.e. where the masses of ice which have fallen down and shoot out on the glacier emerge (like a marine animal)'.

puissortoq, *puissortoq*. Den hvorfra noget dukker op (Bræ på c. 62° n.brd. hvorfra store isstykker kunne dukke op fra bunden af havet. Østgrønlænderne vidste det, men troede, at det skyldtes bræen eller ånder, der blev irriterede eller fornærmede over tale eller støj fra de passerende fartøjer. Når konebåde eller kajakker passerede "Puissortoq" måtte der ikke siges et ord eller høres nogen lyd. Der måtte heller ikke "besørges nødvendige ærinder". Når konebåde og kajakker skulle passere den, måtte alt gøres klart, inden man satte over. Årerne blev beviklede for ikke at gøre støj, alle sørgede for at tømme ud, spædbørn fik viklet noget for munden for at dæmpe lyden, hvis de skulle græde. Så satte man af og passerede "Puissortoq" uden at sige et ord. *"Puissortoq ikârparput oqangi vigðluta"*. De ord kendes over hele Grønland.

swell ◊ PIY iŋ(ə)juləɣ- 'wave or swell'

ingîlítivartik, *inginligtuartoq* {*ingiuligtuartoq*}. Hvor der altid er dønning.

T

taboo ◊ — ‖ PIY aɣlər(-) '(observe) a taboo'

qíngarnajâq, *agdlernínguaq*. Den lille hvor der er tabu.

qíngarnalik, *agdlernilik*. Hvor der er tabu. (Hvor man er spærret inde på grund af dødsfald).

tail ◊ PIY nuvuɣ 'point or tip' ‖ PIY pamjuʀ 'tail' ‖ PI uni(C)aq- 'pull or drag' □ O 454b Pamiagdluk 'the poor (small or short) tail, i.e. the place situated on a stretch of land which reminds of such a tail'.

nûkatsik (gl.form), **pamiátik** (ny form), *pamiagdluk*. Sælhalen.

nûkatsikajik (gl.form), **pamiátikajik** (ny form), *pamiagdlukasik*. Den sølle sælhale.

pamiátik, *pamiagdluk* (se: **nûkatsik**). = Sælhalen.

pamiátîlag {**pamiátîlaq**} (**nûkátûlag** {**nûkátûlaq**}), *pamiagdlûssaq*. Den sælhalelignende.

uniarátaq, *pamioq*. Halen (Den man slæber efte sig).

tap ◊ PIY maqət- 'drain liquid from' < maqə- 'ooze'

marevatsiaq, *maqissuatsiaq*. Den der løber (tapper) meget. (Elv løber ud af bratning.

taste (good) ◊ PI mamarə- 'like the taste of' ≪ PIY mamaʀ(-) 'taste good or suck a breast'

mámârtâjivit, *mamartúnguit*. De små (gode) der smager godt.

mamât, *mamartut* ∼ *mamá*. De der smager særlig godt. (Der er fine kvaner her).

teeth ◊ PIY kəɣun 'tooth' < kəɣə- 'bite' ‖ PIY nəʀə- 'eat' □ Balle's rendition '(Dem man spiser med)', that is, 'the ones you eat with', translates the T form and the second K form. This example, whereby the regular word for tooth is replaced due to a taboo, has been reported extensively in the literature.

nerqisit, *kigutit (nerrisit)*. Tænder. (Dem man spiser med).

tent ◊ PIY tupəʀ 'tent or another temporary dwelling' □ O 457b Tuperssuatsiaq 'the rather large tent, i.e. either the place which resembles a tent or the tenting place'.

tupertivakajik, *tuperssuakasik*. Det store sølle telt.

tupertivatsât, *tuperssuatsiait*. De ret store teltpladser.

tupikajik, *tupikasik*. Det sølle telt. (Ligner et grønlandsk skindtelt).

tent (skin, inner layer) ◊ PI itcaq 'tent skin'

itsâjivit, *itsánguit*. De gode inderskind (til grl. telt).

tern (Arctic) ◊ PI əmətqutailaq '(arctic) tern' < əmətqutaq 'groin'

imerqilâtaq, *imerqutailaq*. Ternen.

imerqilâtat iâ, *imerqutaitdlat inât*. Ternernes tilholdssted (reder)

thin, flat ◊ PI caat- 'be thin'

sâkátâkajik [S], *sãtuatsiâkasik*. Den sølle ret flade.

sátuímî ~ **sátuímît**, *sãtormiut*. Dem der bor ved det flade. Det er tvivlsomt, men kendtmand men te det var sådan. Forøvrigt den eneste gang, der er noget med "*sãtut*".

thumb ◊ PIY təkər 'index finger' ∥ PIY kumlu 'thumb'

tíkit, *kuvdloq*. Tommelfingeren.

tights ◊ PI ukpan 'hindquarters of an animal'

úpatit, *ugpatit*. Lårene.

úpatit nûa, *ugpatip nûa*. Lårets næs.

tip ◊ PIY ikŋik 'point or tip' ∥ PI isu(k) 'end' ≫ Tunumiisut **isiq** 'cape, hood, tip'

íngîlâja, *íngíngua*. Dens lille spids.

íngíngivalêq ~ **íngínguvalêq**, *íngíngualik*. Der har en lille spids.

isiliartikajik, *íngikitdliartortukasik*. Den amauthættelignedne. (Den der spidser til opefter)

toe ◊ PIY itəɣ 'toe-cap' or itəɣaʀ 'foot' (cf. T **isissiq** 'big toe' [Tersis] = Robbe & Dorais **isitsi(k)** ~ **isitseq** 'big toe' [Robbe & Dorais]) ∥ PIY **putukuʀ** 'big toe'

isíteq, *putugoq (isordleq)*. Tå (Den yderste).

isítît, *putugkut (isordlît)*. Tæerne (De yderste).

putugua, *putugua*. Dens tå.

tongue ◊ PIY aluɣ- 'to lick' ∥ PI uqaq(-) 'tongue; speak'

alútût, *oqaq*. Lungen {Tungen}.

toornaarsuk (shaman's helping spirit) ◊ PIY tuɣənʀaʀ 'shaman's helping spirit' □ The literal meaning of this term is 'dear, little helping spirit' (see, i.a., Sonne 2017: 292). O 457a Tôrnârssuk 'the name of the "great spirit" of the Eskimos, strictly "the special assistant spirit" or "the small assistant spirit"'.

tornârtik {tôrnârtik}, *tôrnârssuk.* Den særlige hjælpeånd. (Af de kristne brugt om djævelen).

topknot ◊ — ‖ Pl qiləqtə 'woman's top-knot (hair)' ≪ PIY qiɬəʀ- 'tie' □ Cf. T **pikkiwaq** 'chignon au-dessus de la tête' (Tersis) and **pikkivat** = *pakku* 'this one, those up there' (Robbe & Dorais) ≪ PIY paɣ- 'up above (extended)' (DEICTIC). □ O 455b Qilertínguaq 'the small hair knot, i.e. the rock which resembles the native hair dressing of a woman'.

píkivartivit, *qilerterssuit.* De store hårtoppe.

píkivat, *qilertit.* Hårtoppene.

torn (up), broken ◊ PIY cipə(ɣ)- 'split or burst' □ The T **rp**-form may perhaps be the result of contamination with the semantically close **siqpatiC**- 'éclabousser, jaillir' (Tersis) ≪ PIY ciqpaɣ- ∼ ciqpaʀ- 'splash (a lot)'.

serpútôq ∼ **sípútoq**, *sipingajagtoq* ∼ *sípartôq.* Der næsten er revet over. (Jvf. *"kigtorsaq"*).

touch ◊ PIY aɣtuʀ- 'touch' ‖ PIY cavət- 'touch or feel' □ O 450a *Agto* 'the place of contact i.e. the place where the vessels (umiaqs and kajaks) come nearest to the shore on their journeys along the coast – or "strike against" the country (the explanation of the Greenlanders)'.

saverê, *savítagaq* ∼ *agtortagaq.* Den man plejer at berøre (røre ved) (føle på). (Inden fangerne tog af sted i kajak (på fangst) skulle de lægge hånden på dette sted, (lille kløft i rund sten ved stranden. (Kvindens kønsdel), fordi de troede, at det gav god fangst).

toy ("ring-and-pin") ◊ Pl ajaɣaq 'ring-and-pin game' ≪ PIY ajaɣ- 'thrust or push with a pole'

ajangaq, *ajagaq.* Det man støder til. Legetøj. Træ eller benstykke med hulle i, fæstet til pind med sejlgarn eller rem. Man skal slyn {slynge} stykket op og fange benstykke ved at få pinden i et af hull ne {hullerne}.

trap ◊ Pl pullan 'stone trap' ≪ PIY pula- 'slip in under cover'

pútalâje, *putdlatínguaq.* Den lille fælde.

putalâjik, *putdlatínguaq.* Den lille fælde.

pútat, *putdlat.* Fælden.

putatit, *putdlatit.* Fælderne.

trousers ◊ PIY qaʀ(u)ɬiɣ '(leg of) pants or fur breeches'

qarteqarpîngitseq, *qardleqarfiungitsoq.* Hvor man ikke kan have bukserne i fred. (Mand lægger sig til at sove, og da han vågner, opdager han, at nogen har taget hans bukser).

qarterpâlat, *qardligpâjussat*. De skindbukselignende. (Vandskind, uden hår).

qartîlat, *qardliussat*. De bukselignende.

qartît, *qardlît*. Bukserne.

trousers (women's) ◊ PI ciitqinəq '(baggy) trouser knee' ≪ PIY ciɣəð-quʀ 'knee'

sêrqinît, *sêrqerngit*. Kvindebukser.

trout ◊ PIY iqałuɣ 'fish (esp. salmon)'

kaporniagaq, *eqaluk*. En laks.

kaporniákat, *eqaluit*. Laksene.

kaporniagarâjivit, *eqalunguit {eqalúnguit}*. De gode små laks.

tupilak (witchcraft doll) ◊ PI tupələk 'spirit being sent out to attack one's enemy'

tupitsive, *tupilaliorfik*. Hvor man laver *tupilak*ker. (Heksedukker).

turn inside out ◊ PIY ulət- 'turn inside out'

ulitsivik, *ulitsivik*. Hvor man fik noget vendt ud og ind. (Vrangen ud).

tusk (narwhal) ◊ PIY ikŋik 'point or tip' ‖ PIY kəp(ə)kaʀ- 'break and gnaw bone?' ‖ PIY tuɣəkaʀ(aʀ) '(walrus) tusk' < tuɣəʀ(-) 'poke or strike ice pick'

kíkaq, *tûgâq* (~ *qernertap*) ~ *íngik*. Narhvaltand – Spids.

kíkaqángitseq [S], *íngeqángitsoq*. Der ingen spidser har.

twist ◊ PIY ipuɣ- 'lever up, turn, steer' ‖ PIY qipə- 'twist' □ Balle's **ipilátitâ** is most likely a typo for ****ípilátitâ**. O 453a Kipisarqo = 455b Qipisarqo 'the crooked or winding, i.e. the sound which bends and winds'.

ípiláteq, *qipiorartoq*. Den der snor sig (*ipitarkúnartoq* = den man kan komme i klemme i.

ipilátitâ, *qipiorartua*. Dens snoning, (*ipitarqúnartua*). Stedet hvor man kan komme i klemme.

V

vein (in rock) ◊ PIY il(l)aɣ- 'be entangled' ‖ PI nuŋŋaq 'crack across s.th.?'

ítâsiut, *núngarut*. Trapåre.

ítâsiartikajik, *núngaruteqartukasik*. Den slemme, der har en Trapåre.

vertebra ◊ PIY kujapəɣaʀ 'vertebra or spine' < kujaɣ 'lumbar vertebra (or keel of boat)'

kujapíkat, *kujapigkat (qimerdluit atdlît)*. De nederste ryghvirvler.

vomit ◊ PIY miʀjaʀ(-) 'vomit'

mîaleqâ, *merialeqaoq*. Så, nu kaster han op.

mialeqâ nûa, *merialeqaup nûa*. Så nu kaster op's næs.

W

wait ◊ PIY naɬiʀ- 'be or make equal' (≫ K *nallerpoq* 'it is time to, the time has come for')

nátītîvik, *nagdlersîvik* ~ *qámavik*. Hvor man venter til noget kommer udfor en. (Hvidfisk).

wall (*kilu*) ◊ PIY kəlu 'area behind'

kilikilât, *kilúkûssât*. Der ligner en vej mellem bagvægge (i et grl. hus). (Somom man kørte langs huses bagvægge).

kilíkut, *kilúkut*. Mellem bagvæggene. (Slædevej til "**Kilímît**" – *kilúmiut* = Dens der bor ved bagvæggen. (Det er en overgang med elv. Kaldes af beboerne ved *kûngmint* for "**ilínera**" – "*itivnera*" overgangsstedet, men "**kilikut**" bruges mere mand og mand imellem).

warm weather ◊ PI manŋuk- 'thaw' □ Balle's K *mánguguersiorfik* contains a typo (it should read †*mángungersiorfik*). According to modern dictionaries, we would expect T †**mángíneq** (cf. 'summer' in Robbe & Dorais 122a **mannginneq** = Tersis 433a **maŋŋinniq**).

mangínersiorpik aussarsiorfik, *mánguguersiorfik aussivik*. Hvor man tilbringer mildningen. Hvor man tilbringer sommeren. (Øen hed før "**Naujatalik**", men da en mand der hed "**Nauja**" døde, måtte man på grund af taburegler ikke bruge "**Naujatalik**" mere og kaldte den "**Mangínersiorpik**".

mangínersiorpîp kangertiva, *mángugnersiorfiup {mángungersiorfiup} kangerdlua*. Sommerstedets fjord.

water ◊ PIY əməʀ(-) 'fresh water; drink'

ernga, *ervnga*. Dens vand.

imartineq, *imartuneq*. Bredningen.

imerītakajik, *imīnakasik*. Det bare vand.

imítilaq ~ **imiliussaq**, *imeqarunartoq*. Hvor der må antages at være ferskvand.

imilîp imítilâ, *imigdlip imeqarunartua*. Der har en sø's, hvor der må antafes at være ferskvand.

waterfall ◊ PIY quʀeluʀtaʀ ~ quʀluʀtuʀ < quʀluʀ- 'stream or flow' □ O 455b Qordlortoq 'the waterfall or the place (mountain or mountain tract) which is marked by a waterfall'.

qortortoq, *qordlortoq*. Vandfaldet.

qortortarajik, *qordlortorujuk*. Det sølle vandfald.

weight something down ◊ PIY pəʀu- 'bury under stones (to cache)' □ O 454b Perutussut 'the place where there is abundance of stones of the size which can be used to load the "trail" of the tent skins'.

perilat, *perussat*. Dem der er lagt noget tungt (vægt) på.

whale ◊ PIY aʀvəʀ 'whale (bowhead)' □ O 451a Arpik (same as Arfeq) 'the Artic right whale; the place where there are Arctic right whales, or where they are caught'.

arpeq ~ **arpik**, *arfeq*. Hvalen.

arpersâp ímíkêrtiva (~ **ímíkêrtuva**), *arfiussap qeqertâ*. Den hval- lignendes ø.

arpertilo, *arfiluk*. Der har eh dårlig hval.

arpitsaq, *arfiussaq*. Den hvallignende.

whetstone ◊ PIY ciłin ~ ciłin 'whetstone' < cili- ~ ciłi- 'sharpen' □ O 456b Sitdlisit 'the grining stones, i.e. the place where there are stones of the kind used for the sharpening of tools'.

títisíssat, *sitdlisigssat*. Dem man skal (have) bruge til hvæssesten.

títit, *sitdlit*. Hvæssesten.

whiteout ◊ — ‖ PIY piʀciʀ- 'be a snowstorm' < piʀtuʀ 'snowstorm'

pârnuaq, *perseq*. Snefygning.

pârnuákajíteq ~ **pârnuarajíteq**, *perserajugtoq*. Hvor det ofte fyger. Snefygning. (Den der tit får noget der kryber eller stritter ud fra toppen.

wick ◊ PIY əkuma- 'be burning' < əkə- 'burn' ‖ PIY əpəqaʀ 'lamp wick (of moss)'

ikímatíssat, *iperagssat*. Der kan bruges til optænding eller væge.

wind ◊ PIY anuqə 'wind' □ O 450b *Anoritôq* 'the windy *viz.* the place where there is always a strong wind (off the shore)'.

aneralêq, *anoritôq*. Der har hård blæst.

anerseq, *anore* ~ *anordleq*. Blæst – vind.

anertijivíteq, *anordliuitsoq*. Hvor dat aldrig blæser.

wind ("south/north") ◊ Related to the PIY qam- 'in' (positional noun)
≫ Kalaallisut *qavani* 'there in the south' (localis adverb), Tunumiisut
qavani 'in the north', etc.

qavángarnisâjik, *qavángarnisánguaq*. Den lille (gode) sydlænding.

wind ("southeast/northeast") ◊ PIY nəɣər 'wind (in Alaska from the
north)' ≫ Kalaallisut 'south wind' vs Tunumiisut '(north)east' □ Ras-
mussen 209 nige or níngeq 'north east'. O 454a Nigerdlît 'those situ-
ated farthest out towards the southwest wind (islands or inhabitants
of a tract)'.

ningertêq, *nigertôq*. Der har hård NØ. (SV. på vestkysten).

ningerte, *niggernertôq*. Der blæser hårdt af NØ.

wind ("southeast/northwest") □ Rasmussen 209 piteraq 'the west'. The
origin of T **piteraq** is unclear. The various K terms provided by Balle
are common: *Tunu* 'East Greenland', *tunua* 'backside', *nunasarneq*
'foehn wind', *avannaa* 'north', *kanannaq* 'west wind', *kitaamiutut*
'west (West Greenland)', that is, 'for West Greenlanders, the foehn
wind of East Greenlanders (is) the northwest wind'.

piteraq, *tunuata nunasarnia, avangnaq kanangnaq, kitâmiutut*.
Østkystens fønvind. SØ. efter østgrønlandsk, NV. efter vest-
grønlandsk.

window ◊ PIY əɣalər 'smokehole'

igalâqangitsit, *igalâqangitsut*. Dem der ingen vinduer har.

windward ◊ PIY aðɣuʀ- 'go against current or wind'

áteq, *agssoq*. Vindsiden, luvsiden.

áterteq, *agssordleq*. Den længst til luvart (vindsiden).

átertoq, *agssortoq*. Den der ror (går) mod vinden.

átertiat, *agssordliat*. Dens til luvart (på vindsiden) liggende.

átertiata ímíkêrterajiva, *agssordliata qeqertarujua*. Denstil luvart
liggendessølle ø.

átuata (~ **átivata**) **imâ**, *agssuata imâ*. Dens vindsides (luvsides, hav).

winter ◊ PIY ukji- 'spend the winter' < ukjuʀ 'winter'

ukîvâje ~ **ukîvâjik**, *ukîvínguaq*. Det lille (gode) overvintringssted.

ukîverajik, *ukîverujuk*. Den sølle overvintringsplads.

wolf ◊ PIY amaquʀ 'wolf'

amaroqarteq [S], *amaroqartoq*. Der har ulve.

woman ◊ PIY aʀnaʀ 'woman'

arnarquatsâq, *arnarquagssâq*. Gammel kælling.

wood ◊ PIY qəðuɣ 'wood'

qilik, *qissuk*. Drivtømmer.

qilivit, *qissuit*. Drivtømmeret.

qiliviartivit, *qissuarssuit*. Det ret meget drivtømmer.

qilivit nûa, *qissuit nûat*. Drivtømmerets næs.

wrap around ◊ PIY il(l)aɣ- 'be entangled' ‖ PIY nəmər- 'wrap around'

ítâlik, *nimerutilik*. Den der har bånd om snuden.

ítâlip qáqartiva, *nimerutigdlip qáqarssua*. Den der har et bånd om's (snuden) store fjeld.

itâtâ, *nimerutâ (qingmip siggungmigut)*. Dens bånd.

wrist ◊ PIY paðviɣ 'wrist'

pásik, *pavfik*. Håndled.

patsâje, *pavfínguaq*. Det lille håndled.

wrong ◊ PI canmi- 'turn toward' ≪ PIY caðə- 'front (of the body)' ‖ PIY kənluʀ 'wrong (thing or direction)'

kítermut sámileq, *kigdlormut sangmissoq*. Den der vender den forkerte vej.

——————————————————————————————— **Y**

yawn ◊ PIY aɣittaʀ- 'open mouth'

āteralikajik, *aitsangassukasik*. Den sølle gabende.

āteralikajîp sârtia, *aitsangassukasiup sârdlia*. Den sølle gabendes forrestliggende {foran dens Forside liggende}.

II Tunumiisut(–Danish–Keyword)

The list below includes all the Tunumiisut entries. Here, and in the Kalaallisut section (see section **III**), Balle's corrections are kept. Variants, if relevant, are cross-referenced.

ajangaq Det man støder til. [toy ("ring-and-pin")]

ajangiâlípik Hvor man må stage (skubbe) sig frem. (gennem is). [push (through ice)]

ajangitap kangertiva Konebådsstøttens fjord. [prop, support (for a kayak or umiak)]

ajapertingaqartit, Lange malede kvindestøvler. (Dem der har noget, man kan støtte sig til) [boot (women's)]

ãkarnertivaq Det store strømskårne [ice (broken by stream)]

akernernaq Stedet midt imellem [place (between)]

akerninarajik Det sølle sted midt imellem. [place (between)]

akerninarmît Dem der bor et sted midt imellem [place (between)]

akileqitâ [S] Dens mellemstykke [place (center)]

akilertivit De store mellemstykker [place (center)]

akilerut ~ akileqit Mellemstykket [place (center)]

akiliaitseq ~ akuliaitseq Den ikke helt rigtige næserod. (Som regel i betydningen: En fjeldryg mellem dale el. fjord) [nose (bridge of the)]

akímípik, Hvor man stødte imod noget. (Så man ikke kunne komme længere). [bump]

akínâq Mellemstedet. [place (center)]

akínaqe ~ akernaqitâ see **ãmangâ**

akínaqit ~ akernaqit see **ãmangâq**

akínarteqitâ [S] Dens mellemstykke. [place (center)]

akíneqitikajik Det sølle mellemstykke. [place (center)]

akínersâje Det lille (gode) mellemstykke [place (center)]

akítît De mellemste [place (middle)]

akítît imia De mellemstes sø. [place (middle)]

akitsaq Det der kan bruges til blanding. (Feltspat: knuses til blanding med tobak til snus). [feldspar]

akivitse En halvpels (til kajak i magsvejr) [jacket (for kayaking, spray skirt)]

ákuípe Hvor man delte noget. (ud). [share]

akuliaitsip (~ **akiliaitsip**) **ímíkêrtiva** Den ikke helt rigtige næserods ø [nose (bridge of the)]

alángermît Dem der bor ved skyggesiden? [side (in the shade)]

alángertalik Der har en skyggeside. [side (in the shade)]

alátile Der har en sælskindspels [coat (sealskin)]

alikajik Den sølle sål. [sole]

alingât Den vej de plejer at gå. [go]

alingât ímíkêrtiva Den vej de plejer at gå's. [go]

âlisákat Torskene [cod(fish)]

alit Sålerne. [sole]

alitsat De der skal være til såler. [sole]

âlitsat Vægskindene. (Øerne er flade som vægskind). (De der kan bruges til vægskind). [sole]

alivat Dens sål er. [sole]

âluiartik Det ret lille (særlig) sommerplads. [summer]

aluit ímíkêrtivat Sommerstedernes øer. [summer]

âluit Sommerpladserne. [summer]

alútût Lungen {Tungen}. [tongue]

amâjût Den hattelignende {hættelignende}. [hood]

ámaleqissâq Den kuglerunde. [sphere]

ámalerutâjivit De små der har en del åbninger. [opening]

ámalítâjik Den lille der har en åbning. [opening]

ámaliva Dens åbning. [opening]

ãmangâ – akínaqe ~ **akernaqitâ** Dens hjerte. [heart]

ãmangâq – akínaqit ~ **akernaqit** Hjertet. [heart]

amaroqarteq [S] Der har ulve [wolf]

ãmarqâlik Der har spæk. [grease (blubber)]

ãmarqâp ímíkêrtive Spækkets øer. [grease (blubber)]

ãmarqâq Spæk. [grease (blubber)]

ámârtivaq Den store hvorfra man ser fjorden åben. [place (with clear view)]

amârut Kvindepels [garment with a hood (women's)]

ámât Stedet hvorfra man ser fjorde åben. [place (with clear view)]

ámátak Lodde [capelin (*Mallotus villosus*)]

ámátalik Der har lodder [capelin (*Mallotus villosus*)]

ámâtâraq Den lille hvorfra man ser fjorden åben. [place (with clear view)]

ámiale ~ ámialik Der har nogett der ligner skind (betræk). [paint]

amítivartîla Dens særlig ret smalagtige [narrow]

amítivartiva Dens særlig ret smalle [narrow]

amuârartivarte Den særlig lille søpølse. [sea cucumber]

amuariaqarteq En søpølse. [sea cucumber]

ânâjik ~ ânâjek Det lille rådnede [decay]

anâlákat Alger (rørtang). [seaweed 1]

anâna Moder. [mother]

anâva Dens støttested. [support]

âneq Det rådne. Det strømskårne [decay]

áneq Remmesæl. [seal (bearded, *Erignathus barbatus*)]

ânerajik Det sølle rådne [decay]

aneralêq Der har hård blæst [wind]

anerseq Blæst – vind [wind]

anertijivíteq Hvor dat aldrig blæser [wind]

ángê Dens sålelapper. [patch (for the sole of a *kamik*)]

angiâje ~ angiâjik Det lille (gode) hvæssested. [sharpen 1]

angiâjivit De små (gode) hvæssesteder. [sharpen 1]

angiârníteq Den der lugter af ekskrementer. [excrement]

angiârserpik ~ angiâsarpik Hvor man forretter sin nødtørft. (Øen ligger langt ude, så man som regel trænger til at forrette sin nødtørft, når man når derud). [excrement]

angiârtalik Der har ekskrementer. [excrement]

angiârtarpik Lokomets {Lokomet}. [excrement]

angîlaq Ror, pagaj. [paddle]

ángítâje Den lille der kan bruges til kamiksållap. [patch (for the sole of a *kamik*)]

ângítat Dem der ikke kan lide, (fordrage) hinanden. [like]

aníkiva Dens udgang eller udløb. [place (outlet)]

aniserpik Forårstelplads. [depart]

anítagiâjik Den lille åbning, udgang, udløb. [place (outlet)]

anitsivik Det stenbyggede forrådsgemme. (rund stendysse). [storehouse]

aorniarpik Hvor man driver krybefangst. [hunt (a seal by creeping on the ice)]

ápajarpik Hvor man plejer at fange lomvier. [murre, little auk]

ápaliarteqarpik Stedethvor der er alkekonger, søkonger. [murre, little auk]

ápaliarteqarteq [S] Der har søkonger. [murre, little auk]

ápalik [S] Der har lomvier. [murre, little auk]

ãpalútâjik Den lille rødlige. [red]

ãpalútivartik ~ **ãpalútuvartik** Den ikke særlig rødlige. [red]

ãpalútortivit ~ **ãpalútortuvit** De store rødlige. [red]

áparsimalikajîp átiva (~ **átuva**) Den sølle der er rejst op's vind side. [sick]

apitseq Bjørnehi. [polar bear (den)]

apitserualik ~ **apitsesualik** Der har et bjørnehi. [polar bear (den)]

apitserualik see **apitserûlo**

apitserûlo Der har et bjørnehi. (Lokalform for **apitserualik**). [polar bear (den)]

apusêq ~ **apisêq** Bræ, isoleret sneklat (**apusineq**) (gamle folk sagde, at dens {deres} forfædre kaldte det *sermeq*). [glacier]

apuserajik ~ **apiserajik** Den sølle bræ. [glacier]

apusêrsêrpia ~ **apisêrsêrpia** Sælernes tilholdssted ved en bræ. [glacier]

apusiâjik ~ **apisiâjik** [S] Den lille bræ. [glacier]

apusîkajîp kangertiva Den sølle bræ's fjord. [glacier]

apusip (~ **apisip**) **eqinga** Bræens munding. [glacier]

aputilik ~ **apitilik** Der har sne. [snow]

aputitêq Den snerige. Den isklædte. [snow]

aqarteq Bly [lead]

aqartersiorpik [S] Hvor man søger bly [lead]

aqartertuluk ~ **aqartersuluk** Den sølle der har bly [lead]

aqertertulûp (~ **aqertersulûp**) **qôrnersâ** Den sølle der har bly's snævring. [lead]

aqïssip kangertiva [S] Rypens fjord (Rype fjord). [ptarmigan]

aqíteq Det bløde [soft]

aqítivaraq Den lille bløde [soft]

âraq Halværme af skind. (Til brug samtidig med halvpels i godt vejr). [half-sleeve]

ârat Halværmer af skind. [half-sleeve]

arerpêrtalik Der har et hulrum (hule) [cavity]

âriâ Dens rygparti (mellem skuldrene). [beginning (of a stream)]

arnarâq Anorak (trøje, bluse med hætte af tøj). [anorak]

arnarârtalêraq Den lille der har en anorak. [anorak]

arnarârtalik Der har en anorak. [anorak]

arnarquatsâq Gammel kælling [woman]

arpâje ~ **arpâjik** Den lille (gode) (vej) man kan (skal) løbe ad. [run]

arpalik Der har en halvdel til. (Mage til) [half]

arparterajik Den sølle halvdel eller anden part (tilstødende rum). [half]

arpeq ~ **arpik** Hvalen [whale]

arpersâp ímíkêrtiva (~ **ímíkêrtuva**) Den hvallignendes ø [whale]

arpertilo Der har eh dårlig hval [whale]

arpitsaq Den hvallignende [whale]

arqâjaq Nedkørsel, nedstigningssted [descend]

ârqatikajik Den dårlige vante. [mitten]

ásakátarpik Hvor man trillede rundt (ned). [roll downhill]

asaleq Kajakstol (til at rulle fangeremmen op på). [stool (kayak)]

asingaleq Den blege. [pale]

átak Pletten, striben. [line (pattern)]

átalâjik Den lille forbindelse (sammenhæng). [attachment]

átalâjivit De små forbindelser (sammenhængende). [attachment]

átâlíssat = átalíssat (?) Mosset (vægemosset). [moss]

átarpik Stedet hvor man kan smide (losse) ting i land (eller laste far-
    tøjer). [unload (place to)]

átarpingíseq ~ **átarpingíteq** Stedet der er godt at losse (smide) (ko-
    nebådslasten) i land (eller laste fartøjer). [unload (place to)]

átarpingísip (~ **átarpingítip**) **nûa** Hvor der er godt at smide (losse)
    ting i land (eller laste fartøjer). [unload (place to)]

átâtuaq Det store rejsefartøj. [boat]

áteq Vindsiden, luvsiden [windward]

âteralikajik Den sølle gabende. [yawn]

âteralikajîp sârtia Den sølle gabendes ~~forrestliggende~~ {foran dens For-
    side liggende}. [yawn]

átereq (og lokalt **átingeq**) Underkæben. [mandible, jawbone]

áterteq Den længst til luvart (vindsiden) [windward]

átertiat Dens til luvart (på vindsiden) liggende [windward]

átertiata ímíkêrterajiva Denstil luvart liggendessølle ø [windward]

átertoq Den der ror (går) mod vinden [windward]

atilât Meget smalle kvindebukser, til indendørs of {og} teltbrug. [pants (short skin, women's)]

atilikajik Den sølle der har et navn [name]

átinâq En rem. [strap]

atingaq Den man har brugt (som vej). [used]

átingeq see **átereq**

átipâq Ærmekant af skind. [sleeve]

átorale Den der har noget man må skræve (springe) over. [straddle]

átorialik Der har noget man skal springe (skræve) over. (Gravid kvinde sprang over her). [straddle]

atsorûkut Harpunknop. Knop af hyalrostand lige tilhøjre for og foran kajakhullet, på hvilken man lægger harpunen, for at den ikke skal falde i vandet, når den lægges der klar til kast. [harpoon (holder on a kayak)]

átuata (∼ **átivata**) **imâ** Dens vindsides (luvsides, hav) [windward]

augpaleqissâq [S] Den rødlige. [red]

avalâtseq Der ikke har noget udenfor sig (ingen ujævnheder har). [place (outermost)]

avalêq Den alleryderste. [place (outermost)]

avalisaq Lænseren. [lance]

avatarparajivit De sølle næsebor [nostril]

avatarpat Næseborene [nostril]

aváteq Den yderste (længst ud mod søen). [finger (little)]

aváteq Den yderste (længst ud mod søen). [place (outermost)]

avátiarajik Den sølle yderste. [place (outermost)]

avátîp tútia Ringfingeren. [finger (ring)]

avátît De yderste. [place (outermost)]

avilâq Den der klinger. [sound]

avqusiâjik Den lille (gode) vej. [road]

eqêrqoq Dens albueled. Sammenføjning. [elbow]

eqinga Dens mundvig. [corner of mouth]

erît Tang. [seaweed (*Fucus vesiculosus*)]

erîtâraq Den lille tang (plante). [seaweed (*Fucus vesiculosus*)]

ernga Dens vand [water]

erqiligârteq [S] Den jævnt udstrakte. [stretch out]

erqiligârtivit De store jævnt udstrakte. [stretch out]

êrqiva Hans bagdel. [buttock]

êrqivaq ~ **êrquvaq** Bagdel [buttock]

êrquatsât ~ **êrqivatsât** De ret store bagdele (rumper). [buttock]

ersingerseq Den tydelige [clear]

erteríseq ~ **erteríteq** Der har en fin kind. (**erteríseq**, bruges om en hund, der har en sort plet på kinden) [muzzle]

erterteqitâ Dens på den anden side af samme slags liggende. [place (the other side)]

ertingitseq Den tydelige [clear]

iâ Dens tilholdssted. [place]

iât Deres tilholdssted. [place]

igalâqangitsit Dem der ingen vinduer har [window]

íka Gryde. [pot]

íkalíssat [S] Det man skal bruge til at koge ved. (Kul) [cook]

íkartik Skæret. [rock (skerry)]

íkartisimassit De strandede. [rock (skerry)]

íkartitivit De store skær. [rock (skerry)]

ikâsak Sundet. [strait]

ikâsakíteq ~ **ikâsakitseq** Der har et lille sund. [strait]

íkâsámît Dem der bor ved sundet. [strait]

ikâsartivaq Det store sund. [strait]

ikâssâlaq Den grydelignende. [pot]

íkáteq Det grunde. [shallow]

íkátítaq Grunden. Flakket. [shallow]

íkavik Kogestedet (køkkenet) [kitchen]

ikeq Bugten (indhavet) (bredning). [strait]

íkermît Dem der bor ved bugten (indhavet) [strait]

ikersierterajik Den sølle der holder sig ude i fjorden (fra land). [strait]

ikertivaq Den store bugt. Bredning. [strait]

ikímatíssat Der kan bruges til optænding eller væge [wick]

ikĭnaq Ude fra land på en fjord. [strait]

ikĭnarsêrteq ~ **ikĭnarsêrtoq** Den der holder sig ude fra land. [strait]

ikítaq Den gennemskårne eller gennemkløvede. [spit (in two)]

íkivik Hvor man stiger ned i kajak eller båd. [get (on board)]

ilángâtuarpit Sov du godt. [sleep]

ilángâvia Hans sovested eller seng. (Kan være i en hule eller i læ af en sten). [sleep]

ilángâvoq Sover. [sleep]

ilârnâjât Isskraber. (Til brug i kajak). [glacier]

ilarqakajît De sølle stenskred. [rockslide]

ilarqat Stenskred. Del af havet. [rockslide]

ilerítâjik Den lille {/} gode der ryster på hovedet {paa Hovedet}} [shake (head)]

ileríteq Den der ryster på hovedet {paa Hovedet}. [shake (head)]

ilerqit Gravene. [grave]

ilertâje ~ **ilertâjik** [S] Den lille kedelformede havbugt [depression (in a landscape)]

ilertak Den kedelformede havbugt [depression (in a landscape)]

ilertakajik Den dårlige kedelformede havbugt [depression (in a landscape)]

iliaq Graven. [grave]

iliarmît Dem der bor ved gravene. [grave]

iliartalik Der har en grav. [grave]

ilimît Foster af sødyr (sæler). [fetus]

ilíneq Overgangsstedet [crossing path (between two fjords)]

ilínera Dens overgangssted [crossing path (between two fjords)]

ilípik Hvor man faldt i vandet. [fall (into water)]

ilípítivaq Det store sted hvor man faldt i vandet. [fall (into water)]

ilítâ Dens overgangssted [crossing path (between two fjords)]

ilitâlik Der har et overgangssted [crossing path (between two fjords)]

ilitâlip kangertiva Der har et overgangssteds fjord [crossing path (between two fjords)]

ilítâp sâliaquta Der har et overgangssteds foranliggende {Overgangsstedets foranliggende} [crossing path (between two fjords)]

ilítâq Overgangsstedet [crossing path (between two fjords)]

ilíte Overbæringsstedet [crossing path (between two fjords)]

ilíteq Overbæringsstedet [crossing path (between two fjords)]

ilítertîp imia Det store overb ringssteds sø [crossing path (between two fjords)]

ilítertivaq ~ **ilítertuvaq** Det store overbæringssted [crossing path (between two fjords)]

ilítiartik Det særligt lille overbærings sted [crossing path (between two fjords)]

iliverta Dens indenfor liggende kyst. Dens nærmere ind mod land liggende. [stretch (of land)]

ilivertaq Den indenfor liggende kyst. Den nærmest ind mod land liggende. [stretch (of land)]

ilivilia Dens hulning. [hollow]

ilivinga Stedet, hvor man går op over noget [crossing path (between two fjords)]

ilivítariâ Stedet hvor man må gå over (er nødt til) [crossing path (between two fjords)]

ilivítariaqarteq Hvor man må gå over (er nødt til) [crossing path (between two fjords)]

ilivitariaqarteq orqorteq (~ **orqorseq**) Det læ sted hvor man må gå over (er nødt til at) [crossing path (between two fjords)]

ilivítariaqarterajik Den sølle hvor man må (er nødt til at) gå over eller køre over [crossing path (between two fjords)]

iloqutâjivartivit De temmelig små levere. [liver]

iloqutaq Lever. [liver]

imaq Hav. [sea]

imârsivik Hvor man tømte (smed) noget ud. [empty]

imartineq Bredningen [water]

imeq [S] Sø (ferskvand). [lake]

imerĩtakajik Det bare vand [water]

imerqilâtaq Ternen. [tern (Arctic)]

imerqilãtat iâ Ternernes tilholdssted (reder) [tern (Arctic)]

imertíkat Spiselig rødlig tang. (Der udvandes i ferskvand og spæksyltes). [seaweed (red algae)]

imertíkatanûa Det rødlige tangs næs. [seaweed (red algae)]

imertingârsêrpik Hvor man søger efter rødlig spiselig tang. [seaweed (red algae)]

imertĩt Øse (til at hælde ferskvand på den rødlige tang). [ladle]

ímigãtivit De store (mange) spækfyldte sæler. (Hele krop og hoved skæres ud af skindet, hvor spækket bliver siddende på og fyldes med spæk, der gemmes til vinteren og spises til udvandet rødlig tang). [blubber (filled with)]

ímíkêrtâ Dens ø. (Dens for sig selv liggende). [island]

ímíkêrtâjît De små gode øer. [island]

ímíkêrteq Ø. [island]

ímíkêrterajik [S] Den sølle ø. For sig selv liggende. [island]

ímíkêrterajivit ~ **qerqartît** [S] De sølle midterste øer. (De sølle midterste for sig selv liggende). [island]

ímíkêrtîlat ~ **ímíkêrtûlat** Halvøerne. [island]

imîlâ Dens indsølignende – Nor. [bay (*nor*)]

imîlâjiva [AS], Dens lille nor. [bay (*nor*)]

imilik Der har en sø (Ferskvand). [bay (*nor*)]

imilîp imítilâ Der har en sø's, hvor der må antafes at være ferskvand [water]

imítilaq ~ **imiliussaq** Hvor der må antages at være ferskvand [water]

ínakajik Den dårlige bratning. [slope (steep)]

ínaq Bratning. [slope (steep)]

ínartivâtâ Dens store bratning. [slope (steep)]

inârtivit De ret små bratninger. [slope (steep)]

ínatsât De ret store bratninger. [slope (steep)]

ínatsât ímíkêrtiva De ret store bratningers ø. [slope (steep)]

ínerpik Tørreramme af træ til skind. (Da der ikke er jord til at stikke pløkke i). [forehead]

ínertivit Menneskelignende væsener (de har ingen riæse, men kun 2 huller som næsebor) der bor bag strandkanten. (Særlig bag bratninger og kan i deres kajakker ro lige ind i klippen). De ror i kajak som mennesker, men vender helst ansigtet bort, når de møder sådanne. De vil gerne lokke mennesker ind eag klipperne til deres land, men følrer et menneske efter og kommer ind bag klipperne, kommer det aldrig ud igen. [*innersuit* (mythical beings from Greenlandic traditional stories, the bearded seal bogey)]

íngîlâja Dens lille spids. [tip]

ingîlítivartik Hvor der altid er dønning. [swell]

íngíngivalêq ~ **íngínguvalêq** Der har en lille spids. [tip]

ínigaq Skind der er spilet til tørre i en træramme. [forehead]

íními̇kilaq Kasketskygge. (En kant, der stikker ud over bratning) [cap (brim of)]

íními̇kilârtalik Der har et overfald som en kasketskygge (Bratning) [cap (brim of)]

ínítiarajivit De slemme menneskelignende væsener. [*innersuit* (mythical beings from Greenlandic traditional stories)]

inúsukajik [S] Den sølle varde. [*inussuk* (cairn)]

ípalíssat (Sten) der kan være til endebriks eller lampebord. [lamp platform]

iparqiarpik Hvor man tager hen for at samle vægemos. [moss (lamp wick)]

iperâjivit Det gode vægemos. [moss (lamp wick)]

ípiláteq Den der snor sig (*ipitarkúnartoq* = den man kan komme i klemme i. [twist]

[í]pilátitâ Dens snoning, (*ipitarqúnartua*). Stedet hvor man kan komme i klemme. [twist]

ipînarsâlisarsiorpik Hvor man søge efter hvæssester (Hvor man sø ger efter noret til at gøre skarpt med). [sharpen 2]

ipîtâlaq Den Tandtangelignende {Landtangelignende}. [isthmus]

ipîtaq Tandtangen {Landtangen} [isthmus]

ípítiluk Der har dårlige brinker. [cliff (sea)]

îsalik Der har plads. [room]

îsalîp nûa Der har plad's næs. [room]

isarqatit Forlallerne. [flipper (fore, sea anatomy)]

ise Ribben. [rib]

ise Spidsen. [edge]

iserpalik Røvskuren. (Furen på et menneske fra rygpen til tarmåbninren). [anus]

iserpaliva Dens røvskure. [anus]

iserpalivíteq Der ingen røvskure har. [anus]

isertoq ~ **iserteq** Den uklare. [steam, smoke]

isertup (~ **isertip**) **imia** Den uklares sø. [steam, smoke]

isertup (~ **isertip**) **kangertiva** Den uklares fjord. [steam, smoke]

isiliartikajik Den amauthættelignedne. (Den der spidser til opefter) [tip]

îsímarteq Den ulydige – uartige [disobedient]

îsímartip nunatâ Den ulydiges nunatak [disobedient]

isíteq Tå (Den yderste). [toe]

isítît Tæerne (De yderste). [toe]

isítivaq Det store ribben. [rib]

isiva Dens hætte [cap]

îtâjik (forkortelse af **íterajik**) Det lille (gode) hus. [house]

îtâjîp akia Det lille (gode) hus' overforliggende. [house]

ítala Den leende (Lattersalven). [laugh]

ítâlik Den der har bånd om snuden [wrap around]

ítâlip qáqartiva Den der har et bånd om's (snuden) store fjeld [wrap around]

ítartivit De store briller eller de mange døde fisk: laks. [fish (dead)]

ítâsiartikajik Den slemme, der har en Trapåre. [vein (in rock)]

ítâsiut Trapåre. [vein (in rock)]

ítât see **ítartivit**

itâtâ Dens bånd [wrap around]

íte Huset. [house]

íteq Briksen. [platform]

íterajik see **ítâjik**

íterajivit [S] De sølle huse. [house]

íterip tunua Briksens bagside. [platform]

íternâjivit tunua De gode (små) afsatsers bagside. [platform]

íternat Afsatsene. [ledge]

íterteqitâ ~ **íterterilâ** Dens på den anden side af samme slags liggende. Dens anden halvdel. [house]

ítik Brusen. [roar]

ítikasât De slemme huse. [house]

ítiláte ~ **ítilátik** Der har et hus. [house]

ítilatip ímikôrtortua (~ **ímikêrtertiva**) Den der har et hus's store ø. [house]

ítilerajik Den sølle der har et hus. [house]

ítîp tunna {**tunua**} Hvor det (drøner's) brusers bagside. [roar]

ítît Husene. [house]

ítitalik Der har et hus. [house]

ítivalaq Den huslignende [house]

ítivinga Dens hytte (Bygger snehuse med snarer for at fange ravne. [house]

ítoq Tørv. [peat]

ìtoríteq {**ítoríteq**} [S] Der har god tørv. [peat]

ítorqortormît {**ítorqortôrmît**} [S] Dem der bor ved stedet med det store hus. Byen "Scoresbysund". [house]

itsâjivit De gode inderskind (til grl. telt). [tent (skin, inner layer)]

ítuakajik Det sølle vægemos). [moss]

ĩtuarmît Dem, der bor ved de store mennesker. 3 store toppe på fjeld ligner mennesker (skjoldungen) og har givet navn til den gamle boplads hvis beboere senere flyttede til depotstedet "Skjoldungen" = "*Sarqissukuvik*". [human being]

ítuãteq Der har god tørv. [peat]

ítukut Ruiner. [house]

ítuluatsât De ret mange tørv {Den ret megen Vandmos}. [moss]

ítumît Dem der bor ved husene. [house]

ivertâjît De gode der synger nidviser til hinanden. [sing]

iverteq En der synger nidviser. (Trommesang). [sing]

kakalik Der bærer en byrde på ryggen [carry]

kakalíssat Hundestejlerne. [stickleback (*Gasterosteus aculeatus*)]

kakítat Lysteren. [leister]

kalernâjik Den lille der slæber (bugserer) noget [drag]

kalîsimápik Samlingsstedet [collect]

kâlorítat Dem man rager under (sten) for at fange laks med hænderne. [reach under]

kamik Skindstøvle. [boot]

kamisât Kvindehalvskindsstøvler. [boot]

kamît Skind støvlerne. (Kamikker). [boot]

kanêq Ulk. [sculpin (*Myoxocephalus scorpius*)]

kanêrtivit De store ulke. [sculpin (*Myoxocephalus scorpius*)]

kanêrtivit imia De store ulkes sø. [sculpin (*Myoxocephalus scorpius*)]

kangeq [S] Forbjerg. [promontory]

kangerajik Det sølle forbjerg. [promontory]

kangerdlugssuaq [S] Den store fjord. Scoresby Sund. (Den vestgrøn-landske udtryksform bruges af beboerne ved Scoresbysund. (se: 123.S.)). [promontory]

kangersineq ~ **kangersuneq** Fjordarn {Fjordam} i bunden af en fjord. [promontory]

kangersserssivarmît (~ **kangertertivarmît**) **kangertivat** [S] *kangerd-lugssuarmiut kangerdlivat* – nu Scoresbysund. Dem der bor ved den store fjords fjord = Nordvestfjord. (Bruges på samme måde som 123.) [promontory]

kangersserssivarmît ~ **kangertertivarmît** [S] Dem der bor ved den store fjord *kangerdlugssuarmiut* – nu Scoresbysund, der bruges udadtil. Selv bruger de den gamle form. [promontory]

kangerterajíta íterterilâ [aS] Vor sølle fjords tilsvarende på den anden side. [promontory]

kangertik Fjord. [fjord]

kangertikajik Den slemme fjord. [fjord]

kangertivartikajik ~ **kangerdlivarssikajik** Den særlig lille slemme fjord. [fjord]

kangertivartítivaq ~ **kangertivartútuaq** Den ret store fjord. [fjord]

kangertivatsâq ~ **kangertivatsiaq** Det ret store forbjerg. [promontory]

kangikajik [S] Det slemme forbjerg. [promontory]

kangíteq Den vestligste. (Østkyst). [eastern]

kangítît De vestligste (Østkyst). [eastern]

kaporniagaq En laks. [trout]

kaporniagarâjivit De gode små laks. [trout]

kaporniákat Laksene. [trout]

kâsarip nasâ Kejserens hat (krone). [emperor]

kátalarsarpik Den der skyder blåis ud. (forsyner den med blåis). [ice (chunk of)]

kátertêq Der har megen blåis. [ice (chunk of)]

katilerserpia ~ **katalarsarpia** Den hvorfra den forsynes med blåis. [ice (chunk of)]

kialak Overkrop. [body (upper)]

kialêq (Kap Dan). Det man har nordenfor sig. ["south/north" (orientation)]

kialeq Skulderblad. [shoulder blade]

kialeqitâ Dens nordenforliggende. ["south/north" (orientation)]

kîâlik Der har en sort snude (ansigt) som sortsiden. [snout (face)]

kîalik En ugle. [owl]

kiámut nûkajia [S] Dens slemme næs mod nord. ["south/north" (orientation)]

kiámut *kujámut*. Mod nord. ["south/north" (orientation)]

kiatámê ~ **kialámît** Dem der bor ved overkroppen. [body (upper)]

kiáteq Den nordligste. ["south/north" (orientation)]

kigitârnartivit nûa De mange blåbærs næs. [bilberry (*Vaccinium uliginosum*)]

kíkaq Narhvaltand – Spids. [tusk (narwhal)]

kíkaqángitseq [S] Der ingen spidser har. [tusk (narwhal)]

kíkiakajik [S] Den slemme kløft (revne). [ravine]

kíkiaq Kløft, Revne. [ravine]

kikiátiâkajik Det ret store søm. (Sten ligner søm og giver navn) [nail]

kilikilât Der ligner en vej mellem bagvægge (i et grl. hus). [wall (*kilu*)]

kilíkut Mellem bagvæggene [wall (*kilu*)]

kilîlâjivit De små muslinger. [mussel (*Mytilus edulis*)]

kilîlaq Musling. [mussel (*Mytilus edulis*)]

kîlilik Der har havkatte [catfish (*Anarrhichas lupus*)]

kîlilik Der har noget, der løber som en elv. [pour]

kilĩtat Muslinger. [mussel (*Mytilus edulis*)]

kîneq Ansigt [face]

kĩneq Det knejsende. [protrude]

kipilássat (Noget man skal skære af). Spiselig bladtang. [seaweed (*Alaria esculenta*)]

kisimîlârteq Den der ligger alene. (lidt for sig selv). [alone]

kĩtâjik Den lille knejsende. [protrude]

kíteq Den østligste. ["south/north" (orientation)]

kítermît Dem der bor ved de østligste. (vestligste) ["south/north" (orientation)]

kítermut sámileq Den der vender den forkerte vej. [wrong]

kítililo Der har noget, der er sunket. [sink]

kĩtivartik Den ret knejsende. [protrude]

kĩtuarssik ~ kĩtuartik Den ret knejsende. [protrude]

kítuípe Hvor man skærer no et af (spiselig bladtang). [protrude]

kuáneq Kvan. [angelica]

kuánersiorpia Dens sted hvor man (søger) samler kvaner. [angelica]

kuániarte ~ kuániartik Der ikke har særlig mange kvaner. [angelica]

kuánilîp kangertiva Hvor der er kvaners fjord. [angelica]

kûgarmît Dem der bor ved smeltevandselven. [river]

kujapíkat De nederste ryghvirvler. [vertebra]

kûk Elv. [river]

kûkiterajivit {kûkíterajivit} De der kun har små elve. [river]

kulusuk [meaning unknown]

kumaqartoq [S] Der har forsteninger. [petrification]

kumât [S] Forsteninger. [petrification]

kumátîle Der har mange forsteninger. [petrification]

kũmît Dem der bor ved elven. [river]

kúpâjik Den lille revne. [ravine]

kũpaq Spøgelse. [ghost]

kũpâqarteq Der har spøgelser. [ghost]

kútakajî Bratningens ånd (beboer). [hillside]

kũtuaq Den store elv. [river]

majerqertêq Der har en lang opkørsel. [up (slope, way)]

majertiluk Den der altid må gå mod strømmen. [up (slope, way)]

malersertaq Edderfugl [duck (eider, *Somateria mollissima*)]

mámârtâjivit De små (gode) der smager godt. [taste (good)]

mamârteq Der er tyndhåret. [hait (thin)]

mamât De der smager særlig godt. (Der er fine kvaner her). [taste (good)]

mamê Dens afskravede spæk. [skin (underside), blubber]

mangínersiorpik aussarsiorfik Hvor man tilbringer mildningen. Hvor man tilbringer sommeren [warm weather]

manísangaq Den der er jævnet. (Slebet glat af isen). [uneven]

manîsilertarpia ~ **manîsilisarpia** Den der skyder (forsyner den med) ujævn is ud. [uneven]

mánîvíteq Der aldrig er uden æg. (Der aldrig bliver tømt for æg). [egg]

marevatsiaq Den der løber (tapper) meget. (Elv løber ud af bratning. [tap]

marrakajik [S] Det dårlige ler [clay]

mãtâtit Kajakvanter – Vanter. [mitten]

merqikítâjik Den lille meget lidt bevoksede. [bare (landscape)]

merqikítivartivit De sølle små meget lidt bevoksede. [bare (landscape)]

merqiviteq {merqivíteq}~ **merquíteq** Den ubevoksede. [bare (landscape)]

mialeqâ nûa Så nu kaster op's næs. [vomit]

mîaleqâ Så, nu kaster han op. [vomit]

milât Pletterne. [spot]

milertulo *mililertortoq*. Den der hurtig spærres (af is). [stop (block)]

mĩmĩtaq (*naussua* = dens blomst) = Fandens mælkebøtte [dandelion]

misarartivit Den megen blæretang. [bladder weed (seaweed)]

misarqat Blæretang. Tang med runde udvækster der knalder, når vandet falder fra den og den bliver tør. [bladder weed (seaweed)]

mítítoq ~ **mísíteq** Den man spærrer. (Hvor man sætter spærringer). [stop (block)]

mítuákat ~ **mítivákat** Kvindebryster. [breast]

morâjilo Der er sleben glat (af isen). [grind]

mulâtat Krækkebærlyng [crowberry]

n[á]kâkajik [S] Den slemme der stadig kalver. [stumble]

nákâkajît Det slemme stenskred. [stumble]

nákaraleq Den der stadig falder noget ned fra. [stumble]

nakasínât Læggene [calf]

nakatangaq En rype. [ptarmigan]

nalangínât Sortsider. [seal (harp, *Phoca groenlandica*)]

nalímale Den ens (jævne). [even]

nâlivangaq Den man kaster efter med harpen {Harpun}. [harpoon 2]

naneq, Bjørn. [bear]

nanerersarpik Hvor man mistede en bjørn. [bear]

nanertalik Der har en bjørn. [bear]

naningersarpik, Hvor der ofte findes isbjørne. [bear]

napâjaq Slædeopst anderen. [stanchion (dog sledge)]

nápâlâ Dens håndgreb (på harpun) Hvalens rygfinne. [finger rest (harpoon)]

nápalikitseq Falk. [falcon]

nápâlilik Der har et håndgreb. Der har en rygfinne. [finger rest (harpoon)]

nápat Halsen (Fjeldet ligner halsen på en sæl, når den svømmer) [neck]

nápat qáqartiva Halsens store fjeld [neck]

napatortivit De store opretstående. (Elvens stråler falder brat ned). [place (upright)]

napatortivit see **naportuit nûa**

naportuit nûa (lokalform for **napatortivit**) De store der står ret op's næs. [place (upright)]

narssârte Der har en god slette. [plain]

nartiluk Den ikke helt lige. [straight]

naserqavîsartikajik Den sølle man plejer at holde udkig fra. [look out]

nasípik Udkigsstedet. [look out]

nasípítalâjik Det gode (lille) udkigssted {lille (gode) der har et udkigssted {Udkigssted}}. [look out]

nasípítalik Der har et udkigssted. [look out]

nâssit kangertivat [S] Blomsterbugten. (Blomsternes (Bevoksningernes) fjord). [flower]

nátik Hornet. (på dyr). [horn]

nátítît De storhorned. (Ulke med spidse pigge på ovedet. (*qivâqe*). [horn]

nátîtîvik Hvor man venter til noget kommer udfor en. (Hvidfisk) [wait]

nátivit Hornene. [horn]

nâtúnâq Den der ligger ned. [lie down]

naujârnît Stederne hvor mågerne er taget fra (nyere navn). [gull]

naujatsât De ret mange (store) måger. (gammelt navn). [gull]

nêniarteq Klapmyds. Den der søger føde. [seal (hooded)]

nêniartuaraq ~ **nêniartivaraq** Klapmydsungen. [seal (hooded)]

nêrernaq Den hovedlignende. (Nu om dage bruges også: *"niaqornaq"* og lokalt bruges **"nêrínaq"**). [headlike]

nêrernartivaq ~ **nêrírnartivaq** Den store hovedlignende. [headlike]

nêrernerartâje Den lille der har en hovedlignende. [headlike]

nêrínaq see **nêrernaq**

nerqisit Tænder. [teeth]

nersîmalâjîp (~ **nertîmalâjîp**) **iliverta** Den lille (gode) flade engs (plateanets {plateauets}) indenforliggende. [plain]

nersîmalerajik ~ **nertîmalerajik** Den lille (gode) der har noget sletteagtigt (Et plateau). [plain]

nertâq Den ret lave. [low]

nerteq Vildgås. Grågås. [goose]

nerterit iât kangíteq [S] Vildgæssenes vestlige tilholdssted. [goose]

nerterit iât kíteq [S] Vildgæssenes østlige tilholdssted. [goose]

nerternalik ~ **nersernalik** Der har noget der er lavere end det andet. [low]

nertîlat De flade jævne egne. [plain]

nertîmaleq ~ **nersîmaleq** Den flade jævne sletteagtige. (Højslette – Platean). [plain]

nĩngarpik [S] Hvor noget bliver bøjet. Andre så mand vade i elv og synes hans ben blev krumme (bøjet). (Lysets brydning). [bend]

nĩngarpoq Den bliver bøjet (krum). [bend]

ningerte Der blæser hårdt af NØ [wind ("southeast/northeast")]

ningertêq Der har hård NØ. (SV. på vestkysten) [wind ("southeast/northeast")]

nipínerit Dem der er klistret ovenpå hinanden. [stick]

nipínerit ikâsâ Dem der er klistret ovenpå hinandens sund. [stick]

nísiarpik Hvor man fisker med stangkrog. (Efter laks). [hook]

noqarternê Dens indvendige tarmhinder. [intestine (internal membrane)]

noqartínâjivartivit De mange små tarmhinder. (indvendige). [intestine (internal membrane)]

noqartínât De indvendige tarmhinder. [intestine (internal membrane)]

nôrajik Det lille næs. [headland]

nôrniagaq see **nuerniagaq**

nuerniagaq Teist (Den man kaster med fugle il efter). Gammel udtale "**nôrniagaq**". [guillemot (*Cepphus grylle*)]

nuerniákat Tejsterne. [guillemot (*Cepphus grylle*)]

nuerniákat umiarmîvia Tejsternes konebådsoptagningssted. [guillemot (*Cepphus grylle*)]

nûgârtik ~ **nûgârssik** Det særlig lille næs. [headland]

nûgât[s]iâkajik ~ **nûgâtsâkajik** [S] Det slemme ret store næs. [headland]

nûgatse ~ **nûgáte** Det ret store næs. [headland]

nûgâtsiâjik ~ **nûgâtsâjik** Det gode ret store næs. [headland]

nûk Næs. [headland]

núkaitsoq [S] Den man må mene har mange kræfter. [strong]

nûkatsik (gl.form), **pamiátik** (ny form) Sælhalen. [tail]

nûkatsikajik (gl.form), **pamiátikajik** (ny form) Den sølle sælhale. [tail]

nûkátûlag {**nûkátûlaq**} Den sælhalelignende. [tail]

núkit Fuglepilen. [bird dart]

nuliarpiat Hvor de (parres) leger. (Fisk – Laks undtr gydningen) [mate]

nuliarpik Gydestedet (Parringsstedet). [mate]

nulut, Bagdelene (Rumperne). [buttock]

nunakísâje Der kun har lidt land. [land]

nunartivaq Det store land. [land]

nunat (1) Rødderne på en Fandens Mælkebøtter. Dens blomst kaldes "mîmîtaq". [root (of dandelion)]

nunat (2) Dens rødder. [root (of plant)]

nunataq Landstykket (specielt for fjeldtoppe, der rager op over indlandsisen). [land]

nuniápik Stedet hvor man plukker bær. [pick berries]

nutsat Hår. [hait (single)]

nutsúkat – nútúkat ~ **núdúkat** Syrer. [plant (mountain sorrel (*Oxyria digyna*))]

nutsungâjivit De goqe (små) syrer. [plant (mountain sorrel (*Oxyria digyna*))]

nutsungak Syre. (Planten). [plant (mountain sorrel (*Oxyria digyna*))]

nûtuaq ~ **nûtivaq** Det store næs. [headland]

nûtûp kangimut ímíkêrtâjiva Det store næsses lille ø mod vest (østgrønlandsk). [headland]

óqátak Den hældende. Der har slagside. [slope]

oqúmiaq Mund fuld. [put s.th. in one's mouth]

oqúmitsap ilínera Mundfuldenes o.s.v. overgangssted. [put s.th. in one's mouth]

oqúmitsat Mundfuldene o.s.v. [put s.th. in one's mouth]

oriarpik Hvor man spytter noget ud. [spit (out)]

oriartarpik Hvor man plejer at spytte noget ud. [spit (out)]

orqorteq Den længst ad læ til. [place (lee side)]

orqortiat Deres i læ liggende. (Den der ligger på deres læside. [place (lee side)]

orqúmut Mod læ. Den længst ad læ til, bruges også som betegnelse for: mod nord. {Mod læ {Læ}. Den længst {Længst} ad læ {Læ} til. Begge disse ord {Ord} bruges også {ogsaa} som betegnelse {Betegnelse} for: "Mod Nord"}. [place (lee side)]

orqúsâq Skjoldungen = "**sarqissukuvik**". Pelskantningen om hætten til en *tingmiaq* [fur hem]

orsâjit De gode torsk [cod(fish)]

orse (*sârugdlik tasiussanîtoq* = Torsk i nor der overflydes ved højvande. Benstykke med hul i til at sætte hundeskaglerne fast i [cod(fish)]

orseq Torsk i indsølignende bugter (nor). (Kan også betyde benstykke med hul i til at sætte hundeskaglerne fast i [cod(fish)]

orssuiak ~ **ortuiak** Feltspatten {Feldspatten}. Kryotithen. [cryolite]

orssuiátalâjik ~ **ortuiádalâjik** Den lille der har {Feldspat {feldspat}} [cryolite]

orssuiatsiâjik ~ **ortuiatsiâjik** Den gode ret megen feltspat {Feldspat {feldspat}} [cryolite]

ortit *sârugdlît tasiussanîtut*. jvf. "Arsuk", hvor de bruger navnet "ordlît" i den samme betydning. [cod(fish)]

ôrtortoq Den der siger "ôq" = Elven der klukker. [*ooq* (onomatopoeia)]

ortunuviaq Så, nu vælter (falder) den lille. (Den lille der ser ud til at ville vælte, men aldrig gør det). [fall]

ortunuviâraq Så, nu vælter (falder) den lille. (Den lille der ser ud til at ville vælte, men aldrig gør det). [fall]

pâ Kammusling. [scallop]

palasip qámavâjua [S] Præstens gode fangssted. (Luresed). (Hvor han satte sine garn). [priest]

palingatseq Hunden med nedhængende øren [dog (with hanging ears)]

pâlitalik Der har kammuslinger. [scallop]

pamiátik Sælhalen. [tail]

pamiátik see **nûkatsik**

pamiátikajik see **nûkatsikajik**

pamiátîlag {pamiátîlaq} see **nûkátûlag** {nûkátûlaq}

panitsiaq Den ikke ilde datter [daughter]

pârajik Den lille (gode) kammusling. [scallop]

pârnaqutigíseq Der har god lyng [crowberry]

pârnuákajíteq ~ **pârnuarajíteq** Hvor det ofte fyger. Snefygning. (Den der tit får noget der kryber eller stritter ud fra toppen [whiteout]

pârnuaq Snefygning [whiteout]

parpalípik Hvor man laver støj. 255) for at hugge vegsten ud og 140l) ved at søen bryder med øen. [noise]

parqarpît Stederne der bliver tørre med lavvande [dry (out)]

pârsêrpik Hvor man søger, samler kammuslinger. [scallop]

pásik Håndled. [wrist]

pátingaleq Den der ligger faldt {fladt} ned. [lie down (flat)]

pãtorpik Skindtørringsstedet. [peg]

patsâje Det lille håndled. [wrist]

pãtugaq Skind – udspilet med pløkker for at tørres. [peg]

pãtûlâjivit De små (gode) skindudspilningspløkker. [peg]

pátut Økseskaftet. [handle (axe)]

pãtût Pløk (der bruges til at spile skind ud med. [peg]

pãtûterajivit [S] De sølle skindudspilingspløkker. [peg]

perilat Dem der er lagt noget tungt (vægt) på [weight something down]

pikĩpua Jeg har fundet æg. (Rede med) [egg]

pikîsortut Æggesamlere. [egg]

pikîtse Den der har mange æg. [egg]

pikîtsit Dem der har mange æg. [egg]

píkivartivit De store hårtoppe. [topknot]

píkivat Hårtoppene. [topknot]

pilápik Flænsestedet. [rip off]

piliorpe ~ **piliorpek** Hvor man tørrer kød (fisk) til vinterforråd. [storage]

pingâjik Den lille mågetue. [hummock]

pingeq Mågetuen. [hummock]

pisîsiat Edderkopperne. [spider]

piteraq Østkystens fønvind. SØ. efter østgrønlandsk, NV. efter vestgrønlandsk [wind ("southeast/northeast")]

pîtsat Kamikstrået. [grass (to put inside boots)]

pitserpâjik Det lille hoppested [jump]

pueráte [S] Hulningen. – Den runde bugt. [hollow]

puiarateq Der har hulning indefter. [hollow]

puiarátiva ~ **puiarátuva** Dens hulning. (Dens runde bugt). [hollow]

puiârteq Den der huler indefter. [hollow]

puiârtikajik Den sølle dar huler indefter. [hollow]

puiátoq, Den indsølignende. (Nor). [bay (nor)]

puissortoq Den hvorfra noget dukker op. [surface (appear in the water)]

púkítivakajik ~ **púkítsuvakajik** [S] Dens sølle slemme lave. [low]

púkítivakajîp (~ púkítsuvakajîp) kiámut kangertiva (~ kangerd-liva) [S] Den sølle laves fjord mod syd (efter østgrønl, nord nem efter vestgrønl.). [low]

pukuarsiarteq Den der tager hen for at plukke bær (og spise dem med det samme). [pick berries]

pukúkat Krækkebærrene (Revlingerne) [crowberry]

pukúkiarpik [S] Hvor man tager hen for at plukke bær (og tage dem med hjem). [pick berries]

pukungaq Krækkebær (Revlinger) [crowberry]

pukúpik Hvor man plukker bær. [pick berries]

pukusoq Nakke [neck (nape of the)]

pulajâq Indløbet. [inlet]

pûlortuluk Der har mange sæler. [seal 1]

pusingivítîtâ Dens konebådsstøtte. [prop, support (for a kayak or umiak)]

pusissaq Angmagssalik [fur hem]

pusissaraq Den lille pelskantning [fur hem]

pusitileq Der har en pelskantning (på tingmiakhætten) [fur hem]

pútalâje Den lille fælde. [trap]

putalâjik Den lille fælde. [trap]

pútat Fælden. [trap]

putatit Fælderne. [trap]

putugua Dens tå. [toe]

putule Der har et hul. [hole]

putule nûa Der har et huls næs. [hole]

pútut Klemmefingrene. (Tommel og pegefinger. [finger (thumb and index)]

qarqilâq {qârqilâq} 1) Den pandelignende. 2) Den brikseskindlignende. [forehead]

qaito timileqitâ, Hvor søen tog et menneske's indenforliggende. [burst]

qaito Hvor søen tog et menneske. [burst]

qajáitseq Der ingen kajak har [kayak]

qâjarsît Helpels til kajak [kayak]

qâla Dens udhulning. (Hvor klippen hænger udover og danner en hulning). [hollow]

qalerêrsârtaqarte Der har noget der er lagt oven på hinanden. (Forråd). [stack]

qaleriseq Overlæben (Stykket under næsen). [lip (upper)]

qâliaq En hule [cave]

qâliârtalik ∼ **qâliartalik** Der har en hule [cave]

qaligaq Ryggen [back]

qalíkap ilínera, Ryggens overgangssted [back]

qalorujôrneq Udhulningen. [hollow]

qámaverajik Det sølle fangststed. [await (hunt)]

qamusivik Slædestativet (Højt stativ, hvor man sætter slæderne op, for at hundene ikke skal æde remmene. [sled(ge)]

qamutiluvartik Den sølle hundeslæde. [sled(ge)]

qanãta Dens teltstang (Grønlandsk telt). [pole (tent)]

qaneq Mund. [mouth]

qanertartarpik Hvor man bringer noget hen, for at det kan være nærmere hjemme. [get nearer, closer]

qanganisâjik, Den lille (gode) fra henfarne (forgangne) tider. [bygone, long ago]

qanganisartaq Ældste mand i huset, husfader, ældste kvinde, husmoder, bedstefader, bedstemoder. [man (in the family)]

qanítertiorpik Hvor man søger det nærmeste sted. [get nearer, closer]

qapiarpik Skavebænk, høvlebænk. (Hvor man skavede skind). [skin (an animal)]

qapiarpîlaq Den skavebænkelignende. [skin (an animal)]

qapiartileq Den der ligner en der skaver skind. (Sten ligner kvinde, der skaver skind). [skin (an animal)]

qâq Pande. [forehead]

qáqaqâp imia Lommens sø. [loon (*Gavia stellata*)]

qáqaqâq (begge bruges). En lom. [loon (*Gavia stellata*)]

qáqaqât iâ Lemmernes tilholdssted. [loon (*Gavia stellata*)]

qáqartivakajik Det store slemme fjeld. [mountain]

qáqartivatsâq Det re store fjeld. [mountain]

qaqilâsivik [S] Hvor man trækker noget op. (Sæler hales op her, dækkes med sten for at gemmes til senere afhentning). [pull]

qáqilatsiaq Hvor der (heldigvis) er et opstigningssted, opgang. [pull]

qaqítivíteqarterajik Der har et ret godt sted at trække noget op på. (Sæler, inden de skal flænses). [pull]

qârmartik ~ **qârmardik** Den lyse. [light (off)]

qârpe Hvor noget blev sprængt. [burst]

qârsertivaq ~ **qârtertivaq** Den store klippe [cliff]

qârsertivit ~ **qârtertivit** De store klipper. [cliff]

qârteq Klippen [cliff]

qarteqarpîngitseq Hvor man ikke kan have bukserne i fred. [trousers]

qarterpâlat De skindbukselignende. (Vandskind, uden hår). [trousers]

qartíkât Hollænderne [Dutch]

qartîlat De bukselignende. [trousers]

qartît Bukserne. [trousers]

qârtulâjik Den gode lille ravn. Ravneungen. [raven]

qârtuluk Ravn. {(Arsuk "Qâluaq")} [raven]

qârtulûp tupertivâ Ravnens store teltpladser. [raven]

qasíngortôq Der giver en stærk hul lyd. [hollow (sound)]

qátiartik Den temmelig rundagtige bugt. [bay (rounded)]

qátîlâ l) Dens havbugtlignende. 2) Dens øjenbrynlignende [depression (in a landscape)]

qátîlaq l) Den havbugtlignende. 2) Den øjenbrynlignende [depression (in a landscape)]

qátiterpâjik [S] Det gode garnfangststed. [net (heavy)]

qátiterpik Garnfangststedet. [net (heavy)]

qátunâp iliverta Danskerens indenforliggende [Danish]

qátunâq Danskeren [Danish]

qátunât qáqartivâ Danskernes store fjeld [Danish]

qavángarnisâjik Den lille (gode) sydlænding [wind ("south/north")]

qêne Den gråhårede (Der har grå hår). [grey hair]

qêralivartivit De store hulninger. (Der har en runding indefter). [hollow]

qernerterajik Den sølle sorte. [black]

qêrpe ~ **qêrpik** Hvor man frøs ihjel. [freeze]

qêrpe Udkigsstedet. (Hvorfra man søger noget). [search]

qêrpik (Holder udkig med sødyr). [search]

qêrpila Stedet hvor han frøs ihjel. [freeze]

qerpîsto Hvor man plejer at holde udkig fra. [search]

qerqartît De midterste. [middle]

qerqe ~ **qerqit** Stenrovser. [stone (pile of)]

qerqikajik Den slemme stenrovse. [stone (pile of)]

qerqikajit De slemme stenrevser. [stone (pile of)]

qerqit ~ **qáqartivâ** Stenrovsernes store fjeld. [stone (pile of)]

qerqivartîp qáqartivâ Der har mange stenrevsers store fjeld. [stone (pile of)]

qerqivartît Der har store stenrevser. [stone (pile of)]

qêrtâlaq Halvøen (En slags ø). [island]

qêrtaq Ø. [island]

qêrtârâjivit De små (gode) øer. [island]

qêrtarmêt Dem der bor ved øerne. [island]

qêrtartivatsiaq Den ret store ø. [island]

qertât (Glimmer) Marieglas. [glitter]

qêrtêrqat De meget små øer [island]

qialâjivit Staklerne der græder [cry]

qîanarteq Hvor der er koldt. [freeze]

qiápe ~ **qiapik** Grædestedet. (Hvor man græd) [cry]

qîeqit Mågeart. [gull (type of)]

qilalúkat nunât [S], Hvidfiskenes land. [beluga]

qiláme ~ **qilámît** Dem der bor ved himmelen. [sky]

qilanârtersiorpik Hvor man søger noget til at stille længslen med. [look forward]

qilerqe Dens ar. [scar]

qilerseq Langfingeren. [finger (middle)]

qilik Drivtømmer [wood]

qilítoq Den der gør (Den gøende). [bark]

qiliviartivit Det ret meget drivtømmer [wood]

qilivit Drivtømmeret [wood]

qilivit nûa Drivtømmerets næs [wood]

qimatulívik Forrådsstedet. [store (provisions)]

qímerqortusarpik Hvor man (lader hundene vokse) søger at få store og stærke hunde [dog]

qímêrtâjalik Hvor man må spænde hundene fra: (nedkørselen er på et stykke så stejlt, at man må spænde hundene fra og fire slæden ned) [dog]

qimîlâ Tovet man hænger den i, (en hund). Dens Trapåre (øens). [string (in a trap or net)]

qímínguartale ~ **qímíngivartalik** Der har en lille hund [dog]

qinâjivit De små sorte. [black]

qínê Der har et forrådssted. (Stendysse) [cache]

qíngâjiva [S] Dens lille gode bund. [innermost part (fjord, cave)]

qingâkajik Den sølle fjeldryg. [mountain ridge]

qingâlakajik Den sølle fjeldryglignende. [mountain ridge]

qingaq Næsen [nose]

qíngarnajâq Den lille hvor der er tabu. [taboo]

qíngarnalik Hvor der er tabu. (Hvor man er spærret inde på grund af dødsfald). [taboo]

qingartaq Fjeldryggen. [mountain ridge]

qingáta Fjeldryggen. [mountain ridge]

qingátaq Fjeldryggen. [mountain ridge]

qíngeq Bunden. [innermost part (fjord, cave)]

qíngertît (**qíngertît** kan også betyde **qíngortût**) Dem der bor nærmest ved bunden. [innermost part (fjord, cave)]

qíngertivaq Den store bund. [innermost part (fjord, cave)]

qĩpe Hvor man frøs ihjel. (Fugle). [freeze]

qísîtit Neglene [nail, claw]

qítalíkap ernivia Den spraglede sæls yngleplads (sted). [seal (harbour, *Phoca vitulina*)]

qítalivâjivit De små gode spraglede sæler. [seal (harbour, *Phoca vitulina*)]

qítalivalik Der har spraglede sæler. [seal (harbour, *Phoca vitulina*)]

qítalivaq En spraglet sæl. [seal (harbour, *Phoca vitulina*)]

qítâp kangertiva Det skinnendes fjord. [shine]

qítâq Den skinnende. [shine]

qítatátarpik Hvor man ryster på hovedet. (Vender hovedet frem og tilbage). [shake (head)]

qítátit De skinnende. (Marieglas). [shine]

qítátit nuâ Det skinnendes næs. [shine]

qivípik Hvor man tog hen som fjeldgænger [*qivittoq* (a ghost man living in the mountains)]

qivítip ítiva Fjeldgængerens hus [*qivittoq* (a ghost man living in the mountains)]

qoqernángíteq Der ikke buldrer, så man bliver ør i hovedet [deafening]

qôrnâjik Den lille gode snævring. [gulch]

qôrnâjivaraq Den gode meget lille snævring. [gulch]

qôrneq Snævringen. (**qôrno**, gl.form. Chr. Poulsen, Âtârutâ). [gulch]

qornerata (~ **qornurata**) **ilínerata arqâjâ** Dens snævrings overgangs nedkørsel. [gulch]

qôrniartik Den ret lille snævring. [gulch]

qôrnip qáqartivâ Snævringens store fjeld. [gulch]

qôrnitsiaq Den ret store snævring. [gulch]

qôrno see **qôrneq**

qortortarajik Det sølle vandfald [waterfall]

qortortoq Vandfaldet [waterfall]

quarmît Dem der bor ved det frosne kød. [meat (frozen)]

querqípik Hvor man kom i klemme. (En sildepisker). [stuck (in a crevice)]

quileq ~ **quiseq** En der lader sit vand. [urinate]

quilivajêq ~ **quisivajêq** Den der altid pisser (stråler) (elv udover bratning). [urinate]

qûjût Spæksyltede rosenrødder. [rose root (*Rhodiola rosea*)]

qûjûtilik Der har spæksyltede rosenrødder. [rose root (*Rhodiola rosea*)]

qumarteq Bløddyr. (Spises rå). [mollusc 2]

qumartertivit De store bløddyr. [mollusc 2]

qũmítilua ~ **qũmítiliva** Den sølle, den har klemt fast mellem benene. (Søen – vandet). [press thighs together]

qúnermît Kløftboerne. [gap, crack]

qúpâjik see **kúpâjik**

qúpakajît De slemme kløfter. (Revner). [gap, crack]

qúpâlakajik Den slemme kløftlignende. [gap, crack]

qúpâlartivakajik [S] Den sølle store kløftlignende. [gap, crack]

qúpartê Der har mange kløfter. [gap, crack]

qúpartêq Der har mange kløfter. (Revner) [gap, crack]

qúparujuit De sølle kløfter (Revner). [gap, crack]

qúpat Kløfterne. (Revnerne). [gap, crack]

qúpîlat ~ **qúpâlat** De kløftlignende. (Revnelignende). [gap, crack]

qúpisârpik 1) Hvor man må søge op ad kløften. (For at komme op af en bratning). 2) Hvor man må vride (sno) sig for at komme op gennem kløften. (På en bratning). [gap, crack]

qusêq En måge. [gull]

qusêrajik Den ringe måge. [gull]

qusît iât Mågernes tilholdssted. [gull]

qusît Mågerne. [gull]

qutarpê Den ligesom kløvede. (Bratning hvor kløfter (revner) vider sig ud nedefter). [gap, crack]

qûtsuk Den indsnævrede [narrow, contracted]

sâjat Dens forside {Deres forside {Forside}}. [place (front)]

sákak Fjordsæl (Ringsæl). [seal (ringed)]

sâkátâkajik [S] Den sølle ret flade. [thin, flat]

sakiak Ribben. [rib]

sakiat Bryst [chest]

sákuaq Baglalle. [flipper (hind, seal anatomy)]

sákuarile Der har baglaller. [flipper (hind, seal anatomy)]

sákuat Baglaller. [flipper (hind, seal anatomy)]

sâleqitâ Dens forhæng, forklæde. [apron, curtain]

sâleqitâta nûa Dens foranliggendes næs. [place (front)]

sâliaqitâ Dens foranliggende. [place (front)]

salissâlik Der har noget, der er tætklippet. (Fjeldknolde med græs ligner tætklippede menneskehoveder). [brush]

salissaq Den tyndhårede (tætklippede). [brush]

salivarsîvoq Venter på at kød eller lodder (*angmagssat*) skal tørre) [dry (out)]

salivartingaq Det man tørrer [dry (out)]

salivartiva Dens store tørreplads [dry (out)]

salivartivap nûa Den store tørreplads' næs [dry (out)]

salivartivaq Den store tørreplads [dry (out)]

sámersernertêq (*Piteraqsangmigamiuk*) = Hvor blæsten står hårdt på af den den vender imod. (Af *Piteraq*). [facing]

sámileq Den der vender mod en. [facing]

sámilik Den der har en, der vender mod en. [facing]

sámilîtâ Dens (fjeld) der vander mod en. (Den der giver den navn af "Den der vender mod en"). [facing]

sámilîtâta ilerta Dens der vender mod en's havbugt. [facing]

sanalíngivaq ~ **sanalínguvaq** Den der snitter eller laver noget. (Den lille tømmermand). [make]

sapangaq Perlen. [pearl]

sarpaq Strømmen [current]

sarparajik Den sølle strøm [current]

sarpartertîvik Hvor man venter til strømmen slækken [current]

sarpartitsivik ~ **sarpartertivik** Den der giver strøm. [current]

sarqârísâjivit De små, der har en god solside. [sunny side]

sarqaríssit Der har en god solside. [sunny side]

sarqarmît Dem der bor på solsiden. [sunny side]

sarqisip timâ Kajakkens indenforliggende fastland eller større ø [kayak]

sarqissukuvik Hvor man efterlod sine kajakker [kayak]

sarqissukuvîp umiatsialivia Hvor man efterlod sine kajakkers både-
    havn [kayak]

sarqit Kajak [kayak]

sârqitâ Harpunen. [harpoon 1]

sârteq Det der ligger nærmest forsiden. [place (front)]

sârteqitâ ~ **sârterilâ** Det der ligger foran dens forside. [place (front)]

sârtermit Dem der bor nærmest forsiden. [place (front)]

sartia Det der ligger foran dens forside. [place (front)]

sârtiarit ~ **sârtiaqit** Det man har som forhæng. [apron, curtain]

sáteq Den forreste. [place (front)]

sátertivaq Den store forreste. [place (front)]

sátît De forreste. [place (front)]

sátuímî ~ **sátuímît** Dem der bor ved det flade. Det er tvivlsomt, men
    kendtmand men te det var sådan. Forøvrigt den eneste gang, der
    er noget med "*sãtut*". [thin, flat]

savanganârtik Den ret jævne skråning. [slope (upward)]

saverê Den man plejer at berøre (røre ved) (føle på). [touch]

saverítaq Harpunspids. [harpoon (head)]

sêriaq Kysten. Strækning. (Det man må sejle langs med) [coast]

sêriartivaq Den store kyststrækning [coast]

serpútôq ~ **sípútoq** Der næsten er revet over. (Jvf. "*kigtorsaq*"). [top-
    knot]

serqerpátak, Så, nu lød der et knald. [bang, pop]

sêrqinît Kvindebukser. [trousers (women's)]

serqut Baglallerne (sæl). [flipper (hind, seal anatomy)]

siarqísip (~ **siarqítip**) **torqulâ** Det jævnt udstraktes rod eller be-
    fæstede ende, eller længst ind mod land eller østenforliggende.
    [stretch out]

siarqíteq Det jævnt udstrakte. [stretch out]

sieraq Sand. [sand (grain of)]

sierarmît Dem der bor ved sandet. [sand (grain of)]

sierartâjik Den lille (gode) sandplet. [sand (grain of)]

sierartêq Der har meget sand. [sand (grain of)]

síkît Næbene. (Snuderne). [snout, beak]

síkítivit De store næb. (Snuder). [snout, beak]

sikivijivítiva Dens del hvor isen aldrig smelter [ice]

sikuiuíteq ~ sikuiuítseq Hvor isen aldrig smelter [ice]

sikuiuítip (~ sikuiuítsip) apusîa Hvor isen aldrig smelter's bræ [ice]

simîlâ Dens (ø) der er sat som prop. [stopper]

simîlaq Den der er sat som prop. [stopper]

simîlaralâ Den der er sat som prop sammen med den anden. [stopper]

simîtakajâ ~ simîlakajâ Dens sølle der er sat som prop. [stopper]

singialeqâ nûa Så, nu skider den's næs. (Jvf. *ánane singiúpâ*) [excrement]

singialeqâ Så, nu skider den. [excrement]

singiârtuarte ~ singiârtuarteq Den der skider godt. [excrement]

síportôq Den der skyder (puster) meget ud. (Bræ) [concertina]

sipulik Der har vægemos. [moss (tussock)]

sítârtivit De store bløddyr? (i sand) (sandorm?). [mollusc 1]

sîte Det langt ude fra kysten. (Vestude, langt til søs, den yderste). [place (farther out)]

sîtivaraq Den lille langt ude fra kysten. [place (farther out)]

sivinganeq Skråningen. [slope (upward)]

sortût Næsebor (De unge) [nostril]

suáte Rogn. [fish roe]

sûkerpoq Er nedslået – ked af det, (**sûkiaq tássa**)? [depressed (feeling)]

sûkerte ~ sûkerteq Den nedslåede. Den der er ked af det [depressed (feeling)]

sûleq Forgængeren (Den der er foran en). [predecesor]

sûlerat Deres for ænger (Den der er foran dem). [predecesor]

sulúpik ~ sulúfik [S] Hvor man havde tynd afføring [diarrhea]

sulússût Rygfinnen [dorsal fin]

sulússûtikajik [S] Den sølle (slemme) rygfinne [dorsal fin]

sulússûtip kûa Rygfinnens elv [dorsal fin]

sûnâjik Det lille (gode) hoved. [head]

sûneq Hoved. [head]

sûnêrâjiva Dens lille (gode) hoved. [head]

sungarnĩtit, Dem der ikke smager bitre. [bitter (gall bladder)]

sûnínguâ [S] Dens lille (gode) hoved. [head]

sútâp kangimut ilínera Den hvor noget er gået over's overgang mod vest. [hole (cylindrical)]

sútâq Den hvor noget (sne-vand) er gået over og ned i og fyldt den. [hole (cylindrical)]

sútaq Røret. Åbnin gen. Mundingen. [hole (cylindrical)]

sútuítorqortôq Den der har megen spiselig tang (bladtang). [seaweed 2]

takileq Den lange. [long]

takilip ikâsâ Den langes sund. [long]

takisêq Den lange. [long]

takitsukujôq Den ret lange. [long]

tâlarâq Den 3 tåede måge (Tatterat). [black-legged kittiwake (*Rissa tridactyla*)]

tâlarqât De 3 tåede måger. [black-legged kittiwake (*Rissa tridactyla*)]

tâlerajivit De sølle skydeskjul [partition]

tâlit Skydeskjulene. (Murene kan ses endnu). [partition]

tânguartalik Der har en lille mørk plet [darkness]

târajive Dens sølle mørke [darkness]

tarpârtâjik Der har en lille tragtformet udvidelse [funnel-shaped]

tarpârtalik Der har en tragtformet udvidelse. (Der skræver udefter) [funnel-shaped]

tarqísît Lampepinden. (Til at rette mosvægerne op med). [pin for adjusting the wick of a seal oil lamp]

tartâjik [S] Den lille nyre. (Sæl) [kidney]

târtivatsâq Den ret mørke [darkness]

târtivínaq Den helt mørke. Det bare mørke [darkness]

tasermio Den der bor ved sø en. [lake]

tasîlaq ~ **tassîlaq** Den indsølignende (Nor). [bay (*nor*)]

tasîlârtik ~ **tasîssârssik** Den ikke særlig store indsølignende. [bay (*nor*)]

tasîlârtîp (~ **tasîssârssîp**) **kaporniagaqartiva** Den ikke særlig store indsølignendes laksefangststed. [bay (*nor*)]

tasîte ~ **tasîteq** Der ingen sø har. [lake]

tátâlakasia ~ **tátâlakajia** [S] Den sølle stenskred (fjeldskred). [mountain slide]

tátoq Hagen [chin]

tatsukajik [a] Den sølle varde. [*inussuk* (cairn)]

tãtuluk Der har et dårligt udseende. (Ansigtsfarve) [complexion]

terqialik Der har et tagskæg (kasketskygge). [cap (brim of)]

tiamâq Pegefinger. [finger (index)]

tiarneq Underarmsben (sæl). [bone (ulna, seal flipper)]

tiarnikajik Det sølle underarmsben. [bone (ulna, seal flipper)]

tigimiartarajik Den sølle der holder en i hånden. [hold (in the hand)]

tíkit Tommelfingeren. [thumb]

tíkivê Dens håndgreb. [handle]

tikivípik Hvor mange (stadig) kommer til. [arrive]

tikivípîp ikâsâ Hvor mange (stadig) kommer til's sund. [arrive]

tíkivît [S] Håndgrebene. Det man griber om. [handle]

tímiaq Fugl. Fugleskindspels. [bird]

tímiarmît Dem der bor ved fuglene. (Fuglefjeld). Før i tiden skal en-
delsen mio være blevet brugt. [bird]

tímiartalik Der har fugle. [bird]

timîlaq see [stopper]

tinerqalâ Det der plejer at løbe tørt ved lavvande. [ebb tide]

tiniâkajik Den sølle der er tør ved lavvande. [ebb tide]

tiniteqilâq ~ **tîleqilâq** Sundet (løbet) der er tørt ved lavvande eller så
lavvandet, at både ikke kan passere. [ebb tide]

tiniteqilârmît Dem der bor ved sundet, der løber tør ved lavvande.
[ebb tide]

tinítîvik Hvor man venter, til det bliver lavvande. (For at samle blad-
tang. – "*suvdluitsut*"). [ebb tide]

tĩpârpik Hvor man søgte (tog) ind ed land til eller ind i landet. [move
(further up the beach)]

tĩpârpîp imia Hvor man søgte (tog) ind ad land til's sø. [move (further
up the beach)]

tisât [a] Jern. [iron]

títaq Strand. [beach]

títartútoq Der har en dårlig strandbred. [beach]

títingaleq Den stærkt skrånende (nedad). [slope]

títisíssat Dem man skal (have) bruge til hvæssesten [whetstone]

tĩtit Dem langt ude fra kysten – eller ligger forrest ud mod havet.
(Vestpå på vestkystenøstpå på østkysten). [place (farther out)]

títit Hvæssesten [whetstone]

titítermît Dem der bor ved det stærkt skrånende (hældende). [slope]

tĩtivartik Den ikke særligt langt ude fra kysten liggende. [place (farther out)]

to[r]ssukátâp kiámut nûa Den husganglignendes næs mod syd. (Nord efter vestgrønland). [hall(way)]

tornârtik {tôrnârtik} Den særlige hjælpeånd. (Af de kristne brugt om djævelen). [*toornaarsuk* (shaman's helping spirit)]

toqulersîsarpik Hvor man plejer at vente for at dræbe nogen [die]

toqulineq Der er død eller visnet. (Ø der ingen bevoksning har) [die]

toqungaleq Den døde [die]

toqúpia Hvor han døde. Hans dødsted (Watkins. Englænder) [die]

toqutsîaq Hvor man venter til nogen er død [die]

torqulâ Dens rod. [root (of plant)]

torqulâq ~ **torquleq** Roden. [root (of plant)]

torqulersiorpik Hvor man søger (samler) rødder. (Her af rosenrod). [root (of plant)]

torssukátak Den husganglignende. (Sund eller fjord der udvider sig til bredere – større farvand). [hall(way)]

tortêrnartêrajik Den gode, der har mange rosenrødder. [rose root (*Rhodiola rosea*)]

tortêrnartît Der har man e rosenrødder. [rose root (*Rhodiola rosea*)]

tortêrnat Rosenrødderne. (Blomsterne) (Roden hedder **torqulâ**). [rose root (*Rhodiola rosea*)]

tuapârtivit De ikke særlig mange rullesten. Den ikke særlig store rullestensstrand. [pebble]

tue Skulder. [shoulder]

tukingaleq Den der ligger tværs på landet. [lie (lengthwise)]

túmâq Kisten (lokalform). [box]

túmaraq Kisten. [box]

túmatit Fødder. [foot]

tungôrtoq Den blå (grønne). [blue-green]

tuno Bagsiden. [reverse side]

tunuliaitseq Den der ikke har noget bagved sig. [place (behind)]

tunúngalertivaq ~ **tunúngalortuvaq** Den store (slemme) der vender bagsiden til. [place (behind)]

tunúteq Den bageste. [place (behind)]

tupâlat Bukkeblad (Blomst). [bogbean (flower)]

tupertivakajik Det store sølle telt. [tent]

tupertivatsât De ret store teltpladser. [tent]

tupikajik Det sølle telt. (Ligner et grønlandsk skindtelt). [tent]

tupitsive Hvor man laver *tupilak* ker. (Heksedukker). [*tupilak* (witch-craft doll)]

tusâtit Øren. [ear]

túteq Den næst efter [next]

tútik Ømmert – Islom [common loon]

tútikajik Den sølle næst efter [next]

tútilik Der har noget næstefter, aller på den anden side af noget. [next]

tútilîp imia Den der har no get næstefters sø [next]

tútut nunât [S] Renland. (Rensdyrenes land). [reindeer]

uiarpik Hvor man runder pynten. [ornament]

uiarte Det man må runde (sejle udenom). [sail around]

uigerteq Det yderste tilhæng. [appendage]

uigertertivit De store yderste tilhæng. [appendage]

uigertît timileqitâ De yderste tilhængs indenforliggende. [appendage]

uípak Det man må (skal) sejle udenom. [sail around]

uípalíteq Hvor man hører brænding. Den der rumler. (Bryder og bryder – søen mod kysten). [sound (crackling)]

uitsatit Øjne. [eye]

ujáijítuk ~ **ujáijútuk** En enlig særlig stor sten. [stone]

ujáijítûlaq ~ **ujáijútûlaq** Den der ligner en stor enlig sten. [stone]

ujáijítútalik ~ **ujáijútútalik** Der har de del store enlige sten. [stone]

ujáituk En enlig stor sten. [stone]

ujáitútalerajik ~ **ujarasugtalerajik** [S] Den sølle der har store enlige sten. [stone]

ujáitútalerajîp (~ **ujarasugtalerajîp**) **kangerterajiva** (~ **kangerdlera-jiva**) [S] Den sølle der har store enlige sten's sølle fjord. [stone]

ujákat Lus. [louse]

Ujuâkajîp kangertiva (~ **kangerdliva**) [S] Den sølle Johans fjord. [John (place name)]

Ujuâkajîp nunâ [S] Den sølle Johans land [John (place name)]

ukaleqarteq [aS] Hvor der er harer. (Der har harer). [hare]

ukîvâje ~ **ukîvâjik** Det lille (gode) overvintringssted [winter]

ukîverajik Den sølle overvintringsplads. [winter]

ukôq (Barnesprog) Moder. [mother]

ukôra Min moder. [mother]

ukôrtuaq ~ **ukôrtivaq** Den store moder. [mother]

úkusíssartarpik Hvor man plejer at hente vegsten. [soapstone]

ulamît ~ **ulermît** Dem der bor ved det, der er hyldet i noget. (af højvandet) [covering]

ulimâtikajik Den sølle økse. [axe]

ulitsivik Hvor man fik noget vendt ud og ind. (Vrangen ud). [turn inside out]

ulîvêrsilerpoq Er begyndt at flænse skindet af. [skin]

ulîvia Dens skind. [skin]

ulîvîákat Dem skindet er flænset af. [skin]

uluaq Kind [cheek]

ũmánaq Den hjerteformede. [heart]

umiâjivit De små konebåde. (Klippe ligner konebåde). [*umiaq* (boat)]

umiánarpik Hvor man for kortere tid tager hen med konebåd eller kajak for at fange og tager tilbage igen. [*umiaq* (boat)]

umiarmîvia Dens sted hvor man tager båd eller konebåd på land. (Her teisternes = **nuerniákat** – konebådsoptagningssted. Se: **umîvik**. [*umiaq* (boat)]

umímât kangertiva (~ **kangerdluva**) [S] Moskusoksernes fjord. (Moskusoksefjord). [muskox]

umîvik Hvor man tager båd eller konebåd på land. (Konebådsoptagningssted). [*umiaq* (boat)]

umîvîp túterrajiva Konebådsoptagningsstedets sølle næst efterliggende. [*umiaq* (boat)]

ûnarteq [S] Den hede. (Den man brænder sig på). (Varm kilde). [hot spring]

ûnarterajik [S] Den sølle (ringe) man brænder sig på (varm kilde). [hot spring]

ûnarterajîp nûa Den sølle (ringe) man brænder sig på's næs. (Varm kilde). [hot spring]

ûnartertaqarteq ~ **ûnartortaqarteq** [S] Den der har noget man brænder sig på. (Varm kilde). [hot spring]

ûnartip akia Den man brænder sig på's overforliggende. [burn]

ungiarpoq Spytter. [spit (out)]

ungiartarpik Hvor man plejer at spytte. [spit (out)]

ungujuk Spækposen. [bag (for blubber)]

ũngutoq [meaning unknown]

uniarátaq Halen (Den man slæber efte sig). [tail]

úpatit Lårene. [tights]

úpatit nûa Lårets næs. [tights]

upernássivik Hvor man tilbringer forårets begyndelse. [spring]

upernivik Hvor man tilbringer foråret. Forårsstedet. [spring]

úpingaleq (Den der er ved at falde). Den hældende. [fall (over)]

úsik Fangeblære. [bladder]

úsikátak, Den (enlige) fangeblærelignende. [bladder]

úte Hvor man bliver dagen over. (For at gå på fangst) [day]

utorqarmît Dem der bor ved de gamle [day]

útortiutit Almanakken. (Nyere navn) [day]

utsît Hvor man fælder. [shed (hair)]

uviak Den man skal runde (sejle eller køre udenom). [sail around]

ûvilaq Nyre [kidney]

uvingaleq Den hældende (skæve). [slope]

uvingalip ilivertâta nûa Den hældendes indenforliggendes næs. [slope]

uvingalîtâ Dens hældende. (Det der giver den navn af hældande). [slope]

uvîvaq see [seal 2]

III Kalaallisut(–Danish–Keyword)

agdlak Pletten, striben. [line (pattern)]

agdlernilik Hvor der er tabu. (Hvor man er spærret inde på grund af dødsfald). [taboo]

agdlernínguaq Den lille hvor der er tabu. [taboo]

agdleroq Underkæben. [mandible, jawbone]

agdlunâq En rem. [strap]

agfalik Der har en halvdel til. (Mage til) [half]

agfardlequt[â] see *igdlordlequtâ*

agfardlerujuk Den sølle halvdel eller anden part (tilstødende rum). [half]

agiarfínguaq ~ *silivfínguaq* Det lille (gode) hvæssested. [sharpen 1]

agiarfínguit ~ *silivfínguit* De små (gode) hvæssesteder. [sharpen 1]

agpagtarfik Hvor man plejer at fange lomvier. [murre, little auk]

agpaliarssoqarfik Stedethvor der er alkekonger, søkonger. [murre, little auk]

agpaliarssoqartoq Der har søkonger. [murre, little auk]

agpalik Der har lomvier. [murre, little auk]

agssagíkut Harpunknop. Knop af hvalrostand lige tilhøjrc for og foran kajakhullet, på hvilken man lægger harpunen, for at den ikke skal falde i vandet, når den lægges der klar til kast. [harpoon (holder on a kayak)]

agssakâtarfik Hvor man trillede rundt (ned). [roll downhill]

agssoq Vindsiden, luvsiden [windward]

agssordleq Den længst til luvart (vindsiden) [windward]

agssordliat Dens til luvart (på vindsiden) liggende [windward]

agssordliata qeqertarujua Denstil luvart liggendessølle ø [windward]

agssortoq Den der ror (går) mod vinden [windward]

agssuata imâ Dens vindsides (luvsides, hav) [windward]

agtortagaq see *savítagaq*

aitsangassukasik Den sølle gabende. [yawn]

aitsangassukasiup sârdlia Den sølle gabendes forrestliggende {foran dens Forside liggende}. [yawn]

ajagaq Det man støder til. [toy ("ring-and-pin")]

ajagutâ Dens konebådsstøtte. (Når den har bunden i vejret og bruges som telt). [prop, support (for a kayak or umiak)]

ajagutap kangerdlua Konebådsstøttens fjord. [prop, support (for a kayak or umiak)]

ajârtariaqarfik Hvor man må stage (skubbe) sig frem. (gennem is). [push (through ice)]

akâringitrut {akâringtsut} Dem der ikke kan lide, (fordrage) hinanden. [like]

akingmigfik Hvor man stødte imod noget. (Så man ikke kunne komme længere). [bump]

akorngínaq Stedet midt imellem [place (between)]

akorngínarmiut Dem der bor et sted midt imellem [place (between)]

akorngínarujuk Det sølle sted midt imellem. [place (between)]

akugdlît De mellemste [place (middle)]

akugdlît tasiat De mellemstes sø. [place (middle)]

akugssaq Det der kan bruges til blanding. (Feltspat: knuses til blanding med tobak til snus). [feldspar]

akuilisaq En halvpels (til kajak i magsvejr) [jacket (for kayaking, spray skirt)]

akulekut ~ *akúnekut* Mellemstykket [place (center)]

akulequtâ ~ *akúnequtâ* Dens mellemstykke [place (center)]

akulerssuit ~ *akúnerssuit* De store mellemstykker [place (center)]

akuliaruseq Den ikke helt rigtige næserod. (Som regel i betydningen: En fjeldryg mellem dale el. fjord) [nose (bridge of the)]

akuliarutsip qeqertâ Den ikke helt rigtige næserods ø [nose (bridge of the)]

akúnâq Mellemstedet. [place (center)]

akúnequtikasik Det sølle mellemstykke. [place (center)]

akúnerdlequtâ Dens mellemstykke. [place (center)]

akúnínguaq Det lille (gode) mellemstykke [place (center)]

alángormiut Dem der bor ved skyggesiden? [side (in the shade)]

alángortalik Der har en skyggeside. [side (in the shade)]

aliortugaq Spøgelse. [ghost]

aliortugaqartoq Der har spøgelser. (Døde mennesker man er bange for. [ghost]

âlitsat ~ *ungalitsat* Vægskindene. (Øerne er flade som vægskind). (De der kan bruges til vægskind). [sole]

alue Dens sål er. [sole]

alugssat De der skal være til såler. [sole]

alukasik Den sølle sål. [sole]

amaroqartoq Der har ulve [wolf]

amaut Kvindepels [garment with a hood (women's)]

amia Dens skind. [skin]

amîagkat ~ *âgtugkat* Dem skindet er flænset af. [skin]

amîáilerpoq ~ *âgtuilarpoq* Er begyndt at flænse skindet af. [skin]

amitsuarssua Dens særlig ret smalle [narrow]

amitsuarssûssâ Dens særlig ret smalagtige [narrow]

amiussalik Der har nogett der ligner skind (betræk). [paint]

antdlârússuaq {*autdlârússuaq*} Det store rejsefartøj. [boat]

anagguvfia Dens støttested. [support]

analeqâp nûa [S]å, nu skyder den noget ud's næs. [excrement]

analeqâq Så, nu skyder den noget ud. [excrement]

anâna (Barnesprog) Moder. [mother]

anâna Moder. [mother]

anânaga Min moder. [mother]

anânarssuaq Den store moder. [mother]

ánane singiúpâ see **singialeqâ nûa**

ânaq see *ítoq*

anardluartoq Den der skyder en masse ud. [excrement]

anarnitsoq Den der lugter af ekskrementer. [excrement]

anartalik Der har ekskrementer. [excrement]

anartarfik Lokomets {Lokomet}. [excrement]

anarusuersarfik Hvor man forretter sin nødtørft. (Øen ligger langt ude, så man som regel trænger til at forrette sin nødtørft, når man når derud). [excrement]

ángê Dens sålelapper. [patch (for the sole of a *kamik*)]

angîârtarfik see *anartarfik*

ángigssâraq Den lille der kan bruges til kamiksållap. [patch (for the sole of a *kamik*)]

angmagssak Lodde [capelin (*Mallotus villosus*)]

angmagssalik Der har lodder [capelin (*Mallotus villosus*)]

angmaloqissâq Den kuglerunde. [sphere]

angmaneqartuarqat De små der har en del åbninger. [opening]

angmanilínguaq Den lille der har en åbning. [opening]

angmarqoq Stedet hvorfra man ser fjorde åben. [place (with clear view)]

angmarqôraq Den lille hvorfra man ser fjorden åben. [place (with clear view)]

angmarqorssuaq Den store hvorfra man ser fjorden åben. [place (with clear view)]

angmassua Dens åbning. [opening]

angût see *aqût*

anguvigaq Lænseren. [lance]

aniggua Dens udgang eller udløb. [place (outlet)]

aniserfik Forårsteltplads. [depart]

anitdlagiâraq Den lille åbning, udgang, udløb. [place (outlet)]

ánorâq Anorak (trøje, bluse med hætte af tøj). [anorak]

ánorârtalêraq Den lille der har en anorak. [anorak]

ánorârtalik Der har en anorak. [anorak]

anordliuitsoq Hvor dat aldrig blæser [wind]

anore ~ *anordleq* Blæst – vind [wind]

anoritôq Der har hård blæst [wind]

aorniarfik Hvor man driver krybefangst. [hunt (a seal by creeping on the ice)]

aputilik Der har sne. [snow]

aputitaq see *sermeq*

aputitôq Den snerige. Den isklædte. [snow]

aqerdloq Bly [lead]

aqerdlorsiorfik Hvor man søger bly [lead]

aqerdlortaluk Den sølle der har bly [lead]

aqerdlortalûp qôrnua Den sølle der har bly's snævring. [lead]

aqigsseq En rype. [ptarmigan]

aqigssip kangerdlua Rypens fjord (Rype fjord). [ptarmigan]

aqitsoq Det bløde [soft]

aqitsuaraq Den lille bløde [soft]

aqût ~ *angût* Ror, pagaj. [paddle]

âraq Halvværme af skind. (Til brug samtidig med halvpels i godt vejr). [half-sleeve]

arfeq Hvalen [whale]

arfiluk Der har eh dårlig hval [whale]

arfiussap qeqertâ Den hvallignendes ø [whale]

arfiussaq Den hvallignende [whale]

âriâ. Dens rygparti (mellem skuldrene) (Bruges ofte som stednavn for udløbet af en sø). [beginning (of a stream)]

arnarquagssâq Gammel kælling [woman]

arpagtariánguaq Den lille (gode) (vej) man kan (skal) løbe ad. [run]

arqariaq Nedkørsel, nedstigningssted [descend]

ârqat Halværmer af skind. [half-sleeve]

ârqatikasik Den dårlige vante. [mitten]

ârqatit Kajakvanter – Vanter. [mitten]

asaloq Kajakstol (til at rulle fangeremmen op på). [stool (kayak)]

asingassoq Den blege. [pale]

assorut ~ *ingnerûlaq.* (*naussua* = dens blomst) = Fandens mælkebøtte [dandelion]

âtaq see *ítoq*

âtârssuit Sortsider. [seal (harp, *Phoca groenlandica*)]

átatánguit De små forbindelser (sammenhængende). [attachment]

átatâraq ~ *átatánguaq* Den lille forbindelse (sammenhæng). [attachment]

atdlut Sålerne. [sole]

atilikasik Den sølle der har et navn [name]

atsipâq Ærmekant af skind. [sleeve]

atugait ~ *avqutigisartagait* Den vej de plejer at gå. [go]

atugaita qeqertâ Den vej de plejer at gå's. [go]

atugaq Den man har brugt (som vej). [used]

augpaluârtoq Den rødlige. [red]

augpalugtorssuit De store rødlige. [red]

augpalugtuarssuk Den ikke særlig rødlige. [red]

augpalugtúnguaq Den lille rødlige. [red]

augpilagtorsiorfik Hvor man søger efter rødlig spiselig tang. [seaweed (red algae)]

augpilagtut nuât Det rødlige tangs næs. [seaweed (red algae)]

augpilagtut Spiselig rødlig tang. (Der udvandes i ferskvand og spæksyltes). [seaweed (red algae)]

áukarnerssuaq Det store strømskårne [ice (broken by stream)]

áuneq Det rådne. Det strømskårne [decay]

áunerujuk Det sølle rådne [decay]

áunínguaq Det lille rådnede [decay]

aussiait Edderkopperne. [spider]

aussiviarssuk Det ret lille (særlig) sommerplads. [summer]

aussivît qeqertait Sommerstedernes øer. [summer]

aussivît Sommerpladserne. [summer]

avalequteqangitsoq Der ikke har noget udenfor sig (ingen ujævnheder har). [place (outermost)]

avangnaq kanangnaq Østkystens fønvind. SØ. efter østgrønlandsk, NV. efter vestgrønlandsk. [wind ("southeastnortheast")]

avataq Fangeblære. [bladder]

avatarpak Den (enlige) fangeblærelignende. [bladder]

avatdleq Den yderste (længst ud mod søen). [finger (little)]

avatdleq Den yderste (længst ud mod søen). [place (outermost)]

avatdlerpâq Den alleryderste. [place (outermost)]

avatdlerujuk Den sølle yderste. [place (outermost)]

avatdlît De yderste. [place (outermost)]

avdlorialik Den der har noget man må skræve (springe) over. [straddle]

avdlortarialik Der har noget man skal springe (skræve) over. (Gravid kvinde sprang over her). [straddle]

avguivfik Hvor man delte noget. (ud). [share]

avilortoq Den der klinger. [sound]

avqusinínguaq Den lille (gode) vej. [road]

avqutigisartagait see *atugait*

avqutigissaq see [used]

eqaluit Laksene. [trout]

eqaluk En laks. [trout]

eqalunguit {*eqalúnguit*} De gode små laks. [trout]

eqinga Dens mundvig [corner of mouth]

equtit {*eqûtit* Blæretang. Tang med runde udvækster der knalder, når vandet falder fra den og den bliver tør. [bladder weed (seaweed)]

eqût Tang. [seaweed (*Fucus vesiculosus*)]

eqûtêraq Den lille tang (plante). [seaweed (*Fucus vesiculosus*)]

eqûterssuit Den megen blæretang. [bladder weed (seaweed)]

erssarigssoq Der har en fin kind. [muzzle]

ersserqigsoq Den tydelige [clear]

erssugalik ~ *nangmagalik* Der bærer en byrde på ryggen [carry]

ervnga Dens vand [water]

iga Gryde. [pot]

igalâqangitsut Dem der ingen vinduer har [window]
igaussaussaq Den grydelignende. [pot]
igdlalaoq ~ igdlalaortoq Den leende (Lattersalven). [laugh]
igdlaoq Foster af sødyr (sæler). [fetus]
igdleq Briksen. [platform]
igdlerfik Kisten (lokalform). [box]
igdlerfik Kisten. [box]
igdlernánguit tunuat De gode (små) afsatsers bagside. [platform]
igdlernat Afsatsene. [ledge]
igdlerup tunua Briksens bagside. [platform]
igdlerusârfik see *narssaumanerit*
igdlo Huset. [house]
igdlordlequtâ ~ agfardlequt[â] Dens på den anden side af samme slags liggende. Dens anden halvdel. [house]
igdlordlequtâ Dens på den anden side af samme slags liggende. [place (the other side)]
igdlorqortormiut Dem der bor ved stedet med det store hus. Byen "Scoresbysund". [house]
igdlorujuit De sølle huse. [house]
igdluit Husene. [house]
igdlukasât De slemme huse. [house]
igdlukut Ruiner. [house]
igdlulerujuk Den sølle der har et hus. [house]
igdlumiut Dem der bor ved husene. [house]
igdlúnguaq Det lille (gode) hus. [house]
igdlúngúp akia Det lille (gode) hus' overforliggende. [house]
igdlussaq Den huslignende [house]
igdlutagdlip qeqertarssua Den der har et hus's store ø. [house]
igdlutalik Der har et hus. [house]
igdluvigâ Dens hytte (Bygger snehuse med snarer for at fange ravne. [house]
iggatíssat {*iggatigssat*} Det man skal bruge til at koge ved. (Kul) [cook]
iggavik Kogestedet (køkkenet) [kitchen]
igpigtuluk Der har dårlige brinker [cliff (sea)]
igssoraivigigsoq see [unload (place to)]
igssoraivigigsup nûa see [unload (place to)]
igssoraivik see [unload (place to)]

igtuk Brusen. [roar]

igtûp (~ *igtugtup*) *tunna* {*tunua*} Hvor det (drøner's) brusers bagside. [roar]

íkardlisimassut De strandede. [rock (skerry)]

íkardlugssuit De store skær. [rock (skerry)]

íkardluk Skæret. [rock (skerry)]

ikât see *qamusivik*

íkátoq Det grunde. [shallow]

íkátortaq Grunden. Flakket. [shallow]

ikeq Bugten (indhavet) (bredning). [strait]

ikerasagssuaq Det store sund. [strait]

ikerasak Sundet. [strait]

ikerasakitsoq Der har et lille sund. [strait]

ikerasangmiut Dem der bor ved sundet. [strait]

ikerínaq Ude fra land på en fjord. [strait]

ikerínarsiortoq Den der holder sig ude fra land. [strait]

ikermiut Dem der bor ved bugten (indhavet) [strait]

ikersiortorujuk Den sølle der holder sig ude i fjorden (fra land). [strait]

ikerssuaq Den store bugt. Bredning. [strait]

ikiagaq Den gennemskårne eller gennemkløvede. [split (in two)]

ikivfik Hvor man stiger ned i kajak eller båd. [get (on board)]

ilángait (sisuat) Stenskred. Del af havet. [rockslide]

ilángaitikasît (sisuakasît). De sølle stenskred. [rockslide]

ileqimisârfik Hvor man ryster på hovedet. (Vender hovedet frem og tilbage). [shake (head)]

ileqimissârtoq Den der ryster på hovedet {paa Hovedet}. [shake (head)]

ileqimissârtúnguaq Den lille {/} gode der ryster på hovedet {paa Hovedet}. [shake (head)]

ilerrit Gravene. [grave]

iliveq Graven. [grave]

ilivermiut Dem der bor ved gravene. [grave]

iliverquvik Det stenbyggede forrådsgemme. (rund stendysse). [storehouse]

ilivertalik Der har en grav. [grave]

iluliumaneq ~ *qarajaq* ? Hulningen. – Den runde bugt. (Rund bugt hvis kyster er stejle, (huler indad)). [hollow]

iluliumanera Dens udhulning. (Hvor klippen hænger udover og danner en hulning). [hollow]

iluliumarnga Dens hulning. [hollow]

iluliumârtoq Den der huler indefter. [hollow]

iluliumârtukasik qarajakasik Den sølle dar huler indefter. [hollow]

iluliumassoq Der har hulning indefter. [hollow]

iluliumassua (qarajâ) Dens hulning. (Dens runde bugt). [hollow]

ilupâruseq Angmagssalik [fur hem]

ilupâruseq Skjoldungen = "**sarqissukuvik**". Pelskantningen om hætten til en *tingmiaq* [fur hem]

ilupârusêraq Den lille pelskantning [fur hem]

ilupârusilik Der har en pelskantning (på tingmiakhætten) [fur hem]

imaersivík Hvor man tømte (smed) noget ud. [empty]

imaq Hav. [sea]

imartuneq Bredningen [water]

imeqarunartoq Hvor der må antages at være ferskvand [water]

imerqutailaq Ternen. [tern (Arctic)]

imerqutaitdlat inât Ternernes tilholdssted (reder) [tern (Arctic)]

ímigáussuit De store (mange) spækfyldte sæler. (Hele krop og hoved skæres ud af skindet, hvor spækket bliver siddende på og fyldes med spæk, der gemmes til vinteren og spises til udvandet rødlig tang). [blubber (filled with)]

imigdlip imeqarunartua Der har en sø's, hvor der må antafes at være ferskvand [water]

imînakasik Det bare vand [water]

inâ Dens tilholdssted. [place]

inalugaliarssuk Den særlig lille søpølse. [sea cucumber]

inalugalik En søpølse. [sea cucumber]

inât Deres tilholdssted. [place]

ínerfik Tørreramme af træ til skind. (Da der ikke er jord til at stikke pløkke i). (*pâgtût*). [forehead]

íngeqángitsoq Der ingen spidser har. [tusk (narwhal)]

íngik see *tûgâk*

íngikitdliartortukasik Den amauthættelignedne. (Den der spidser til opefter) [tip]

inginligtuartoq {*ingiuligtuartoq*} Hvor der altid er dønning. [swell]

íngíngua Dens lille spids. [tip]

íngíngualik Der har en lille spids. [tip]

ingnerssuarujuit De slemme menneskelignende væsener. [*innersuit* (mythical beings from Greenlandic traditional stories)] *ingnerssuit* Menneskelignende væsener (de har ingen riæse, men kun 2 huller som næsebor) der bor bag strandkanten. (Særlig bag bratninger og kan i deres kajakker ro lige ind i klippen). De ror i kajak som mennesker, men vender helst ansigtet bort, når de møder sådanne. De vil gerne lokke mennesker ind eag klipperne til deres land, men følrer et menneske efter og kommer ind bag klipperne, kommer det aldrig ud igen. [*innersuit* (mythical beings from Greenlandic traditional stories, the bearded seal bogey)]

ingnerûlaq see *assorut*

ingnerûlat sordlai assorutit Rødderne på en Fandens Mælkebøtter. Dens blomst kaldes "mĩmĩtaq". [root (of dandelion)]

ínigaq Skind der er spilet til tørre i en træramme. [forehead]

inigssagdlip nua Der har plad's næs. [room]

inigssalik Der har plads. [room]

inugssuarmiut Dem, der bor ved de store mennesker. 3 store toppe på fjeld ligner mennesker (skjoldungen) og har givet navn til den gamle boplads hvis beboere senere flyttede til depotstedet "Skjoldungen" = "*Sarqissukuvik*". [human being]

inugsukasik Den sølle varde. [*inussuk* (cairn)]

ípatíssat {*ípatigssat*} (Sten) der kan være til endebriks eller lampebord. [lamp platform]

íperagssalik see *manilik*

iperagssat Der kan bruges til optænding eller væge [wick]

iperánguit Det gode vægemos. [moss (lamp wick)]

iperqiarfik Hvor man tager hen for at samle vægemos. [moss (lamp wick)]

ipigsautigssarsiorfik Hvor man søge efter hvæssester (Hvor man sø ger efter noret til at gøre skarpt med). [sharpen 2]

ipitarkúnartoq see *qipiorartoq*

ipitarqúnartua see *qipiorartua*

ipiutaq Tandtangen {Landtangen}. [isthmus]

ipiutaussaq Den Tandtangelignende {Landtangelignende}. [isthmus]

isigkat Fødder. [foot]

iso Spidsen. [edge]

isortoq Den uklare. [steam, smoke]

isortup kangerdlua Den uklares fjord. [steam, smoke]

isortup tasia Den uklares sø. [steam, smoke]

íssarssuit see *issaruarssuit*

issaruarssuit {~ *íssarssuit*}. De store briller eller de mange døde fisk: laks. [fish (dead)]

issit Øjne. [eye]

issivfigssuaq Det store sted hvor man faldt i vandet. [fall (into water)]

issivfik Hvor man faldt i vandet. [fall (into water)]

iterdlâ (qagdlussâ) l) Dens havbugtlignende. 2) Dens øjenbrynlignende [depression (in a landscape)]

iterdlak Den kedelformede havbugt [depression (in a landscape)]

iterdlakasik Den dårlige kedelformede havbugt [depression (in a landscape)]

iterdlánguaq. Den lille kedelformede havbugt [depression (in a landscape)]

iterdlaussaq (qagdlússaq) l) Den havbugtlignende. 2) Den øjenbrynlignende [depression (in a landscape)]

iterfiloqangitsoq {*iterfiloqángitsoq*} Der ingen røvskure har. [anus]

iterfilua ~ *iserfilua* Dens røvskure. [anus]

iterfiluk ~ *iserfiluk* Røvskuren. (Furen på et menneske fra rygpen til tarmåbninren). [anus]

itivdle Overbæringsstedet [crossing path (between two fjords)]

itivdleq see *itivdle*

itivdlerssuaq Det store overbæringssted [crossing path (between two fjords)]

itivdlerssup tasia Det store overb ringssteds sø [crossing path (between two fjords)]

itivdliarssuk Det særligt lille overbærings sted [crossing path (between two fjords)]

itivigiâ Stedet, hvor man går op over noget [crossing path (between two fjords)]

itivítariâ Stedet hvor man må gå over (er nødt til) [crossing path (between two fjords)]

itivítariaqartoq Hvor man må gå over (er nødt til) [crossing path (between two fjords)]

itivítariaqartoq orqordleq Det læ sted hvor man må gå over (er nødt til at) [crossing path (between two fjords)]

itivítariaqartorujuk Den sølle hvor man må (er nødt til at) gå over eller køre over [crossing path (between two fjords)]

itivneq Overgangsstedet [crossing path (between two fjords)]

itivnera Dens overgangssted [crossing path (between two fjords)]

itivsâ Dens overgangssted [crossing path (between two fjords)] *itívsâgdlip kangerdlua* Der har et overgangssteds fjord [crossing path (between two fjords)]

itivsâlik Der har et overgangssted. [crossing path (between two fjords)]

itivsâp sâvanîtua Der har et overgangssteds foranliggende {Overgangsstedets foranliggende}. [crossing path (between two fjords)]

itivsaq Overgangsstedet [crossing path (between two fjords)]

ítoq ~ ningioq ~ âtaq ~ ânaq Ældste mand i huset, husfader, ældste kvinde, husmoder, bedstefader, bedstemoder. [man (in the family)]

itsánguit De gode inderskind (til grl. telt). [tent (skin, inner layer)]

ivertoq En der synger nidviser. (Trommesang). [sing]

ivertúnguit De gode der synger nidviser til hinanden. [sing]

iviángit ~ mitdluagkat. Kvindebryster. [breast]

ivnakasik Den dårlige bratning. [slope (steep)]

(ivnane) iluliunârnerssuit {iluliumârnerssuit} De store hulninger. (Der har en runding indefter). [hollow]

ivnaq Bratning. [slope (steep)]

ivnarssuautâ Dens store bratning. [slope (steep)]

ivnârssuit De ret små bratninger. [slope (steep)]

ivnarssûp inua (jfr. *tatsip inua*) Bratningens ånd (beboer). [hillside]

ivnatsiait De ret store bratninger. [slope (steep)]

ivnatsiait qeqertâ De ret store bratningers ø. [slope (steep)]

ivssoq Tørv. [peat]

ivssorigsoq Der har god tørv. [peat]

ivssuluatsiait {ivssuatsiait} De ret mange tørv {Den ret megen Vandmos}. [moss]

ivssuatsiait (jvf. *maneq*) Mosset (vægemosset). [moss]

ivssuatsiâkasik Det sølle vægemos). [moss]

kagssortôq Der har megen blåis. [ice (chunk of)]

kagssulersorfia Den hvorfra den forsynes med blåis. [ice (chunk of)]

kagssulersorfik Den der skyder blåis ud. (forsyner den med blåis). [ice (chunk of)]

kaisarip nasâ Kejserens hat (krone). [emperor]

kakilisait Hundestejlerne. [stickleback (*Gasterosteus aculeatus*)]

kakíssat Lysteren. [leister]

kákiviaq Overlæben (Stykket under næsen). [lip (upper)]

kaligtúnguaq Den lille der slæber (bugserer) noget [drag]

kamik Skindstøvle. [boot]

kamissat Kvindehalvskindsstøvler. [boot]

kanajoq Ulk. [sculpin (*Myoxocephalus scorpius*)]

kanajorssuit De store ulke. [sculpin (*Myoxocephalus scorpius*)]

kanajorssuit tasiat De store ulkes sø. [sculpin (*Myoxocephalus scorpius*)]

kangeq Forbjerg. [promontory]

kangerdlorujugta igdlordlequtâ. Vor sølle fjords tilsvarende på den anden side. [promontory]

kangerdluarssugssuaq Den ret store fjord. [fjord]

kangerdluarssukasik Den særlig lille slemme fjord. [fjord]

kangerdlugssuarmiut Dem der bor ved den store fjord *kangerdlugssuarmiut* – nu Scoresbysund, der bruges udadtil. Selv bruger de den gamle form. [promontory]

kangerdlugssuarmiut kangerdlivat – nu Scoresbysund. Dem der bor ved den store fjords fjord = Nordvestfjord. (Bruges på samme måde som 123.) [promontory]

kangerdluk Fjord. [fjord]

kangerdlukasik Den slemme fjord. [fjord]

kangerssuatsiaq Det ret store forbjerg. [promontory]

kangersuneq Fjordarn {Fjordam} i bunden af en fjord. [promontory]

kangerujuk Det sølle forbjerg. [promontory]

kangia see *sordlâ*

kangigdleq Den østligste. (Vestkyst). [eastern]

kangigdlît De østligste (Vestkyst). [eastern]

kangikasik Det slemme forbjerg. [promontory]

kangmit Skind støvlerne. (Kamikker). [boot]

katerssorsimavfik Samlingsstedet [collect]

kautoríssat Dem man rager under (sten) for at fange laks med hænderne. [reach under]

kiasik Skulderblad. [shoulder blade]

kiat ~ *kiatak* Overkrop. [body (upper)]

kiatangmint {*kiatangmiut*} Dem der bor ved overkroppen. [body (upper)]

kigdlormut sangmissoq Den der vender den forkerte vej. [wrong]

kigssavaussánguaq Den lille (gode) kammusling. [scallop]

kigssavaussaq Kammusling. [scallop]

kigssavaussarsiorfik Hvor man søger, samler kammuslinger. [scallop]

kigssavaussartalik Der har kammuslinger. [scallop]

kigssaviarssuk ~ *qungasikitsoq* Falk. [falcon]

kigutaernarssuit nuat De mange blåbærs næs. [bilberry (*Vaccinium uligi-nosum*)]

kigutililik Der har havkatte [catfish (*Anarrhichas lupus*)]

kigutit (nerrisit) Tænder. (Dem man spiser med). [teeth]

kikiatsiâkasik Det ret store søm. (Sten ligner søm og giver navn) [nail]

kilúkûssât Der ligner en vej mellem bagvægge (i et grl. hus). (Somom man kørte langs huses bagvægge) [wall (*kilu*)]

kilúkut Mellem bagvæggene [wall (*kilu*)]

kînâlik Der har en sort snude (ansigt) som sortsiden. [snout (face)]

kînaq Ansigt [face]

kingigtnarssuk {*kingigtuarssuk*} Den ret knejsende. [protrude]

kingigtúnguaq Den lille knejsende. [protrude]

kingingneq Det knejsende. [protrude]

kipisagssat ∼ *suvdluitsut* (Noget man skal skære af). Spiselig bladtang. [seaweed (*Alaria esculenta*)]

kisimîlârtoq Den der ligger alene. (lidt for sig selv). [alone]

kitâmiutut. Østkystens fønvind. SØ. efter østgrønlandsk, NV. efter vestgrønlandsk. [wind ("southeastnortheast")]

kitdleq Den vestligste. ["southnorth" (orientation)]

kitdlermiut Dem der bor ved de østligste. (vestligste) ["southnorth" (orientation)]

kitsítulik Der har noget, der er sunket. (Konebåd er sunket udfor). [sink]

kivdluivfik (*suvdluitsunik* = bladtang af {- af bladtang {Bladtang}}) Hvor man skærer no et af (spiselig bladtang). [protrude]

kuáneq Kvan. [angelica]

kuánersiorfia Dens sted hvor man (søger) samler kvaner. [angelica]

kuániarssuk Der ikke har særlig mange kvaner. [angelica]

kuánigdlip kangerdlua Hvor der er kvaners fjord. [angelica]

kûgarmiut Dem der bor ved smeltevandselven. [river]

kûgpalugtoq see [*ooq* (onomatopoeia)]

kûgssuaq Den store elv. [river]

kûgtulik Der har noget, der løber som en elv. (Noret bliver overflydt ved højvand og vandet løber ind som en elv). [pour]

kujaleq (Kap Dan). Det man har søndenfor sig. ["south/north" (orientation)]

kujalequtâ Dens søndenforliggende. ["southnorth" (orientation)]

kujámut Mod syd. ["southnorth" (orientation)]

kujámut nûkasia Dens slemme næs mod syd. ["southnorth" (orientation)]

kujapigkat (qimerdluit atdlît) De nederste ryghvirvler. [vertebra]

kujatdleq Den sydligste. ["southnorth" (orientation)]

kûk Elv. [river]

kukit (qitsûtit) Neglene [nail, claw]

kûkitsúnguit De der kun har små elve. [river]

kumait Lus. [louse]

kûngmiut Dem der bor ved elven. [river]

kuvdloq. Tommelfingeren. [thumb]

majorartuartoq Den der altid må gå mod strømmen. (Der er megen strøm her, og øen må gå (stå for) mod strømmen, enten den løber den ene eller den anden vej). Har altid modstrøm. [up (slope, way)]

majorqartôq Der har en lang opkørsel. [up (slope, way)]

mamartúnguit De små (gode) der smager godt. [taste (good)]

mamartut ~ mamá De der smager særlig godt. (Der er fine kvaner her). [taste (good)]

mamê Dens afskravede spæk. [skin (underside), blubber]

maneq see *ivssuatsiait*

mánêrutiuitsoq Der aldrig er uden æg. (Der aldrig bliver tømt for æg). [egg]

mánguguersiorfik aussivik Hvor man tilbringer mildningen. Hvor man tilbringer sommeren [warm weather]

manigsagaq Den der er jævnet. (Slebet glat af isen). [uneven]

mánigsarpunga Jeg har fundet æg. (Rede med) [egg]

mánigsartut Æggesamlere. [egg]

manigsoq (nalingmagtoq) Den ens (jævne). [even]

manîlalersorfia Den der skyder (forsyner den med) ujævn is ud. [uneven]

mániligssuaq Den der har mange æg. [egg]

mániligssuit Dem der har mange æg. [egg]

manilik (íperagssalik) Der har vægemos. [moss (tussock)]

manîtsulersorfia see *manîlalersorfia*

maqissuatsiaq Den der løber (tapper) meget. (Elv løber ud af bratning. [tap]

marrakasik Det dårlige ler [clay]

merialeqaoq Så, nu kaster han op. [vomit]

merialeqaup nûa Så nu kaster op's næs. [vomit]

merquitsoq (1) Den ubevoksede. [bare (landscape)]

merquitsoq (2) see *toqusimassoq*

merqukitsuarssuit De sølle små meget lidt bevoksede. [bare (landscape)]

merqukitsúnguaq Den lille meget lidt bevoksede. [bare (landscape)]

mikileraq Ringfingeren. [finger (ring)]

milait Pletterne. [spot]

mililertortoq Den der hurtig spærres (af is). [stop (block)]

militaq ~ *sapuserfik* Den man spærrer. (Hvor man sætter spærringer). [stop (block)]

miteq Edderfugl [duck (eider, *Somateria mollissima*)]

moritsoq ~ *morîtsulik* Der er sleben glat (af isen). [grind]

nagdlersîvik ~ *qámavik* Hvor man venter til noget kommer udfor en. (Hvidfisk) [wait]

nagssugtût De storhorned. (Ulke med spidse pigge på ovedet. (*qivâqe*). [horn]

nagssuit Hornene. [horn]

nagssuk Hornet. (på dyr). [horn]

naitsut (*sêrqerngit amitsoralârarssuit, igdlume tupermilo atugkat*) Meget smalle kvindebukser, til indendørs of {og} teltbrug. [pants (short skin, women's)]

najúngarfik Hvor noget bliver bøjet. Andre så mand vade i elv og synes hans ben blev krumme (bøjet). (Lysets brydning). [bend]

najúngarpok Den bliver bøjet (krum). [bend]

najungassoq (puissip) Ribben. [rib]

najungassorssuaq Det store ribben. [rib]

nákâjuartukasik Den slemme der stadig kalver. [stumble]

nákâlassoq Den der stadig falder noget ned fra. [stumble]

nákânikasît Det slemme stenskred. [stumble]

nakasungnât Læggene [calf]

nâlángitsoq Den ulydige – uartige [disobedient]

nâlángitsup nunatâ Den ulydiges nunatak [disobedient]

nalingmagtoq see *manigsoq*

nangmagalik see *erssugalik*

nanoq Bjørn. [bear]

nanoqarajugtoq Hvor der ofte findes isbjørne. [bear]

nanortalik Der har en bjørn. [bear]

nanuerserfik Hvor man mistede en bjørn. (Hvor en bjørn, man var på fangst efter, undslap en). [bear]

nánup igdluvigâ (apume qârusuliag). Bjørnehi. [polar bear (den)]

nánup igdluvigâlik Der har et bjørnehi. [polar bear (den)]

napariaq Slædeopst anderen. [stanchion (dog sledge)]

náparsirnassukasîp agssua Den sølle der er rejst op's vind side. [sick]

napassorssuit De store opretstående. (Elvens stråler falder brat ned). [place (upright)]

napassorssuit nûat De store der står ret op's næs. [place (upright)]

nardluluk Den ikke helt lige. [straight]

narssarigsoq Der har en god slette. [plain]

narssaumaneq Den flade jævne sletteagtige. (Højslette – Platean). [plain]

narssaumanerit De flade jævne egne. (På fjeld – højslette)(I ældre tider var det legeplads for unge mænd og kvinder = *igdlerusârfik* = Hvor man leger far og mor, hvor de tilbragte en del af sommeren. Nogle af de unge kvinder var gravide, når de kom ned. [plain]

narssaumanilínguaq Den lille (gode) der har noget sletteagtigt (Et plateau). [plain]

narssaumanîngûp timilia Den lille (gode) flade engs (plateanets {plateauets}) indenforliggende. [plain]

nasâ Dens hætte [cap]

nasaussaq Den hattelignende {hættelignende}. [hood]

naserqaviusartukasik Den sølle man plejer at holde udkig fra. [look out]

nasigfigssánguaq {*nasigfigtalínguaq*}. Det gode (lille) udkigssted {lille (gode) der har et udkigssted {Udkigssted}}. [look out]

nasigfigtalik Der har et udkigssted. [look out]

nasigfik Udkigsstedet. [look out]

natdlangassoq Den der ligger ned. [lie down]

natseq ~ saggak Fjordsæl (Ringsæl). [seal (ringed)]

natserssuaq (neriniartoq) Klapmyds. Den der søger føde. [seal (hooded)]

natserssuaraq Klapmydsungen. (Ryggen på fjeldet er sort og det underste hvidt ligesom på klapmydsunger). [seal (hooded)]

natsilik Der har en sælskindspels [coat (sealskin)]

nauja En måge. [gull]

naujaernerit Stederne hvor mågerne er taget fra (nyere navn). [gull]

naujarujuk Den ringe måge. [gull]

naujat Mågerne. [gull]

naujat inât Mågernes tilholdssted. [gull]

naujatsiait De ret mange (store) måger. (gammelt navn). [gull]

nauligagaq Den man kaster efter med harpen {Harpun {harpun}}. (I æl-
dre tider troede man, at man ville træffe det, man kastede efter, hvis
man kastede med harpen {Harpun {harpun}} efter en klipperevne
og ramte den, således med ovenstående klipperevne). [harpoon 2]

naussut kangerdluat. Blomsterbugten. (Blomsternes (Bevoksningernes)
fjord). [flower]

nerdleq Vildgås. Grågås. [goose]

nerdlerit inât kangigdleq Vildgæssenes vestlige tilholdssted. [goose]

nerdlerit inât kitdleq Vildgæssenes østlige tilholdssted. (Øst og vest er på
østkysten omvendt af vestgrønland ligesom nord og syd). [goose]

neriniartoq see *natserssuaq*

nerrisit see *kigutit*

niaqoq Hoved. [head]

niaqornaq Den hovedlignende. [headlike]

niaqornaqartúnguaq Den lille der har en hovedlignende. [headlike]

niaqornarssuaq Den store hovedlignende. [headlike]

niaqúngua Dens lille (gode) hoved. [head]

niaqúnguaq see *niaqúngua*

nigertôq Der har hård NØ. (SV. på vestkysten) [wind ("southeastnorth-
east")]

niggernertôq Der blæser hårdt af NØ [wind ("southeastnortheast")]

nigsigarfik Hvor man fisker med stangkrog. (Efter laks). [hook]

nikatdlorpoq Er nedslået – ked af det, (**sûkiaq tássa**)? [depressed (feeling)]

nikatdlungassoq Den nedslåede. Den der er ked af det [depressed (feeling)]

nimerutâ (qingmip siggungmigut) Dens bånd [wrap around]

nimerutigdlip qáqarssua Den der har et bånd om's (snuden) store fjeld
[wrap around]

nimerutilik Den der har bånd om snuden [wrap around]

ningioq see *ítoq*

niôrqaivigigsoq Stedet der er godt at losse (smide) (konebådslasten) i
land (eller laste fartøjer) [unload (place to)]

niôrqaivigigsup Hvor der er godt at smide (losse) ting i land (eller laste
fartøjer). [unload (place to)]

niôrqaivik Stedet hvor man kan smide (losse) ting i land (eller laste
fartøjer). [unload (place to)]

nipíngassut Dem der er klistret ovenpå hinanden. [stick]

nipíngassut ikerasât Dem der er klistret ovenpå hinandens sund. [stick]

nísuma kangia see *sordlak ~ kangia*

nivfê Dens indvendige tarmhinder. [intestine (internal membrane)]

nivfínguarssuit De mange små tarmhinder. (indvendige). [intestine (internal membrane)]

nivfît De indvendige tarmhinder. [intestine (internal membrane)]

nûgârssuk Det særlig lille næs. [headland]

nugâtsiakasik Det slemme ret store næs. [headland]

nûgâtsiánguaq Det gode ret store næs. [headland]

nûgâtsiaq Det ret store næs. [headland]

nugfit Fuglepilen. [bird dart]

nûgssuaq Det store næs. [headland]

nûgssûp kangimut qeqertangua Det store næsses lille ø mod vest (østgrønlandsk). [headland]

nûk Næs. [headland]

nukeqarunartoq Den man må mene har mange kræfter. [strong]

nuloq rumpe. [buttock]

nulua Dens rumpe. [buttock]

nuluatsiait De ret store bagdele (rumper). [buttock]

nunakitsúnguaq Der kun har lidt land. [land]

nunarssuaq Det store land. [land]

nunataq Landstykket (specielt for fjeldtoppe, der rager op over indlandsisen). [land]

núngarut Trapåre. [vein (in rock)]

núngarutâ see *qimiuta*

núngaruteqartukasik Den slemme, der har en Trapåre. [vein (in rock)]

nûnguaq Det lille næs. [headland]

nuniagfik Hvor man plukker bær. [pick berries]

nuniagfik Stedet hvor man plukker bær. [pick berries]

nuniagiarfik Hvor man tager hen for at plukke bær (og tage dem med hjem). [pick berries]

nutdlut Bagdelene (Rumperne). [buttock]

nutsat Hår. [hait (single)]

oqaq Lungen {Tungen}. [tongue]

oqúmiaq Mund fuld. (Det man har i munden). Tyggede spækstykker til gammeldags vægstenslampe. Benstykket man har i munden, (bider i med tæn derne) når man borer med drilbor. [put s.th. in one's mouth]

oqúmíssap itivnera Mundfuldenes o.s.v. overgangssted. [put s.th. in one's mouth]

oqúmíssat Mundfuldene o.s.v. [put s.th. in one's mouth]

ordle (*sârugdlik tasiussanĩtoq* = Torsk i nor der overflydes ved højvande. Benstykke med hul i til at sætte hundeskaglerne fast i [cod(fish)]

ordlínguit De gode torsk [cod(fish)]

ordlunialeqaoq Så, nu vælter (falder) den lille. (Den lille der ser ud til at ville vælte, men aldrig gør det). [fall]

ordlunialeqaoraq Så, nu vælter (falder) den lille. (Den lille der ser ud til at ville vælte, men aldrig gør det). [fall]

oriarfik ~ *qiserfik* Hvor man spytter noget ud. [spit (out)]

oriarpoq ~ *qiserpoq* spytter. [spit (out)]

oriartarfik ~ *qisertarfik* Hvor man plejer at spytte noget ud. [spit (out)]

orqordleq Den længst ad læ til. [place (lee side)]

orqordliat Deres i læ liggende. (Den der ligger på deres læside. [place (lee side)]

orqorteq Mod læ. Den længst ad læ til, bruges også som betegnelse for: mod nord. {Mod læ {Læ}. Den længst {Længst} ad læ {Læ} til. Begge disse ord {Ord} bruges også {ogsaa} som betegnelse {Betegnelse} for: "Mod Nord"}. [place (lee side)]

orrútoq ~ *uvertoq* Den hældende. Der har slagside. [slope]

orssoq Spæk. [grease (blubber)]

orssugiagtalínguaq Den lille der har {Feldspat {feldspat}}. [cryolite]

orssugiak Feltspatten {Feldspatten}. Kryotithen. [cryolite]

orssugiatsiánguaq Den gode ret megen feltspat {Feldspat {feldspat}}. [cryolite]

orssulik Der har spæk. [grease (blubber)]

orssup qeqertai Spækkets øer. [grease (blubber)]

pâgtorfik Skindtørringsstedet (ved at spile skindene ud med pløkker – som regel ribbenene af sæler. [peg]

pâgtugaq Skind – udspilet med pløkker for at tørres. [peg]

pâgtût (1) Pløk (der bruges til at spile skind ud med. [peg]

pâgtût (2) see *ínerfik*

pâgtûterujuit De sølle skindudspilingspløkker. (Der er meget lidt jord, så man må spile skindene ud ved at sætte pløkker af træ fast i revner i klippen. [peg]

pâgtutínguit De små (gode) skindudspilningspløkker. [peg]

palasip qámavíngua Præstens gode fangssted. (Lurested). (Hvor han satte sine garn). [priest]

palungatâq Hunden med nedhængende øren [dog (with hanging ears)]

pamiagdluk Sælhalen. [tail]

pamiagdlukasik Den sølle sælhale. [tail]

pamiagdlûssaq Den sælhalelignende. [tail]

pamioq Halen (Den man slæber efte sig). [tail]

panersivigssuaq {*panersîvigssuaq*} Den store tørreplads [dry (out)]

panersigaq Det man tørrer [dry (out)]

panersîvai Venter på at kød eller lodder (*angmagssat*) skal tørre) [dry (out)]

panersîvigssua Dens store tørreplads [dry (out)]

panersîvigssûp nûa Den store tørreplads' næs [dry (out)]

pângnigfiat Hvor de (parres) leger. (Fisk – Laks undtr gydningen) [mate]

pângnigfik Gydestedet (Parringsstedet). [mate]

panitsiánguaq Den ikke ilde datter [daughter]

paornaq Krækkebær (Revlinger) [crowberry]

paornaqutigigsoq Der har god lyng [crowberry]

paornaqutit Krækkebærlyng [crowberry]

paornat Krækkebærrene (Revlingerne) [crowberry]

parqerfît Stederne der bliver tørre med lavvande [dry (out)]

patdlungassoq. Den der ligger faldt {fladt} ned. [lie down (flat)]

pavfik Håndled. [wrist]

pavfínguaq Det lille håndled. [wrist]

pernera Dens albueled. Sammenføjning. [elbow]

perpalugfik Hvor man lavcr støj. 255) for at hugge vegsten ud og 1401) ved at søen bryder med øen [noise]

perqumausiorfik see *pilivik*

perseq Snefygning [whiteout]

perserajugtoq Hvor det ofte fyger. Snefygning. (Den der tit får noget der kryber eller stritter ud fra toppen [whiteout]

perussat Dem der er lagt noget tungt (vægt) på [weight something down]

pigsigfínguaq Det lille sted hvor man sprang over [jump]

pikiutdle Den der har mange æg. [egg]

pikiutdlit Dem der har mange æg. [egg]

pilagfik Flænsestedet. [rip off]

pilivik ~ *perqumausiorfik* Hvor man tørrer kød (fisk) til vinterforråd. [storage]

pingo Mågetuen. [hummock]

pingúnguaq Den lille mågetue. [hummock]

pinigssat Kamikstråret (Tørret græs til at lægge mellem kamikkens yder- og indersål. [grass (to put inside boots)]

Piteraq see **sámersernertêq**

Piteraqsangmigamiuk see **sámersernertêq**

pôruseq Spækposen. [bag (for blubber)]

puissertussoq Der har mange sæler. [seal 1]

puissit sermersiorfiat Sælernes tilholdssted ved en bræ. [glacier]

puissortoq Den hvorfra noget dukker op. [surface (appear in the water)]

púkîmaneq see *púkitsukujôq*

púkîmanilik Der har noget der er lavere end det andet. (Lavning). [low]

púkitsormiut Hollænderne [Dutch]

púkitsukasia Dens sølle slemme lave. [low]

púkitsukasiata kujámut kangerdlua Den sølle laves fjord mod syd (efter østgrønl, nord nem efter vestgrønl.). [low]

púkitsukujôq Den ret lave. [low]

pukugkiartortoq Den der tager hen for at plukke bær (og spise dem med det samme). [pick berries]

pukusuk Nakke [neck (nape of the)]

pulariaq ~ *pulámagiaq* Indløbet. [inlet]

pússut Klemmefingrene. (Tommel og pegefinger. [finger (thumb and index)]

putdlat Fælden. [trap]

putdlatínguaq Den lille fælde. [trap]

putdlatit Fælderne. [trap]

putugdlip nûa Der har et huls næs. [hole]

putugkut (isordlît) Tæerne (De yderste). [toe]

putugoq (isordleq) Tå (Den yderste). [toe]

putugua Dens tå. [toe]

putulik Der har et hul. [hole]

qaersoq Klippen [cliff]

qaersorssuaq Den store klippe [cliff]

qaersorssuit De store klipper [cliff]

qagdlussâ see *iterdlâ*

qagdlússaq see *iterdlaussaq*

qagssiarssuk Den temmelig rundagtige bugt. [bay (rounded)]

qagssuserfik Garnfangststedet. (Hvor man sætter garn) [net (heavy)] *qáinap timâ* Kajakkens indenforliggende fastland eller større ø [kayak]

qáinivik ~ qajaqarfik Hvor man efterlod sine kajakker [kayak]

qáiniviup (~ qajaqarfiup) umiatsialivia Hvor man efterlod sine kajakkers bådehavn [kayak]

qajáitsoq Der ingen kajak har [kayak]

qajaq Kajak [kayak]

qalerîgsârtoqartoq Der har noget der er lagt oven på hinanden. (Forråd). [stack]

qalipagkat ~ ajapertagaqartut Lange malede kvindestøvler. (Dem der har noget, man kan støtte sig til) [boot (women's)]

qalumârneq Udhulningen. [hollow]

qalutautit ~ qatdlut Øse (til at hælde ferskvand på den rødlige tang). [ladle]

qámaverujuk Det sølle fangststed. [await (hunt)]

qámavik see *nagdlersîvik*

qamusivik ~ ikât Slædestativet (Højt stativ, hvor man sætter slæderne op, for at hundene ikke skal æde remmene. [sled(ge)]

qamuti(lu)arssuk Den sølle hundeslæde. [sled(ge)]

qanagtâ Dens teltstang (Grønlandsk telt). [pole (tent)]

qaneq Mund. [mouth]

qanganisánguaq Den lille (gode) fra henfarne (forgangne) tider. [bygone, long ago]

qangatanil[i]k Der har et hulrum (hule) [cavity]

qanigtorsiorfik Hvor man søger det nærmeste sted. [get nearer, closer]

qanitdlagtorfik Hvor man bringer noget hen, for at det kan være nærmere hjemme. [get nearer, closer]

qaoq Pande. [forehead]

qapiarfik Skavebænk, høvlebænk. (Hvor man skavede skind). [skin (an animal)]

qapiarfiussaq Den skavebænkelignende. [skin (an animal)]

qapiartûssaq Den der ligner en der skaver skind. (Sten ligner kvinde, der skaver skind). [skin (an animal)]

qáqarssuakasik Det store slemme fjeld. [mountain]

qaqitsivigssaqartorujuk Der har et ret godt sted at trække noget op på. (Sæler, inden de skal flænses). [pull]

qaqitsivik Hvor man trækker noget op. (Sæler hales op her, dækkes med sten for at gemmes til senere afhentning). [pull]

qaqivfilitsiaq Hvor der (heldigvis) er et opstigningssted, opgang. [pull]

qarqarssuatsiaq {*qáqarssuatsiaq*} Det re store fjeld. [mountain]

qarajaq see *iluliumaneq*

qarârpalugtoq ~ *qârpalugtoq* Hvor man hører brænding. Den der rumler. (Bryder og bryder – søen mod kysten). [sound (crackling)]

qardleqarfiungitsoq Hvor man ikke kan have bukserne i fred. (Mand lægger sig til at sove, og da han vågner, opdager han, at nogen har taget hans bukser). [trousers]

qardligpâjussat De skindbukselignende. (Vandskind, uden hår). [trousers]

qardlît Bukserne. [trousers]

qardliussat De bukselignende. [trousers]

qârfik Hvor noget blev sprængt. [burst]

qarssâp tasia Lommens sø. [loon (*Gavia stellata*)]

qarssâq (begge bruges) En lom. [loon (*Gavia stellata*)]

qarssât inât Lemmernes tilholdssted. [loon (*Gavia stellata*)]

qârtítoq (Den der fik en brådsø over sig og tog et menneske med). Hvor søen tog et menneske. [burst]

qârtítup timilequtâ Hvor søen tog et menneske's indenforliggende. [burst]

qârusugtalik Der har en hule [cave]

qârusuk En hule [cave]

qasigialik Der har spraglede sæler. [seal (harbour, *Phoca vitulina*)]

qasigiánguit De små gode spraglede sæler. [seal (harbour, *Phoca vitulina*)]

qasigiaq En spraglet sæl. [seal (harbour, *Phoca vitulina*)]

qasigíssap ernivia Den spraglede sæls yngleplads (sted). [seal (harbour, *Phoca vitulina*)]

qasíngortôq Der giver en stærk hul lyd. [hollow (sound)]

qatdlut see *qalutautit*

qatigak Ryggen [back]

qatigkap itivnera Ryggens overgangssted [back]

qaujussaq 1) Den pandelignende. 2) Den brikseskindlignende. [forehead]

qaumassoq Den lyse. [light (off)]

qavángarnisánguaq Den lille (gode) sydlænding [wind ("southnorth")]

qavdlunâp timilia Danskerens indenforliggende [Danish]

qavdlunaq Danskeren [Danish]

qavdlunât qáqarssuat Danskernes store fjeld [Danish]

qeqertâ Dens ø. (Dens for sig selv liggende). [island]

qeqertánguit De små (gode) øer. [island]

qeqertánguit De små gode øer. [island]

qeqertaq Ø. [island]

qeqertarmiut Dem der bor ved øerne. [island]

qeqertârqat De meget små øer [island]

qeqertarssuatsiaq Den ret store ø. [island]

qeqertarujuit ~ *qerqardlît* De sølle midterste øer. (De sølle midterste for sig selv liggende). [island]

qeqertarujuk Den sølle ø. For sig selv liggende. [island]

qeqertaussaq Halvøen (En slags ø). [island]

qeqertaussat Halvøerne. [island]

qernertap see *tûgâq*

qernertorujuk Den sølle sorte. [black]

qernertúnguit De små sorte. [black]

qerqardlît ~ *qiterdlît* De midterste. [middle]

qerqûssat Alger (rørtang). [seaweed 1]

q[e]rrortûp qáqarssua Der har mange stenrevsers store fjeld. [stone (pile of)]

qerrortût Der har store stenrevser. [stone (pile of)]

qerrukasik Den slemme stenrovse. [stone (pile of)]

qerrukasît De slemme stenrevser. [stone (pile of)]

qerrut qáqarssuat Stenrovsernes store fjeld. [stone (pile of)]

qerrut Stenrovser. [stone (pile of)]

qîanartoq Hvor der er koldt. [freeze]

qîassoq Den kolde (Den der fryser). [freeze]

qiasúnguakasît Staklerne der græder [cry]

qiavfik Grædestedet. (Hvor man græd) [cry]

qilalugkat nunât Hvidfiskenes land. [beluga]

qilanârtûtigssarsiorfik Hvor man søger noget til at stille længslen med. [look forward]

qilangrniut Dem der bor ved himmelen. [sky]

qilerterssuit De store hårtoppe. [topknot]

qilertit Hårtoppene. [topknot]

qilerua Dens ar. [scar]

qîlik Den gråhårede (Der har grå hår). [grey hair]

qilugtoq Den der gør (Den gøende). [bark]

qimatulivik Forrådsstedet. [store (provisions)]

qimerdluit atdlît see *kujapigkat*

qimiuta ~ *núngarutâ* Tovet man hænger den i, (en hund). Dens Trapåre (øens). [string (in a trap or net)]

qinerfigissartagaq Hvor man plejer at holde udkig fra. [search]

qinerfik Udkigsstedet. (Hvorfra man søger noget). (Holder udkig med sødyr). [search]

qingâkasik Den sølle fjeldryg. [mountain ridge]

qingaq Næsen [nose]

qingartaq Fjeldryggen. [mountain ridge]

qingaussakasik Den sølle fjeldryglignende. [mountain ridge]

qingmerqortusarfik Hvor man (lader hundene vokse) søger at få store og stærke hunde [dog]

qingmertaejarialik Hvor man må spænde hundene fra: (nedkørselen er på et stykke så stejlt, at man må spænde hundene fra og fire slæden ned) [dog]

qingmínguartalik Der har en lille hund [dog]

qingmip siggungmigut see *nimerutâ*

qingnivilik Der har et forrådssted. (Stendysse) [cache]

qíngoq Bunden. [innermost part (fjord, cave)]

qíngordlît Dem der bor nærmest ved bunden. [innermost part (fjord, cave)]

qíngorssuaq Den store bund. [innermost part (fjord, cave)]

qíngúngua Dens lille gode bund. [innermost part (fjord, cave)]

qîoqit Mågeart. [gull (type of)]

qipiorartoq Den der snor sig (*ipitarkúnartoq* = den man kan komme i klemme i. [twist]

qipiorartua Dens snoning, (*ipitarqúnartua*). Stedet hvor man kan komme i klemme. [twist]

qiserfik see *oriarfik*

qiserpoq see *oriarpoq*

qisertarfik see *oriartarfik*

qissuarssuit Det ret meget drivtømmer [wood]

qissuit Drivtømmeret [wood]

qissuit nûat Drivtømmerets næs [wood]

qissuk Drivtømmer [wood]

qiterdleq Langfingeren. [finger (middle)]

qiterdlît see *qerqardlît*

qiuvfigissâ Stedet hvor han frøs ihjel. [freeze]

qiuvfik Hvor man frøs ihjel. (Fugle). [freeze]

qivdlakiaq (Glimmer) Marieglas. [glitter]

qivdleq ~ *qivdlertoq* Den skinnende. [shine]

qivdlertut De skinnende. (Marieglas). [shine]

qivdlertut nûat Det skinnendes næs. [shine]

qivdlip ~ *qivdlertup kangerdlua* Det skinnendes fjord. [shine]

qivífik Hvor man tog hen som fjeldgænger [*qivittoq* (a ghost man living in the mountains)]

qivítup igdlua Fjeldgængerens hus [*qivittoq* (a ghost man living in the mountains)]

qivssartarfik Hvor man må vride (sno) sig for at komme op gennem kløften. (På en bratning). [gap, crack]

qoqernángitsoq Der ikke buldrer, så man bliver ør i hovedet [deafening]

qordlorpalugtoq see [*ooq* (onomatopoeia)]

qordlortoq Vandfaldet [waterfall]

qordlortorujuk Det sølle vandfald [waterfall]

qôrnoq Snævringen. [gulch]

qôrnuarssuk Den ret lille snævring. [gulch]

qôrnuata itivnerata arqariâ Dens snævrings overgangs nedkørsel. [gulch]

qornúnguaq Den lille gode snævring. [gulch]

qornúnguaraq Den gode meget lille snævring. [gulch]

qornup qáqarssua Snævringens store fjeld. [gulch]

qôrnutsiaq Den ret store snævring. [gulch]

quarmiut Dem der bor ved det frosne kød. [meat (frozen)]

quissoq En der lader sit vand. [urinate]

quiuartoq Den der altid pisser (stråler) (elv udover bratning). [urinate]

quláukôrsimassoq ~ *quláukôrnegmassoq*. Den hvor noget (sne-vand) er gået over og ned i og fyldt den. [hole (cylindrical)]

quláukôrsimassup kangimut itivnera Den hvor noget er gået over's overgang mod vest. [hole (cylindrical)]

qūmiússakulua Den sølle, den har klemt fast mellem benene. (Søen – vandet). [press thighs together]

qungaseq Halsen (Fjeldet ligner halsen på en sæl, når den svømmer) [neck]

qungasikitsoq see *kigssaviarssuk*

qûngassoq Den indsnævrede. [narrow, contracted]

qungatsip qáqarssua Halsens store fjeld [neck]

qúpakasik see *quvnikasik*

qúpakasît De slemme kløfter. (Revner). [gap, crack]

qúpángauq {*qúpánguaq*} Den lille revne. [ravine]

qúparsiorfik Hvor man må søge op ad kløften. (For at komme op af en bratning). [gap, crack]

qúpartôq Der har mange kløfter. (Revner) [gap, crack]

qúparujuit De sølle kløfter (Revner). [gap, crack]

qúpat Kløfterne. (Revnerne). [gap, crack]

qúpaussakasik Den slemme kløftlignende. [gap, crack]

qúpaussarssuakasik Den sølle store kløftlignende. [gap, crack]

qúpaussat De kløftlignende. (Revnelignende). [gap, crack]

quvneq Kløft, Revne. [ravine]

quvnerrniut Kløftboerne. [gap, crack]

quvnigfik Hvor man kom i klemme. (En sildepisker). [stuck (in a crevice)]

quvnikasik ~ *qúpakasik* Den slemme kløft (revne). [ravine]

quvssagaussaq Den ligesom kløvede. (Bratning hvor kløfter (revner) vider sig ud nedefter). [gap, crack]

sagdleq Den forreste. [place (front)]

sagdlerssuaq Den store forreste. [place (front)]

sagdlît. De forreste. [place (front)]

saggagtoq Der er tyndhåret. [hait (thin)]

saggak see *natseq*

sakissat {*sakíssat*} Bryst [chest]

sâliaqut Det man har foran sig. (Forklæde). [apron, curtain]

sâliaquta Dens forhæng, forklæde. [apron, curtain]

salissâlik Der har noget, der er tætklippet. (Fjeldknolde med græs ligner tætklippede menneskehoveder). [brush]

salissaq Den tyndhårede (tætklippede). [brush]

sanassúnguaq Den der snitter eller laver noget. (Den lille tømmermand). [make]

sangmersarnertôq (*Piteraqsangmigamiuk*) = Hvor blæsten står hårdt på af den den vender imod. (Af *Piteraq*). [facing]

sangmissoq Den der vender mod en. [facing]

sangmissulik Den der har en, der vender mod en. [facing]

sangmissûtâ Dens (fjeld) der vander mod en. (Den der giver den navn af "Den der vender mod en"). [facing]

sangmissûtâta iterdlâ Dens der vender mod en's havbugt. [facing]

sapangaq Perlen. [pearl]

sapuserfik see *militaq*

sâq see *sârdleq*

sârdleq (efter kendtmand, at det betød det, der var nærmest forsiden – *sôrdlo "qáqap sâ"* jvf. *"sâq"*, *"sujorâ"*). Det der ligger nærmest forsiden. [place (front)]

sârdlequtâ Det der ligger foran dens forside. [place (front)]

sârdlermiut Dem der bor nærmest forsiden. [place (front)]

sârdlia Det der ligger foran dens forside. [place (front)]

sarfaq Strømmen [current]

sarfardlersîvik Hvor man venter til strømmen slækken [current]

sarfartitsivik Den der giver strøm [current] *ordlît. sârugdlît tasiussanîtut.* jvf. "Arsuk", hvor de bruger navnet "ordlît" i den samme betydning. [cod(fish)]

sarfarujuk Den sølle strøm [current]

sarqarigsârtúnguit De små, der har en god solside. [sunny side]

sarqarigsut Der har en god solside. [sunny side]

sarqarmiut Dem der bor på solsiden. [sunny side]

Sarqissukuvik see *inugssuarmiut*

sârugdlik tasiussanîtoq Torsk i indsølignende bugter (nor). (Kan også betyde benstykke med hul i til at sætte hundeskaglerne fast i [cod(fish)]

sârugdlît Torskene [cod(fish)]

sâtormiut Dem der bor ved det flade. Det er tvivlsomt, men kendtmand men te det var sådan. Forøvrigt den eneste gang, der er noget med "*sâtut*". [thin, flat]

satse Det langt ude fra kysten. (Vestude, langt til søs, den yderste). [place (farther out)]

satsigsuaraq Den lille langt ude fra kysten. [place (farther out)]

satsigsuarssuk Den ikke særligt langt ude fra kysten liggende. [place (farther out)]

satsigsut Dem langt ude fra kysten – eller ligger forrest ud mod havet. (Vestpå på vestkystenøstpå på østkysten). [place (farther out)]

sâtuatsiâkasik Den sølle ret flade. [thin, flat]

sâvanîtua Dens foranliggende. [place (front)]

sâvanîtuata nûa Dens foranliggendes næs. [place (front)]

sâvat Dens forside {Deres forside {Forside}}. [place (front)]

savítagaq ~ *agtortagaq*. Den man plejer at berøre (røre ved) (føle på). (Inden fangerne tog af sted i kajak (på fangst) skulle de lægge hånden

på dette sted, (lille kløft i rund sten ved stranden. (Kvindens køns-
del), fordi de troede, at det gav god fangst). [touch]

serfaq Teist (Den man kaster med fugle il efter). [guillemot (*Cepphus grylle*)]

serfat Tejsterne. [guillemot (*Cepphus grylle*)]

serfat umîviat. Tejsternes konebådsoptagningssted. [guillemot (*Cepphus grylle*)]

sermeq ~ *aputitaq* Bræ, isoleret sneklat (**apusineq**) (gamle folk sagde, at dens {deres} forfædre kaldte det *sermeq*). [glacier]

sermêrsiut Isskraber. (Til brug i kajak). [glacier]

sermerujuk Den sølle bræ. [glacier]

sermikasîp kangerdlua Den sølle bræ's fjord. [glacier]

sermínguaq Den lille bræ. [glacier]

sermip eqinga Bræens munding. [glacier]

sêrnánguit De goqe (små) syrer. [plant (mountain sorrel (*Oxyria digyna*))]

sêrnaq Syre. (Planten). [plant (mountain sorrel (*Oxyria digyna*))]

sêrnat Syrer. [plant (mountain sorrel (*Oxyria digyna*))]

sêrqerngit Kvindebukser. [trousers (women's)]

serqoq Baglalle. [flipper (hind, seal anatomy)]

serqorpatdlak Så, nu lød der et knald. [bang, pop]

serqulik Der har baglaller. [flipper (hind, seal anatomy)]

serqut Baglallerne (sæl). [flipper (hind, seal anatomy)]

siarqigsoq Den/Det jævnt udstrakte. [stretch out]

siarqigsorssuit De store jævnt udstrakte. [stretch out]

siarqigsup kangia Det jævnt udstraktes rod eller befæstede ende, eller længst ind mod land eller østenforliggende. [stretch out]

siggugssuit De store næb. (Snuder). [snout, beak]

siggut Næbene. (Snuderne). [snout, beak]

sigssaq Strand. [beach]

sigssardlugtoq Der har en dårlig strandbred. [beach]

sikuiuitsoq Hvor isen aldrig smelter [ice]

sikuiuitsua Dens del hvor isen aldrig smelter [ice]

sikuiuitsup sermia Hvor isen aldrig smelter's bræ [ice]

sikurnut ánguvfik see **tikivípik**

silivfínguaq see *agiarfínguaq*

silivfínguit see *agiarfínguit*

simiutâ Dens (ø) der er sat som prop. [stopper]

simiutakasia Dens sølle der er sat som prop. [stopper]

simiutaq Den der er sat som prop. [stopper]

simiutaq see [stopper]

simiutaqatâ Den der er sat som prop sammen med den anden. [stopper]

sineriaq Kysten. Strækning. (Det man må sejle langs med) [coast]

sineriarssuaq Den store kyststrækning [coast]

sinigdluarpit Sov du godt. [sleep]

sinigfia Hans sovested eller seng. (Kan være i en hule eller i læ af en sten). [sleep]

sinigpoq Sover. [sleep]

sioraq Sand. [sand (grain of)]

siorarmiut Dem der bor ved sandet. [sand (grain of)]

siorartánguaq Den lille (gode) sandplet. [sand (grain of)]

siorartôq Der har meget sand. [sand (grain of)]

sipingajagtoq ~ *sípartôq* Der næsten er revet over. (Jvf. "*kigtorsaq*"). [topknot]

sisak Jern. [iron]

sisuakasia Den sølle stenskred (fjeldskred). [mountain slide]

sisuakasît see *ilángaitikasît*

sisuat see *ilángait*

sitdlisigssat Dem man skal (have) bruge til hvæssesten [whetstone]

sitdlit Hvæssesten [whetstone]

sitsungassoq ~ *uvingassoq* Den stærkt skrånende (nedad). [slope]

sitsungassormiut ~ *uvingassormiut* Dem der bor ved det stærkt skrånende (hældende). [slope]

siutit Øren. [ear]

sivinganarssuk Den ret jævne skråning. [slope (upward)]

sivinganeq Skråningen. [slope (upward)]

sordlâ ~ *kangia* Dens rod. [root (of plant)]

sordlagsiorfik ~ *tugdlerúnat* Hvor man søger (samler) rødder. (Her af rosenrod). [root (of plant)]

sordlai Dens rødder. [root (of plant)]

sordlak ~ *kangia* Roden. (Af alle planter, også den befæstede ende f.eks. *nísuma kangia* = Den ende af benet der sidder fast til hofteskålen. [root (of plant)]

sôrdlo see *sârdleq*

sordlorujuit De sølle næsebor [nostril]

sordlût Næsebor (De unge) [nostril]

suak Rogn. [fish roe]

sujorâ see *sârdleq*

sujuleq Forgængeren (Den der er foran en). [predecesor]

sujuliat Deres for ænger (Den der er foran dem). [predecesor]

sulugssugut Rygfinnen [dorsal fin]

sulugssugutikasik Den sølle (slemme) rygfinne [dorsal fin]

sulugssugutip kûa Rygfinnens elv [dorsal fin]

sungarníngitsut Dem der ikke smager bitre. (*assorutit* = Fandens mæl-
kebøtte). [bitter (gall bladder)]

súportôq Den der skyder (puster) meget ud. (Bræ) [concertina]

suvdloq Røret. Åbnin gen. Mundingen. [hole (cylindrical)]

suvdluitsorqortôq Den der har megen spiselig tang (bladtang). [seaweed 2]

suvdluitsut see *kipisagssat*

suvdluitsut see *tinigsîvik*

tagdloq {*tavdloq*} Hagen [chin]

tajarneq Underarmsben (sæl). [bone (ulna, seal flipper)]

tajarnikasik Det sølle underarmsben. [bone (ulna, seal flipper)]

takisôq Den lange. [long]

takissoq Den lange. [long]

takissup ikerasâ Den langes sund. [long]

takisûkujôq Den ret lange. [long]

talerqut Forlallerne. [flipper (fore, sea anatomy)]

talorujuit De sølle skydeskjul [partition]

talut Skydeskjulene. (Murene kan ses endnu). [partition]

târnerssángualik Der har en lille mørk plet [darkness]

tarpanganilínguaq ~ *tarpariarnilínguaq* Der har en lille tragtformet ud-
videlse [funnel-shaped]

tarpangassulik ~ *tarpariarnilik* Der har en tragtformet udvidelse. (Der
skræver udefter) [funnel-shaped]

tarqigssût Lampepinden. (Til at rette mosvægerne op med). [pin for
adjusting the wick of a seal oil lamp]

tarto Nyre [kidney]

târtorujue Dens sølle mørke [darkness]

târtuatsiâq Den ret mørke [darkness]

târtuínaq Den helt mørke. Det bare mørke [darkness]

tartúnguaq Den lille nyre. (Sæl) [kidney]

taseq Sø (ferskvand). [lake]

tasermio Den der bor ved sø en. [lake]

tasilik Der har en sø (Ferskvand). [bay (*nor*)]

tasîttsoq Der ingen sø har. [lake]

tasiussâ Dens indsølignende – Nor. [bay (*nor*)]

tasiussángua Dens lille nor. [bay (*nor*)]

tasiussaq Den indsølignende (Nor). [bay (*nor*)]

tasiussârssuk Den ikke særlig store indsølignende. [bay (*nor*)]

tasiussârssûp eqaloqartua Den ikke særlig store indsølignendes laksefangststed. [bay (*nor*)]

tâterâq Den 3 tåede måge (Tatterat). [black-legged kittiwake (*Rissa tridactyla*)]

tâterât De 3 tåede måger. [black-legged kittiwake (*Rissa tridactyla*)]

tatsip inua see *ivnarssûp inua*

Tatsip inua see *qalumârneq*

táutuluk Der har et dårligt udseende. (Ansigtsfarve) [complexion]

terqialik Der har et overfald som en kasketskygge (Bratning) [cap (brim of)]

terqialik Der har et tagskæg (kasketskygge). Bratning hvis øverste kant danner et slags tagskæg [cap (brim of)]

terqiaq Kasketskygge. (En kant, der stikker ud over bratning) [cap (brim of)]

tigguvê ~ tikâgutâ Dens håndgreb. [handle]

tigguvît ~ tikâgutit. Håndgrebene. Det man griber om. [handle]

tigumiartorujuk Den sølle der holder en i hånden. (Ø ved siden af). [hold (in the hand)]

tikâgutâ Dens håndgreb (på harpun) Hvalens rygfinne. [finger rest (harpoon)]

tikâgutilik Der har et håndgreb. Der har en rygfinne. [finger rest (harpoon)]

tikiuvfik ~ tikerarfik Hvor mange (stadig) kommer til. (Søger til for at redde sig fra at blive klemt af isen. (*sikurnut ánguvfik*). [arrive]

tikiuvfiup (~ tikerarfiup) ikerasâ Hvor mange (stadig) kommer til's sund. [arrive]

timerdleq {~} *time* Den indenfor liggende kyst. Den nærmest ind mod land liggende. [stretch (of land)]

timilia {~} *timâ* Dens indenfor liggende kyst. Dens nærmere ind mod land liggende. [stretch (of land)]

tingmiaq Fugl. Fugleskindspels. [bird]

tingmiarmiut Dem der bor ved fuglene. (Fuglefjeld). Før i tiden skal endelsen mio være blevet brugt. [bird]

tingmiartalik Der har fugle. [bird]

tingmigfik Hvor man havde tynd afføring [diarrhea]

tinguk Lever. [liver]

tingúnguarssuit De temmelig små levere. [liver]

tinigsîvik Hvor man venter, til det bliver lavvande. (For at samle blad-
tang. – *"suvdluitsut"*). [ebb tide]

tinútagâ Det der plejer at løbe tørt ved lavvande. [ebb tide]

tinútagakasik Den sølle der er tør ved lavvande. [ebb tide]

tinuteqissâq Sundet (løbet) der er tørt ved lavvande eller så lavvandet,
at både ikke kan passere. [ebb tide]

tinuteqissârmiut Dem der bor ved sundet, der løber tør ved lavvande.
[ebb tide]

tiqeq {*tikeq*} Pegefinger. [finger (index)]

tivfarfik ~ *timerparfik* Hvor man søgte (tog) ind ed land til eller ind i
landet. [move (further up the beach)]

tivfarfiup ~ *timerparfiup tasia* Hvor man søgte (tog) ind ad land til's sø.
[move (further up the beach)]

toqungassoq Den døde [die]

toqusimassoq ~ *merquitsoq* Der er død eller visnet. (Ø der ingen bevoks-
ning har) [die]

toqutsiniardlune utarqîvik Hvor man plejer at vente for at dræbe nogen [die]

toqutsivik ~ *toqutserfik* Hvor man venter til nogen er død [die]

toquvfia Hvor han døde. Hans dødsted (Watkins. Englænder) [die]

tôrnârssuk Den særlige hjælpeånd. (Af de kristne brugt om djævelen).
[*toornaarsuk* (shaman's helping spirit)]

torssukátak Den husganglignende. (Sund eller fjord der udvider sig til
bredere – større farvand). [hall(way)]

torssukátaup kujámut nûa Den husganglignendes næs mod syd. (Nord
efter vestgrønland). [hall(way)]

tuapârssuit De ikke særlig mange rullesten. Den ikke særlig store rul-
lestensstrand. [pebble]

tûgâq (~ *qernertap*) ~ *îngik* Narhvaltand – Spids. [tusk (narwhal)]

tugdleq Den næst efter [next]

tugdlerúnanik orssigâtilik Der har spæksyltede rosenrødder. [rose root
(*Rhodiola rosea*)]

tugdlerunartûnguaq Den gode, der har mange rosenrødder. [rose root
(*Rhodiola rosea*)]

tugdlerúnartût Der har man e rosenrødder. [rose root (*Rhodiola rosea*)]

tugdlerúnat orssigkat Spæksyltede rosenrødder. [rose root (*Rhodiola rosea*)]

tugdlerúnat Rosenrødderne. (Blomsterne) (Roden hedder **torqulâ**). [rose root (*Rhodiola rosea*)]

tugdlerúnat see *sordlagsiorfik*

tugdligdlip tasia Den der har no get næstefters sø [next]

tûgdlik Ømmert – Islom [common loon]

tugdlikasik Den sølle næst efter [next]

tugdlilik Der har noget næstefter, aller på den anden side af noget. [next]

tugtut nunât Renland. (Rensdyrenes land). [reindeer]

tûkaq Harpunspids. [harpoon (head)]

tukingassoq Den der ligger tværs på landet. [lie (lengthwise)]

tulugánguaq Den gode lille ravn. Ravneungen. [raven]

tulugaq Ravn. {(Arsuk "Qâluaq")} [raven]

tulugkap tuperssuai Ravnens store teltpladser. [raven]

tungujortoq Den blå (grønne). [blue-green]

tuno Bagsiden. [reverse side]

tunuata nunasarnia Østkystens fønvind. SØ. efter østgrønlandsk, NV. efter vestgrønlandsk. [wind ("southeastnortheast")]

tunugdleq ~ *tunordleq* Den bageste. [place (behind)]

tunuleqangitsoq Den der ikke har noget bagved sig. [place (behind)]

tunungassorssuaq Den store (slemme) der vender bagsiden til. [place (behind)]

tupaussat Bukkeblad (Blomst). [bogbean (flower)]

tuperssuakasik Det store sølle telt. [tent]

tuperssuatsiait De ret store teltpladser. [tent]

tupikasik Det sølle telt. (Ligner et grønlandsk skindtelt). [tent]

tupilaliorfik Hvor man laver *tupilak*ker. (Heksedukker). [*tupilak* (witch-craft doll)]

tuve Skulder. [shoulder]

tuvilik Helpels til kajak [kayak]

ugpatip nûa Lårets næs. [tights]

ugpatit Lårene. [tights]

ugpik (kînalik) En ugle. [owl]

ugssuk Remmesæl. [seal (bearded, *Erignathus barbatus*)]

uiarfik Hvor man runder pynten. [ornament]

uiariaq Det man må runde (sejle udenom). [sail around]

uigordleq Det yderste tilhæng. [appendage]

uigordlerssuit De store yderste tilhæng. [appendage]

uigordlît timilequtât De yderste tilhængs indenforliggende. [appendage]

uiloq Musling. [mussel (*Mytilus edulis*)]

uilúnguit De små muslinger. [mussel (*Mytilus edulis*)]

uitdlut Muslinger. [mussel (*Mytilus edulis*)]

uivfaq Det man må (skal) sejle udenom. [sail around]

ujarangornerit {*ujaróngornerit*} Forsteninger. (Nogle kalder dem "kilītat", fordi forsteningerne ligner muslinger). [petrification]

ujarangornertôq {*ujaróngornertôq*} Der har mange forsteninger. [petrification]

ujarangornilik {*ujaróngornilik*} Der har forsteninger. [petrification]

ujarasugssugtalik Der har de del store enlige sten. [stone]

ujarasugssuk En enlig særlig stor sten. [stone]

ujarasugssûssaq Den der ligner en stor enlig sten. [stone]

ujarasugtalerujuk Den sølle der har store enlige sten. [stone]

ujarasugtalerujûp kangerdlorujua Den sølle der har store enlige sten's sølle fjord. [stone]

ujarasuk En enlig stor sten. [stone]

Ujuâkasîp kangardlua Den sølle Johans fjord [John (place name)]

Ujuâkasîp nunâ Den sølle Johans land [John (place name)]

ukaleqartoq Hvor der er harer. (Der har harer). [hare]

ukîverujuk Den sølle overvintringsplads [winter]

ukîvínguaq Det lille (gode) overvintringssted [winter]

ulífnermiut ~ *uligsimassormiut* Dem der bor ved det, der er hyldet i noget. (af højvandet) [covering]

uligsimassormiut see *ulífnermiut*

ulimautikasik Den sølle økse. [axe]

ulimautip ipua Økseskaftet. [handle (axe)]

ulitsivik Hvor man fik noget vendt ud og ind. (Vrangen ud). [turn inside out]

uluak Kind [cheek]

ũmánaq Den hjerteformede. [heart]

ũmát Hjertet. [heart]

ũmatâ Dens hjerte. [heart]

umiánguit De små konebåde. (Klippe ligner konebåde). [*umiaq* (boat)] *umiartorfik* Hvor man for kortere tid tager hen med konebåd eller kajak for at fange og tager tilbage igen. [*umiaq* (boat)]

umingmait kangerdluat Moskusoksernes fjord. (Moskusoksefjord). [muskox]

umîvia Dens sted hvor man tager båd eller konebåd på land. (Her teisternes = **nuerniákat** – konebådsoptagningssted. Se: **umîvik**. [*umiaq* (boat)]

umîvik Hvor man tager båd eller konebåd på land. (Konebådsoptagningssted). [*umiaq* (boat)]

umîviup tugdlerujua Konebådsoptagningsstedets sølle næst efterliggende. [*umiaq* (boat)]

unâq Harpunen. [harpoon 1]

ûnartoq Den hede. (Den man brænder sig på). (Varm kilde). [hot spring]

ûnartortaqartoq Den der har noget man brænder sig på. (Varm kilde). [hot spring]

ûnartorujuk Den sølle (ringe) man brænder sig på (varm kilde). [hot spring]

ûnartorujûp nûa Den sølle (ringe) man brænder sig på's næs. (Varm kilde). [hot spring]

ûnartup akia Den man brænder sig på's overforliggende. [burn]

ungalitsat see *âlitsat*

upernagssivik Hvor man tilbringer forårets begyndelse. [spring]

upernivik Hvor man tilbringer foråret. Forårsstedet. [spring]

úpingassoq ~ *úperqajáussoq* (Den der er ved at falde). Den hældende. [fall (over)]

utivfît Hvor man fælder. [shed (hair)]

utorqarmiut Dem der bor ved de gamle [day]

uvdle ~ *uvdlivik* Hvor man bliver dagen over. (For at gå på fangst) [day]

uvdlorsiutit. Almanakken. (Nyere navn) [day]

uviariaq Den man skal runde (sejle eller køre udenom). [sail around]

uvingassoq Den hældende (skæve). [slope]

uvingassoq see *sitsungassoq*

uvingassormiut see *sitsungassormiut*

uvingassup timiliata nûa Den hældendes indenforliggendes næs. [slope]

uvingassûtâ Dens hældende. (Det der giver den navn af hældande). [slope]

uvkusigssartarfik Hvor man plejer at hente vegsten. [soapstone]

IV Proto-Inuit-Yupik and Proto-Inuit reconstructions

>   derivation in the same chronological level
≫   derivation across historical stages

PI **aacivak** 'spider' → spider
PIY **a(a)na** '(grand)mother' → man (in the family)
PI **aaʀiak** '(area between) shoulder blades, place where river issues from
      lake' → beginning (of a stream)
PI **a(a)ta(a)q** 'seal (harp)' → seal (harp, *Phoca groenlandica*)
PIY **acaluʀ** 'kayak tray for line' → stool (kayak)
PIY **aci** 'somewhere or something vague or remote' → pale
PIY **aðɣuʀ-** 'go against current or wind' → windward
PIY **aðiʀ** 'sleeve' → half-sleeve; sleeve
    ≫ PI aitqan 'mitten' → mitten
PIY **aðuɣ** 'blood'
    ≫ PI aukpaluk- 'be red' → red; seaweed (red algae)
PIY **aðuʀ-** 'crawl' → hunt (a seal by creeping on the ice)
PIY **aɣiɣ-** 'file or rub' → sharpen 1
PIY **aɣittaʀ-** 'open mouth' → yawn
PIY **aɣlər(-)** '(observe) a taboo' → taboo
PIY **aɣluʀ** 'jaw (of whale)'
    > aɣluquʀ 'jawbone' → jawbone, mandible
PIY **aɣtuʀ-** 'touch' → touch
PIY **ajaɣ-** 'thrust or push with a pole' → push (through ice)
    > ajaɣun 'push pole' → prop, support (for a kayak or umiak)
    ≫ PI ajaɣaq 'ring-and-pin game' → toy ("ring-and-pin")
PIY **ajapər-** 'lean against' → boot (women's)

PI **ajuq-** 'be unable to reach or do' → like

PIY **akðaɣ-** 'roll or turn over' → roll downhill

>> PI akṣaɣiitkut 'device for preventing an implement from rolling off kayak deck' → harpoon (holder on a kayak)

PIY **aki(-)** '(thing) opposite or answer'

>> PIY akiɣaʀ- ~ **akiʀaʀ-** 'carry between two' → heart

PIY **akitmi(C)-** 'knock against' → bump

PIY **akka** 'so much (exclamation)?' → like

PI **akluna(a)q** 'rope' → strap

PIY **aku(ʀ)** 'space between or lower part (widening out)' → jacket (for kayaking, spray skirt); place (between)

> akulə- 'space between' → place (center)

> akul(l)iʀ 'middle thing' → place (middle)

> akul(l)iʀaʀ 'bridge of the nose' → nose (bridge of the)

>> PI akunnəq 'interval between' → place (center)

PIY **akut-** 'mix' → feldspar

PIY **alaʀ-** 'look away' → side (in the shade)

PIY **ali(C)uʀtuʀ-** 'see a ghost' → ghost

PIY **allaʀ(iʀ)-** '(make or get) clear?' → unload (place to)

>> PI allaqtəq- 'wipe off' → moss

PIY **alŋaʀ(-)** 'mark or pattern' → line (pattern)

PIY **alpa(ɣ)** 'murre' → murre, little auk

PIY **aluɣ-** 'to lick' → tongue

PIY **alu(ʀ)** 'sole' → sole

PIY **ałŋiɣ** 'patch on a sole' → patch (for the sole of a *kamik*)

PIY **amaquʀ** 'wolf' → wolf

PIY **amaʀ-** 'carry on the back' → garment with a hood (women's); heart

>> PI amaun 'hood for carrying a baby in' → hood

PIY **amiʀ** 'skin' → skin

> amiʀaʀ 'bark or fish skin' → paint

PIY **amit-** 'be narrow' → narrow

PIY **amłuʀ-** 'step (over)' → straddle

PIY **amu-** 'pull'

> PIY amuʀaʀ- 'haul up' → sea cucumber

PIY **ana(a)na** 'older female relative' → mother

PIY **anaɣu-** 'hit (with a club)' → seaweed 1; support

PIY **anaʀ(-)** 'excrement' → excrement

PIY **anə-** 'go out'
>> anət- 'put out' → place (outlet); storehouse
>> PI aniciq- 'depart (suddenly)' → depart
>> PI aniɣuq 'pass through' → place (outlet)
PIY **anuqə** 'wind' → wind
PIY **aŋə-** 'be big' → seal (bearded, *Erignathus barbatus*)
PI **aŋmaq** 'small fish (like capelin)' → capelin (*Mallotus villosus*)
PIY **aŋuðar-** 'paddle'
> aŋuðaʀun 'paddle' → paddle
PI **aŋuviɣaq** 'lance' → lance
PIY **aŋva-** 'be open' → opening; place (with clear view)
> aŋvaluʀ- 'be round' → sphere
PIY **apə-** 'become covered in snow'
>> PI apətsiq 'female polar bear's den in a snowdrift' → polar bear (den)
> apun 'snow (on ground)' → glacier; snow
PIY **apʀun** 'trail' → road; trail
PIY **aqəðɣiʀ** 'ptarmigan' → ptarmigan
PIY **aqit-** 'be soft' → soft
> aqilʀuʀ 's.th. soft' → lead
PIY **aqva-** 'run' → run
PIY **aʀipa-** 'be raw' → grease (blubber)
PIY **aʀu-** 'rot'
>> PI aunəq 'rotten ice' → decay
>> PI auʐaq 'summer' → summer
PIY **aʀnaʀ** 'woman' → woman
PIY **aʀula(t)-** '(stir or) move'
>> PI aulacaq- 'jig for fish' → cod(fish)
>> PI aullaaq- 'travel (out to camp)' → boat
PIY **aʀvəʀ** 'whale (bowhead)' → whale
PIY **ata** 'father' → man (in the family)
PIY **ata-** 'be attached or persisting'
>> PI attan 'means for holding s.th. together' → attachment
PIY **atə-** 'put on' → pants (short skin, women's)
>> PI atnuʀaaq 'clothing' → anorak
PIY **atəkə ~ atəkuɣ** 'parka'
> atəkluɣ 'outer parka or shirt' → coat (sealskin)
PIY **atəʀ** 'name' → name

PIY **atəʀ-** 'go down (to shore)'
> atʀaʀ- 'go down' → descend
PIY **atuʀ-** 'use' → go; used
PI **aupkaʀnəq** 'ice that has been melted through' → ice (broken by stream)
PIY **av-** 'away from speaker (on level & extended)' (DEICTIC)
> avan (avatə) 'area around' → nostril
> aval(l)iʀ 'outermost or far off thing' → finger (little); place (outermost)
PIY **avataʀ** '(sealskin) float' → bladder
PIY **avəɣ-** 'divide or separate'
> avɣur- 'cut up' → share
≫ PI avvaq 'half' → half
PIY **avi(ʀ)luʀ-** 'make a noise' → sound
PI **caat-** 'be thin' → dry (out); thin, flat
PIY **caðə-** 'front (of the body)' → harpoon 1
> caðəŋilitaʀ 'apron' → apron, curtain; cod(fish)
≫ PI canmi- 'turn toward' → facing; wrong
≫ PI catqaq 'front, sunny side' → angelica; sunny side
≫ PI cavət- 'go out to sea → place (front)
≫ PI caʐvasik- 'be out in front' → place (farther out)
PIY **caðəɣuʀ** 'fence or partition' → apron, curtain
PI **cayɣaq** 'thin-haired skin' → hair (thin); seal (ringed)
PIY **caki(C)aɣ** 'rib cage' → chest
PIY **caɬiɣ-** 'sweep or clean away' → brush
PIY **cam-** 'down below, down-slope' → flipper (hind, seal anatomy); slope (upward)
PIY **cana(ʀ)-** 'carve or make' → make
PI **capaŋaq** 'bead' → pearl
PIY **caqə-** 'turn or move' → kayak
PIY **caʀvaʀ** 'current' → current
PIY **cavəɣ** 'harpoon or spear head' → harpoon (head)
PIY **cavət-** 'touch or feel' → touch
PIY **ciðaɣ-** 'spread out' → stretch out
PIY **ciɣɣuɣ** ∼ **cuɣðuɣ** 'beak or muzzle' → snout, beak
PIY **ciɣun** 'ear' → ear
PI **ciiq-** 'ooze out'
> ciiʀnaq- 'be sour' → plant (mountain sorrel (*Oxyria digyna*))

PIY **ciɣəðquʀ** 'knee'
>> PI ciitqinəq '(baggy) trouser knee' → trousers (women's)
PIY **ciku(-)** 'ice; freeze over' → ice
PIY **cil(ə)quʀ** ~ **ciɬ(ə)quʀ** '(hind) flipper' → flipper (hind, seal anatomy)
PIY **cili-** ~ **ciɬi-** 'sharpen' → sharpen 1
> cilin ~ ciɬin 'whetstone' → whetstone
PIY **ciɬuvaɣ** 'fish egg' → fish roe
PI **cimək-** 'plug' → stopper
PIY **cinə** 'shore or edge' → coast
PI **cinək-** 'sleep' → sleep
PIY **ciŋə(t)-** 'push, shove ' → excrement
PIY **ciŋðaʀ** 'beach or shore' → beach; mollusc 1
PIY **ciŋquʀ-** 'crack or crackle' → bang, pop
PIY **cipə(ɣ)-** 'split or burst' → torn (up), broken
PIY **ciʀmiʀ** 'ice (coating)' → angelica; glacier
PIY **citamat** 'four' → finger (index)
PIY **citə(ɣ)-** 'be hard' → iron
PIY **citu-** 'slide down' → mountain slide; slope
PI **ciuʀaq** 'sand' → sand (grain of)
PIY **civəŋa-** 'slope upward' → slope (upward)
PIY **civu-** 'area or part in front'
> civul(l)iʀ 'first one' → predecessor
> civunəʀ 'what lies ahead or before' → head
PIY **civuʀaʀ** ~ **ciɣuʀaʀ** 'guillemot' → guillemot (*Cepphus grylle*)
PIY **culuɣ** 'wing feather'
> culuɣðuɣun 'dorsal fin' → dorsal fish
PIY **cuŋ(aʀ)** 'gall' → bitter (gall bladder)
PIY **cupə-** 'blow' → moss (tussock)
> cupuʀ- 'blow repeteadly' → concertina
PIY **cupluɣ** ~ **cupluʀ** 'tube' → hole (cylindrical)
PIY **cuqlaɣ** 'root (edible)' → root (of plant)
PIY **cuʀlu** 'nostril' → nostril
PI **cuuq** 'why' → depressed (feeling)
PIY **əðə** 'eye' → eye
> əð(ə)ɣa(ʀ) '(snow) goggles' → fish (dead)
PIY **əðiʀ** 'steam' → steam, smoke
PIY **əɣa-** 'cook' → cook; pot
>> PI əɣɣaviɣ ~ **əɣaðviɣ** 'cooking place' → kitchen

PIY əɣaləʀ 'smokehole' → window
PIY əɣtuɣ(-) 'loud sound (sharp or whirring)' → roar
PIY əkə- 'burn'
     > ək(ə)nəʀ 'fire' → *innersuit*
     > əkuma- 'be burning' → wick
PIY əkə- 'get or put in' → get (on board)
     > ək(ə)ðuʀaʀ- 'get or put in (several)' → unload (place to)
     > əkləʀviɣ 'pouch or sack' → box
PIY əkəʀaʀ 'cross' → strait
PIY əkiðaʀ- 'split into layers' → split (in two)
PIY əkpan ∼ ikpan 'lamp platform' → lamp platform
PIY əkviɣ '(river) bank' → cliff (sea)
PIY əltuʀ 'grandchild or grandfather' → man (in the family)
PIY əɬi- 'put or act a certain way'
     > əɬivəʀ 'grave' → grave
     > əɬ(ɬ)iviɣ 'storage place' → storehouse
PIY əɬmi REFL.PRON → island
PIY əməʀ(-) 'fresh water; drink' → bay (*nor*); lake; seaweed (red algae); water
     > əməʀtaʀ- 'fetch water' → ladle
PI əmətqutaq 'groin'
     > əmətqutailaq '(arctic) tern' → tern (Arctic)
PIY ənə 'place' → place; room
PIY əŋlaʀ- 'laugh' → laugh
PIY əŋlu 'house' → house
PIY əpəqaʀ 'lamp wick (of moss)' → moss (lamp wick); wick
PIY əpnaʀ 'cliff' → hillside; slope (steep)
PI əpẓarun 'dog muzzle' → muzzle
PIY əqðuɣ- 'carry on the shoulder' → carry
PIY ətə- 'be deep'
     > ətɣat- 'be shallow' → shallow
     ≫ PI ətkalʀuq 'shallow place' → rock (sherry)
PIY ətəʀ 'anus' → anus
     > ətəʀlaɣ 'depression' → depression (in a landscape)
PIY ətəvə(t)- 'portage, cross over' → crossing path (between two fjords);
     isthmus
PIY əvðuʀ ∼ nəvðuʀ 'sod or soil' → moss; peat
PIY əvjaŋ(ŋ)iʀ 'breast' → breast

PI əzət- 'fall (into water)' → fall (into water)

PIY iðəʀ- 'hide' → clear; place (the other side)

PIY ijaɣ- 'extend arm' → flipper (fore, sea anatomy)

PIY ikŋik 'point or tip' → tip; tusk (narwhal)

PIY ila(-) 'part'

    > ilaŋŋaʀ- 'remove or diminish' → rockslide; sleep

PI iləqə- 'shake head' → shake (head)

PIY il(l)aɣ- 'be entangled' → vein (in rock); wrap around

PIY ilu 'inside' → liver; stretch (of land)

    ≫ PI ilulli- 'hollow out or work on interior' → hollow

    > ilumiɣ ~ ilum(m)iʀu 'fetus' → fetus

    > ilupəʀ(aʀ) 'inner clothing' → fur hem

PIY ima(ʀ) 'contents (esp. of sea)' → empty; sea

PIY immiʀ- 'fill' → blubber (filled with)

PIY ini- 'hang out to dry'

    > inni(a)q- 'stretch skin for drying' → frame (for drying skins)

PI inŋia(suk)- 'dazzle' → cap (brim of)

PIY iŋaluk 'intestine (of an animal)' → sea cucumber

PIY iŋ(ə)juləɣ- 'wave or swell' → swell

PIY iŋləʀ 'sleeping platform' → ledge; platform

PIY iŋlu 'other (of pair)' → place (the other side)

PIY iŋuɣ 'human being' → human being

PIY ipəɣ- 'be sharp' → sharpen 2

PIY ipuɣ- 'lever up, turn, steer' → twist

PIY iqałuɣ 'fish (esp. salmon)' → trout

PIY iqəlquʀ 'little finger' → finger (little)

PIY iqə(ʀ) 'corner of mouth' → corner of mouth

PIY iqquʀ ~ iqquɣ 'buttock or end of s.th.' → buttock

PIY iqu- 'tilt or be crooked' → elbow

PI isu(k) 'end' → edge; tip

PIY itəɣ 'toe-cap' → cap; toe

    > itəɣaʀ 'foot' → foot; toe

PIY itəʀ- 'enter'

    > itʀutə- 'bring in' → stretch out

PI itcaq 'tent skin' → tent (skin, inner layer)

PI ivəq- 'sing' → sing

PIY kaðuɣ- 'strike (with an instrument)' → ice (chunk of)

PIY **kaɣu-** 'reach into or under s.th.' → reach under
PIY **kakaɣ-** 'carry on the head or shoulders' → carry
PIY **kaki-** 'pierce or prick'
> kaki(C)aʀ 'fish spear' → leister
PI **kakilacak** 'stickleback' → stickleback (*Gasterosteus aculeatus*)
PIY **kakkiɣ** 'snot'
≫ PI kakkivik '(groove above) upper lip' → lip (upper)
PIY **kaləɣ-** ~ **kalət-** 'tow or drag' → drag
PIY **kaməɣ** 'boot' → boot
PIY **kanaju(ʀ)** 'sculpin (*Myoxocephalus scorpius*)' → sculpin (*Myoxocephalus scorpius*)
PIY **kaŋəʀ** 'top' → promontory
PIY **kaŋiʀ** 'source or innermost part' → root (of a plant)
> kaŋilliʀ ~ kaŋiqliʀ 'innermost one' → eastern
> kaŋiʀłuɣ 'bay' → fjord
PIY **katə-** 'meet'
≫ PI katəqṣat 'collection' → collect
PIY **kəð(ə)kaviɣ** 'falcon or hawk' → falcon
PIY **kəði-** 'alone or only'
> kəðim(ʀ)aʀ 'one who is alone' → alone
PIY **kəɣə-** 'bite'
> kəɣun 'tooth' → catfish (*Anarrhichas lupus*); teeth
PIY **kəɣinaʀ** 'face or blade' → face; owl; snout (face)
> kəɣinaquʀ 'ghost, mask' → ghost
PIY **kəkjaɣ** ~ **kəkjaʀ** 'nail' → nail
PIY **kəliɣ-** 'scrape' → mussel (*Mytilus edulis*)
PIY **kənluʀ** 'wrong (thing or direction)' → wrong
PI **kəŋək-** 'be high' → protrude
PIY **kəpə-** 'cut or sever' → seaweed (*Alaria esculenta*)
PIY **kəp(ə)kaʀ-** 'break and gnaw bone?' → tusk (narwhal)
PIY **kiɣan (kiɣatə)** 'upper part of the body' → body (upper); shoulder blade
PIY **kit-** 'sink' → sink
PIY **kivan (kivatə)** 'area toward back or inside'
> kival(l)iʀ 'one farthest to the back' → "south/north" (orientation)
PIY **kuðəɣ** 'river' → river
PIY **kujaɣ** 'lumbar vertebra (or keel of boat)'
> kujapəɣaʀ 'vertebra or spine' → vertebra

PIY **kukiɣ** 'claw or nail' → nail, claw
PIY **kuməɣ-** 'scratch'
    > PIY kumɣun 'louse' → louse
PIY **kumlu** 'thumb' → thumb
PI **kutẓaq-** 'lower the head (below torso)'
    > kutẓaŋa- 'be steep' → hillside
PIY **kuvə-** 'pour or spill' → pour
PIY **majuʀ-** 'climb'
    ≫ PI majuqqaq 'slope or way up a mountain' → up (slope, way)
PIY **maliɣ-** 'follow or accompany' → duck (eider, *Somateria mollissima*)
PIY **mamaʀ(-)** 'taste good or suck a breast'
    ≫ PI mamarə- 'like the taste of' → taste (good)
PIY **mamə** 'underside of skin' → hair (thin); skin (underside), blubber
PIY **manəʀ** 'tussock (of moss)' → moss (tussock)
PIY **maniɣ-** 'be smooth or flat' → even
    ≫ PI maniilaq 'rough ice' → uneven
    ≫ PI maniit- 'be rough, uneven' → uneven
PIY **manniɣ** 'egg' → egg
PI **manŋuk-** 'thaw' → warm weather
PIY **maqə-** 'ooze'
    > maqət- 'drain liquid from' → tap
PIY **maʀʀaʀ** 'mud' → clay
PIY **məcaʀ-** 'make splashing or smacking sound' → bladder weed (seaweed)
PI **məlak** 'stain or spot' → spot
PIY **mələɣ(-)** 'plug or cover' → stop (block)
PIY **məlquʀ** 'body hair (or fur) or feather' → bare (landscape)
PIY **məluɣ-** 'suck (breast)' → breast
PIY **mətəʀ** 'eider duck' → duck (eider, *Somateria mollissima*)
PIY **mikə-** ~ **mikət-** 'be small'
    ≫ PI mikəliʀaq 'ring (i.e. fourth) finger' → finger (ring)
PIY **miʀjaʀ(-)** 'vomit' → vomit
PI **muʀiiq-** 'sharpen' → grind
PIY **nacaʀ** 'hood or hat' → cap; hood
PIY **nacit-** 'survey one's surroundings from a height' → look out
PIY **naɣa(t)-** 'hear' → disobedient
PIY **naɣət-** 'get caught, stuck, stop' → stumble
PIY **naɣu-** 'grown' → flower

PI **naɣẓuk** 'antler' → horn
PIY **naj(ə)quʀ** 'head' → head; headlike
PIY **najjiʀ** 'ringed seal' → seal (hooded); sealskin
PIY **nakacuɣ** 'bladder'
     > nakacuɣnaʀ 'calf (of leg)' → calf
PI **nakataq** 'object set up for aiming at?' → ptarmigan
PIY **nala-** 'be lying down' → seal (harp, *Phoca groenlandica*)
     ≫ PI nallaq- 'lie down' → lie down
PIY **naɬə-** 's.th. corresponding in time or place or value' → seal (harp, *Phoca*
     groenlandica)
     ≫ PI naləmmak- 'be even or level' → even
PIY **naɬɬiʀ-** 'be or make equal' → wait
PIY **naɬʀu-** 'be straight' → straight
PIY **nanit-** 'be short' → pants (short skin, women's)
PIY **nanuʀ** 'bear' → bear; polar bear (den)
PIY **napa-** 'be standing (upright)' → place (upright)
     > napaʀjaʀ 'pole' → stanchion (dog sledge)
     > nappaʀ- 'raise or be raised' → falcon; finger rest (harpoon); neck
PIY **napə-** 'break in two'
     ≫ PI nappaq 'half' → sick
PIY **naqðaʀ** 'valley' → plain
PIY **naʀujaʀ** '(sea)gull' → gull
PIY **naʀuɬəɣ-** 'harpoon' → harpoon 2
PIY **natmaɣ-** 'carry on the back' → carry
PIY **nə(C)uʀ-** 'be curved' → bend
PIY **nəɣər** 'wind (in Alaska from the north)' → wind ("southeast/north-
     east")
PIY **nəɣciɣ** 'gaff or hook' → hook
PI **nəɣvik** 'membrane around intestines' → intestine (internal membrane)
PIY **nəka-** 'feel inferior or unworthy' → depressed (feeling)
PIY **nəmər-** 'wrap around' → wrap around
PIY **nənjuʀ** 'oldest woman in a household' → man (in the family)
PIY **nəpət-** 'stick' → stick
PIY **nəʀə-** 'eat' → seal (hooded); teeth
PIY **nəʀləʀ ∼ nəqləʀ** 'goose' → goose
PIY **niɣu-** 'get or take out' → unload (place to)
PIY **nuccuɣ-** 'pull or tug' → plant (mountain sorrel (*Oxyria digyna*))

PIY **nuɣiʀ** 'three-pronged bird spear' → bird dart; guillemot (*Cepphus grylle*)

PIY **nujaʀ** 'hair' → hair (single)

PIY **nukəɣ** 'muscle or tendon' → strong

PIY **nuliʀ(aʀ)** 'wife' → mate

PIY **nuɫu(ʀ)** 'buttock' → buttock

PIY **nuna** 'land' → land; root (of dandelion); root (of plant)

PIY **nunivaɣ** 'tundra (vegetation)' → pick berries

PI **nuŋŋaq** 'crack across s.th.' → string (in a trap or net); vein (in rock)

PIY **nuqaʀ-** 'tighten' → intestine (internal membrane)

PIY **nuvuɣ** 'point or tip' → headland; tail

PIY **pa(C)a-** 'fight or struggle' → mate

PIY **paðə** 'opening or entrance' → scallop

PIY **paðviɣ** 'wrist' → wrist

PIY **paɣ-** 'up above (extended)' (DEICTIC) → topknot

PIY **paɣuɣ-** 'fasten down with pegs'
>> PI pauktuq- 'stake out skin to dry' → peg

PIY **paɣunʀaʀ** 'berry'
>> PI paunʀaqun 'juniper or crowberry bush?' → crowberry

PIY **palu-** 'be lying on one's stomach' → dog (with hanging ears)
> palluʀ- 'lie down on stomach' → lie down (flat)

PIY **pamjuʀ** 'tail' → tail

PIY **panəʀ-** 'dry (out)' → dry (out)

PIY **paniɣ** 'daughter' → daughter

PIY **patəɣ-** 'slap' ~ pattaɣ- 'slap or clap' → handle (axe)

PIY **pəkə-** 'jump up (and move off)'
>> pəkjaɣ- ~ pəkjəɣ- 'fly off' → jump

PIY **pəkju** 'egg' → egg

PIY **pəku(ɣ)** ~ **pəquʀ** 'upper back or nape of the neck' → neck (nape of the)

PIY **pəŋuʀ** 'mound or hillock' → hummock

PIY **pərə-** 'bend' → elbow (joint)
> pəʀnəʀ 'joint or bend'

PIY **pəʀu-** 'bury under stones (to cache)' → weight something down

PIY **pi(-)** 'thing; do or say s.th.'
> pili- 'make s.th.' → storage
>> PI piqqun 'property' → storage

PIY **piɣinəʀ** 'boot straw' → grass (to put inside boots)

PIY **pilaɣ-** 'butcher' → rip off

PIY **piʀtuʀ** 'snowstorm' → whiteout
> piʀciʀ- 'be a snowstorm'

PIY **puci-** 'lie face down'
≫ PI pucit- 'turn upside down' → prop, support (for a kayak or umiak)

PI **pucitaq** 'fringe around anorak hood?' → fur hem

PIY **puɣə-** 'surface or emerge' → bay (nor); hollow; seal 1; surface (appear in the water)

PI **pu(ɣ)uq** 'bag or sealskin poke' → bag (for blubber)

PIY **pukit-** 'pick (up)' → pick berries

PI **pukkit-** 'be low (in water)' → Dutch; low

PIY **pukuɣ-** 'pick and eat berries from bush' → crowberry

PIY **pula-** 'slip in under cover' → inlet
≫ PI pullan 'stone trap' → trap

PIY **pumyuɣ-** 'pinch thumb and index together' → finger (thumb and index)

PIY **putu** 'hole (through s.th.)' → hole

PIY **putukuʀ** 'big toe' → toe

PI **qaaqtuq-** 'croak' → raven

PI **qaciŋŋuq-** 'make a resonant, hollow noise' → hollow (sound)

PIY **qa(C)iqu** 'cave' → cave

PIY **qaðə-** 'top or surface of s.th.'
> qaðliʀ ~ qalliʀ 'topmost or outermost thing' → depression (in a landscape)
≫ PI qal(l)iʀiik- 'lie on top of (one) another' → stack

PIY **qaðəɣ-** 'fish with a seine net' → net (heavy)

PIY **qaðiɣjaʀ** 'spotted seal' → seal (harbour, Phoca vitulina)

PIY **qaðɣi** '(men's) communcal house, kashim' → bay (rounded)

PIY **qaðqaʀ** 'top of mountain' → mountain

PIY **qaɣəʀ-** 'burst' → burst; sound (crackling)

PIY **qaɣuʀ** 'forehead' → forehead

PI **qaiq-** 'be smooth'
> qaiqtuq 'rock surface or cliff' → cliff

PIY **qajaʀ (qaŋaʀ)** 'kayak' → kayak

PIY **qakə-** 'climb up on s.th.'
≫ PI qakət- 'put or pull up' → pull

PIY **qalu(-)** 'dip or scoop' → hollow
> qalutaʀ(-) 'ladle or bail' → ladle

PIY **qam-** 'in' (positional noun) → wind ("south/north")

PIY **qama-** 'be calm' → await (hunt)

PIY **qamuʀ-** 'pull or toll' → sled(ge)

    ≫ PI qamutək 'sled' → sled(ge)

PIY **qanaɣ** 'tent pole or frame of shelter' → pole (tent)

PIY **qanəʀ** 'mouth' → mouth

PIY **qanət-** 'be near' → get nearer, closer

PIY **qaŋa** 'when (in the past)' → bygone, long ago; man (in the family)

PI **qaŋata-** 'be elevated or have an empty space below' → cavity; hollow

PIY **qapi(a)ʀ-** 'scrape, plane, flesh a skin' → skin (an animal)

PIY **qaqðaʀ ~ qaqða(C)uʀ** 'loon' → loon (*Gavia stellata*)

PIY **qaʀu-** 'dawn'

    ≫ PI qauma- 'be bright' → light (off)

PIY **qaʀ(u)łiɣ** '(leg of) pants or fur breeches' → Dutch; trousers

PIY **qataɣ** 'chest' → back

PI **qavlunaaq** 'white person' → Danish

PIY **qəc(c)uɣ-** 'scratch or dig claws into' → nail, claw

PIY **qəciʀ(-)** 'spit' → spit

PIY **qəðuɣ** 'wood' → wood

PIY **qəla-** 'urge or be urged on'

    > qəlanəʀ(aʀ)- 'want s.th. urgently' → look forward

PIY **qələɣ-** 'get scorched or wrinkled'

    ≫ PI qələʀuq 'scar' → scar

PIY **qəlquðaʀ** '(kind of) seaweed' → seaweed

PIY **qəmaɣ-** 'store away'

    ≫ PI qəmatu(t) '(winter) cache or stores' → store (provisions)

PIY **qəmiʀ** 'net line' → string (in a trap or net)

PIY **qəŋaʀ** 'nose' → nose

    > qəŋaʀaʀ 'shin' → mountain ridge

PIY **qəŋnəʀ** 'cache' → cache

PIY **qətəʀ** 'middle' → middle

    ≫ PI qətəqliq 'middle finger' → finger (middle)

PIY **qəvə(t)-** 'go away angry' → *qivittoq*

PIY **qəvləʀ-** 'glitter' → glitter; seal (harbour, *Phoca vitulina*); shine

PIY **qiða-** 'cry' → cry

PIY **qiðər** 'grey hair' → grey hair

PIY **qiɣɣu** 'talus of rocks' → stone (pile of)

PIY **qikaʀ-** 'stand (around)' → middle
PIY **qikəʀtaʀ** 'island' → island
PIY **qikmiʀ** 'dog' → dog
PIY **qilaɣ** 'sky' → sky
PI **qilaluɣaq** 'beluga' → beluga
PIY **qiluɣ-** 'bark' → bark
PIY **qiɬəʀ-** 'tie'
    ≫ PI qiləqtə 'woman's top-knot (hair)' → topknot
PIY **qimuɣ-** 'pull (sled)' → sled(ge)
PIY **qinəʀ-** 'look around or through s.th.'
    ≫ PI qinaa- 'search' → search
PIY **qipə-** 'twist' → shake (head); twist
PIY **qiʀnəʀ-** 'be black or dark (as blue fox)' → black
PIY **qiʀu-** 'freeze to death' → freeze
PIY **qitŋu(ʀ)** 'inner recess (of a bay or river or cave)' → innermost part
    (fjord, cave)
PIY **qu(C)aʀ** 'frozen meat' → meat (frozen)
PIY **quðu-** 'close in'
    > quðumiɣ- 'squeeze together' → press thighs together
    ≫ PI quunʀuq 'narrow place' → gulch
PIY **qukiʀ-** 'be deafened by a loud noise' → deafening
PIY **qulə-** 'area above' → see **kulusuk** [meaning unknown] 1
    ≫ PI qulautə- 'pass over' → hole (cylindrical)
PIY **qulucuɣ** 'back (of bird)' → see **kulusuk** [meaning unknown] 1
PIY **quma(ʀ)** 'intestinal worm' → mollusc 2
PIY **quŋəʀ** 'neck' → falcon; neck
PIY **qupə-** 'split (lengthwise)' → gap, crack
    > qupnəʀ 'crack or split' → stuck (in a crevice)
    > quppaʀ 's.th. cracked in two' → gap, crack
PIY **qupnəʀ** 'crack or split' → ravine
PIY **quʀə-** 'urinate' → urinate
PIY **quʀluʀ-** 'stream or flow'
    > quʀeluʀtaʀ ~ quʀluʀtuʀ 'waterfall' → waterfall
PIY **taci(ɣ)-** 'stretch' → bay (*nor*)
PIY **taciʀ** 'spit or sand bar' → lake
PIY **tajaʀnəʀ** 'wrist (or bracelet)' → bone (ulna, seal flipper)
PIY **takə-** 'be long' → long

PIY **talu(-)** 'screen or partition' → partition
PIY **taɬiq** 'arm'
> taɬiquʀ 'foreflipper' → flipper (fore, sea anatomy)
PIY **tamlu** 'chin' → chin
PIY **tanqiʀ ~ tanqiɣ** 'light or moon'
>> PI tanqik- 'adjust lamp wick' → pin for adjusting the wick of a seal
  oil lamp
PIY **taʀəʀ(-)** '(be) dark'
> taʀəʀnəʀ 'darkness or dark thing' → darkness
PIY **taʀpaʀ-** 'open out or flare' → funnel-shaped
PIY **taʀtu** 'kidney' → kidney
PI **tautu(k)-** 'look' → complexion
PIY **təðatəða(C)iʀ ~ təʀatəʀa(C)iʀ** 'kind of (noisy) bird' → black-legged
  kittiwake (*Rissa tridactyla*)
PIY **təɣu-** 'take'
> təɣɣun 'hook (for lifting)' → handle
> təɣum(m)i(C)aʀ 's.th. held in the hands' → hold (in the hand)
PI **təkaaɣun** 'knob on harpoon shaft to prevent hand slipping' → finger
  rest (harpoon); handle
PIY **təkəʀ** 'index finger' → finger (index); thumb
PIY **təkit-** 'arrive (at)'
> təkið-utə- 'bring TR, have arrived, take place INTR' → arrive
PIY **təlqiðaʀ** 'eyeshade' → cap (brim of)
PIY **təmə** 'body or main part' → stretch (of land)
>> PI təmvaq- 'move inward or inland' → move (further up the beach)
PIY **tənə-** 'ebb' → ebb tide
PIY **təŋə-** 'fly (up)'
>> PI təŋmi- 'be flying' > təŋmikaq- 'spurt' → diarrhea
PIY **təŋmi(C)aʀ** 'bird' → bird
PIY **təŋuɣ** 'liver' → liver
PIY **tətəʀ-** 'mark' → beach
PIY **tucaʀ** 'hear or understand' → ear
PIY **tuðiɣ** 'snipe or plover (or similar shore bird)' → common loon
PIY **tuɣəkaʀ** '(toggle) harpoon head' → harpoon (head)
PIY **tuɣənʀaʀ** 'shaman's helping spirit' → *toornaarsuk*
PIY **tuɣəʀ(-)** 'poke or strike ice pick'
> tuɣəkaʀ(aʀ) '(walrus) tusk' → tusk (narwhal)

PI **tuɣləʀunnaq** 'rosewort (*Rhodiola rosea*)' → root (of a plant); rose root
    (*Rhodiola rosea*)

PIY **tujə** 'shoulder' → kayak; shoulder

PI **tukə-** 'lengthwise axis' → lie (lengthwise)

PIY **tulukaʀ** 'raven' → raven

PIY **tunu** 'back' → place (behind); reverse side

PIY **tuntu** 'caribou' → reindeer

PIY **tuŋə-** 'direction (of)'
    > tuŋ(ə)liʀ 'next one' → next

PIY **tuŋ(ə)liʀ** 'next one' → finger (ring)

PIY **tuŋu-** 'be dark blue (as ripe berry)?'
    ≫ PI tuŋuyuq- ~ **tuŋuyuk-** 'be bluish or green' → blue-green

PIY **tupaɣ-** 'be startled'
    ≫ PI tupaaq- 'keep waking up' → bogbean (flower)

PIY **tupəʀ** 'tent or another temporary dwelling' → tent

PI **tuqṣuk** 'entrance tunnel to a semi-subterranean house' → hall(way)

PIY **tuqu(-)** 'die' → die

PIY **tutməqaʀ** 'stair or step' → box

PIY **tuvapaɣ** 'gravel' → pebble

PIY **uɣðuɣ** 'bearded seal' → seal (bearded, *Erignathus barbatus*)

PIY **ujaɣ-** 'stretch neck to see better' → louse

PIY **ujaraɣ** 'rock' → petrification

PIY **ujɣu-** 'add on' → appendage; seal 2

PIY **ujivə-** 'go around (in a circle)' → ornament
    > ujivvaʀ 'turning point' → sail around

PIY **ukaðiʀ** 'hare' → hare

PIY **ukjuʀ** 'winter'
    > ukji- 'spend the winter' → winter

PI **ukpan** 'hindquarters of an animal' → tights

PIY **ukuʀaʀ** 'daughter- or sister-in-law' → mother

PIY **ulət-** 'turn inside out' → turn inside out

PIY **uliɣ(-)** 'cover or blanket' → covering; skin

PIY **ulima-** 'make or fashion'
    ≫ PI ulimaun 'adze or axe' → axe

PIY **ulpəɣ- ~ ulpət-** 'tumble' → fall (over)

PIY **uɬəʀ- ~ uɬʀu-** 'fall' → fall

PIY **uɬuɣaɣ** 'cheek' → cheek

PIY **uɣu-** 'be heated up or cooked'
> uɣuŋilaʀ 'raw food' → kidney
> uɣut- 'burn' → sound (crackling)
≫ PI uunaq- 'be hot or burning' → burn; hot spring

PI **umək** 'beard'
> uməŋmak 'muskox' → muskox

PIY **umɬuʀ** 'day' → day

PIY **unəʀaʀ** 'harpoon' → harpoon 1

PI **uni(C)aq-** 'pull or drag' → tail

PIY **uŋpəɣ** 'owl' → owl

PIY **uŋuma-** 'be alive' → heart
> uŋuman 'heart'

PIY **upən(ə)ʀaʀ** 'spring (or summer)' → spring

PI **uqaq(-)** 'tongue; speak' → tongue

PIY **uqðuʀ** 'blubber or seal oil' → grease (blubber)
> uqðumyaɣ 'mineral excrescence?' → cryolite

PIY **uqəʀ** 'lee or shelter'
> uqqit- 'take shelter' → fur hem; place (lee side)

PI **uqummiq-** 'put s.th. in one's mouth' → put s.th. in one's mouth

PIY **uʀjur-** ~ **uʀjar-** 'spit out?' → spit

PI **utə-** 'fall out (of hair)' → shed (hair)

PIY **utɣuciɣ** 'cooking pot' → soapstone

PIY **utŋuʀ** 'wart' → see **ũngutoq** [meaning unknown] 2

PIY **uvəʀ-** ~ **əvəʀ-** 'lean or tilt' → slope
> uvə(C)a- ~ əvə(C)a- 'rock or roll' → stone

PIY **uviluʀ** 'clam or mussel' → mussel (*Mytilus edulis*)

V English keywords

alone
angelica
anorak
anus
appendage
apron, curtain
arrive
attachment
await (hunt)
axe
back
bag (for blubber)
bang, pop
bare (landscape)
bark
bay (*nor*)
bay (rounded)
beach
beak *see* snout
bear
beginning (of a stream)
beluga
bend
bilberry (*Vaccinium uliginosum*)
bird
bird dart
bitter (gall bladder)

black
black-legged kittiwake (*Rissa tridactyla*)
bladder
blubber (filled with)
blubber *see* skin (underside)
blue-green
boat
body (upper)
bogbean (flower)
bone (ulna, seal flipper)
boot
boot (women's)
box
breast
broken *see* torn (up)
brush
bump
burn
burst
buttock
bygone, long ago
cache
calf
cap
cap (brim of)
capelin (*Mallotus villosus*)
carry

catfish (*Anarrhichas lupus*)
cave
cavity
cheek
chest
chin
claw *see* nail
clay
clear
cliff
cliff (sea)
closer *see* get nearer
coast
coat (sealskin)
cod(fish)
collect
common loon
complexion
concertina
contracted *see* narrow
cook
corner of mouth
covering
crack *see* gap
crossing path (between two fjords)
crowberry
cry
cryolite
curatain *see* apron
current
dandelion
Danish
darkness
daughter
day
deafening
decay

depart
depressed (feeling)
depression (in a landscape)
descend
diarrhea
die
disobedient
dog
dog (with hanging ears)
dorsal fin
drag
dry (out)
duck (eider, *Somateria mollissima*)
Dutch
ear
eastern
ebb tide
edge
egg
elbow
emperor
empty
even
excrement
eye
face
facing
falcon
fall
fall (into water)
fall (over)
feldspar
fetus
finger (index)
finger (little)
finger (middle)
finger (ring)

finger (thumb and forefinger)
finger rest (harpoon)
fish (dead)
fish roe
fjord
flat *see* thin
flipper (fore, sea anatomy)
flipper (hind, seal anatomy)
flower
foot
forehead
frame (for drying skins)
freeze
funnel-shaped
fur hem
gap, crack
garment with a hood (women's)
get (on board)
get nearer, closer
ghost
glacier
glitter
go
goose
grass (to put inside boots)
grave
grease (blubber)
grey hair
grind
guillemot (*Cepphus grylle*)
gulch
gull
gull (type of)
hair (single)
hair (thin)
half
half-sleeve

hall(way)
handle
handle (axe)
hare
harpoon (head)
harpoon (holder on a kayak)
harpoon 1,2
head
headland
headlike
heart
hillside
hold (in the hand)
hole
hole (cylindrical)
hollow
hollow (sound)
hood
hook
horn
hot spring
house
human being
hummock
hunt (a seal by creeping on the ice)
ice
ice (broken by stream)
ice (chunk of)
inlet
innermost part (fjord, cave)
innersuit (mythical beings from Green-
         landic traditional stories)
intestine (internal membrane)
inussuk (cairn)
iron
island
isthmus

jacket (for kayaking, spray skirt)
jawbone *see* mandible
jump
kayak
kidney
kitchen
ladle
lake
lamp platform
lance
land
laugh
lead
ledge
leister
lie (lengthwise)
lie down
lie down (flat)
light (off
like
line (pattern)
lip (upper)
little auk *see* murre
liver
long
long ago *see* bygone
look forward
look out
loon (*Gavia stellata*)
louse
low
make
man (in the family)
mandible, jawbone
mate
[meaning unknown] 1,2
meat (frozen)

middle
mitten
mollusc 1,2
moss
moss (lamp wick)
moss (tussock)
mother
mountain
mountain ridge
mountain slide
mouth
move (further up the beach)
murre *see* guillemot
murre, little auk
muskox
mussel (*Mytilus edulis*)
muzzle
nail
nail, claw
name
narrow
narrow, contracted
neck
neck (nape of the)
net (heavy)
next
noise
nose
nose (bridge of the)
nostril
ooq (onomatopoeia)
opening
ornament
owl
paddle
paint
pale

pants (short skin, women's)
partition
patch (for the sole of a *kamik*)
pearl
peat
pebble
peg
petrification
pick berries
pin for adjusting the wick of a seal
     oil lamp
place
place (behind)
place (between)
place (center)
place (farther out)
place (front)
place (lee side)
place (middle)
place (outermost)
place (outlet)
place (the other side)
place (upright)
place (with clear view)
plain
plant (mountain sorrel (*Oxyria digyna*))
platform
polar bear (den)
pole (tent)
pop *see* bang
pot
pour
predecesor
press thighs together
priest
promontory
prop, support (for a kayak or umiak)

protrude
ptarmigan
pull
push (through ice)
put s.th. in one's mouth
qivittoq (a ghost man living in the
     mountains)
raven
ravine
reach under
red
reindeer
reverse side
rib
rip off
river
road
roar
rock (skerry)
rockslide
roll downhill
room
root (of dandelion)
root (of plant)
rose root (*Rhodiola rosea*)
run
sail around
sand (grain of)
scallop
scar
sculpin (*Myoxocephalus scorpius*)
sea
sea cucumber
seal (bearded, *Erignathus barbatus*)
seal (harbour, *Phoca vitulina*)
seal (harp, *Phoca groenlandica*)
seal (hooded)

seal (ringed)

seal 1,2

search

seaweed (*Alaria esculenta*)

seaweed (*Fucus vesiculosus*)

seaweed (red algae)

seaweed 1,2

shake (head)

shallow

share

sharpen 1,2

shed (hair)

shine

shoulder

shoulder blade

sick

side (in the shade

sing

sink

skin

skin (an animal)

skin (underside), blubber

sky

sled(ge)

sleep

sleeve

slope

slope (steep)

slope (upward)

smoke *see* steam

snout (face)

snout, beak

snow

soapstone

soft

sole

sound

sound (crackling)

sphere

spider

spit (out)

split (in two)

spot

spring

stack

stanchion (dog sledge)

steam, smoke

stick

stickleback (*Gasterosteus aculeatus*)

stone

stone (pile of)

stool (kayak)

stop (block)

stopper

storage

store (provisions)

storehouse

"south/north" (orientation)

straddle

straight

strait

strap

stretch (of land)

stretch out

string (in a trap or net)

strong

stuck (in a crevice)

stumble

summer

sunny side

support

support (for kayak or umiak) *see* prop

surface (appear in the water)

swell

taboo
tail
tap
taste (good)
teeth
tent
tent (skin, inner layer)
tern (Arctic)
thin, flat
thumb
tights
tip
toe
tongue
toornaarsuk (shaman's helping spirit)
topknot
torn (up), broken
touch
toy ("ring-and-pin")
trap
trousers
trousers (women's)
trout
tupilak (witchcraft doll)
turn inside out
tusk (narwhal)
twist
umiaq (boat)
uneven
unload (place to)

up (slope, way)
urinate
used
vein (in rock)
vertebra
vomit
wait
wall (*kilu*)
warm weather
water
waterfall
weight something down
whale
whetstone
whiteout
wick
wind
wind ("south/north")
wind ("southeast/northeast")
wind ("southeast/northwest")
window
windward
winter
wolf
woman
wood
wrap around
wrist
wrong
yawn

VI Words of unclear origin, loanwords, and cultural terms
[by keywords]

angelica
bag (for blubber)
bilberry (*Vaccinium uliginosum*)
bladder weed (seaweed)
cod(fish)
crowberry
dandelion
diarrhea
disobedient
emperor
glacier
gull
gull (type of)
heart
hollow
innersuit
inussuk
John (place name)
kilu
lance
like
lip (upper)
low
kulusuk (meaning unknown 1)

mitten
narrow, contracted
noise
ooq (onomatopoeia)
petrification
plain
pour
priest
qivittoq
ravine
rose root (*Rhodiola rosea*)
scallop
seal
seaweed (*Fucus vesiculosus*)
spider
stopper
taboo
toornaarsuk
topknot
tupilak
umiaq
ũngutoq (meaning unknown 2)
whiteout
wind ("southeast/northwest")

Editor: Kamil Stachowski
Proofreading: Zofia Sajdek
Typesetting: Kamil Stachowski

Jagiellonian University Press
Editorial Offices:
Michałowskiego 9/2
31-126 Kraków, Poland
Phone: +48 12 663 23 80